大唐诗人
我要上热搜

郁馥 著

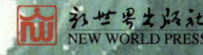

目录

骆宾王	我和我的鹅，连续霸榜一周	01
贺知章	出道即养老，一生未贬官	17
陈子昂	"炒作大神"教您如何一夜爆红	33
张九龄	他走了，带走了大唐盛世最后的明月	49
孟浩然	一辈子不当官，也是可以潇洒的	65
王维	状元出道的全能型佛系才子	81
李白	如果能进官场，谁愿意执剑走天涯	97
高适	我的理想是建功立业，写诗不过是敲门砖	113
杜甫	人生如山体滑坡，写首诗冷静一下	127
李冶	爱一个人，就要大声地说出来	141
薛涛	认真搞事业的女孩子最美丽	155
韩愈	百代文宗，终生保持战斗状态	171
刘禹锡	只要心态好，走到哪里都有美景	187
白居易	愤青想开了，便成了诗仙	201
杜牧	风流才子的别样人生	215
温庭筠	情商是个好东西，可惜我没有	231
李商隐	"冷门诗人"无处排解的小情绪	245

骆宾王

我和我的鹅，连续霸榜一周

骆宾王（约638—684）

  江湖名号"文坛刺猬"，唐朝"敢说真话第一人"。相传7岁创作《咏鹅》，成为后世早教必读名篇。他在官场混迹多年，年过半百却仍一事无成。人生最高光的时刻是给武则天上"辣评"，写下《讨武曌檄》，虽未改江山颜色，但"嘴炮"威力惊人，把武则天气得连呼"宰相安得失此人"。后因牵涉李敬业谋反案，下落不明。

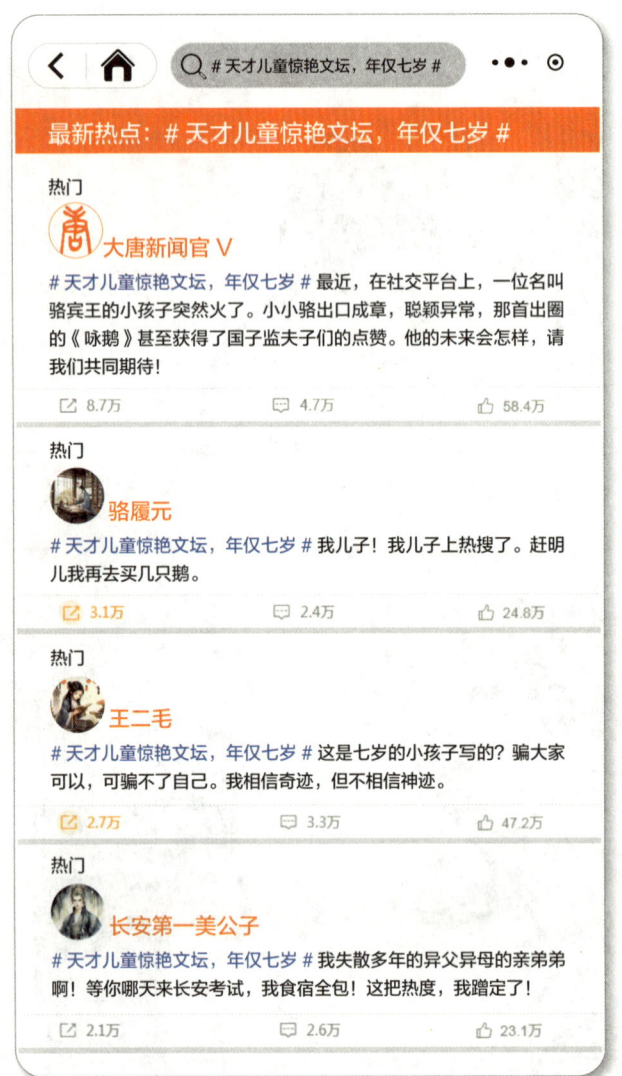

义乌骆家到了骆宾王这代便没落了,家里时常穷得揭不开锅。说"没落",是因为曾经鼎盛过。骆爷爷骆雪庄在隋朝是右军长史,就是军队秘书官,骆爸爸骆履元曾任青州博昌县令。我们读史书或是看影视剧的时候会有个错觉,觉得县令是个芝麻绿豆的小官,不值一提。可若代入到现实生活中,对于咱普通百姓来讲,一县之长也算是个平日难得一见的大人物了。

很小的时候,骆爸爸就指着《易经》,一字字地教骆宾王念:"观国之光,利用宾于王。"意思是一个有德之人，要以身作则宾服于天子。骆宾王，字观光。显然，骆爸爸是想将儿子往王佐贤臣的方向培养的。这也是古代读书人毕生追求的人生巅峰。

有着官宦世家基因的骆宾王在还是个学龄前儿童的时候，就显现出了神童特质。

有一天，骆宾王在屋门口看蚂蚁搬家。看着看着，就见眼前出现了几道身影，是骆爸爸带着同僚们来家里做客。有一位同僚见他长得可爱，便故意逗他："小小骆，给我们表演个节目吧。"

我们小时候有很多种讨厌的大人，这种追着想看表演的，绝对是最讨厌的一种。

骆宾王想着，要不唱支山歌：门前大桥下，游过一群鹅，快来快来数一数，二四六七八。不行不行，他现在已经七岁，再也不是五六岁的小孩子，这么幼稚的儿歌已经不适合他了。那么，来首原创的吧：

鹅鹅鹅，曲项向天歌。白毛浮绿水，红掌拨清波。

多么自然！又多么童真！骆宾王三四岁时写不出这首诗，三四十岁时肯定也写不出，而只能是那个时候的那个他。

在通信极不发达的唐朝，义乌的父老乡亲们以最快的速度知道了神童小小骆。就算过了1300多年，这首《咏鹅》依然稳居儿童版《唐诗三百首》首位。

这个"别人家"的孩子在万众瞩目中长大。十几岁的时候，向来身体不好的骆爸爸病逝了，小小骆在一夜之间成为顶梁柱。眼见着家里入不敷出，存款越来越少，他心里十分着急："要不，我还是去码头扛麻袋吧。"

有大格局的是骆妈妈："咱们是读书人家，一定要往仕途这条正道上走。钱的事不是问题，你只管读书。"

骆宾王看着满屋子的书，暗暗发誓，一定要尽早用知识翻身，让全家人过上好日子。

22岁那年，骆宾王借钱租了辆马车远赴长安参加科考。尽管他顶着神童之名，在家乡几乎无人不知，可在遍地是达官贵人的首都，他也不过是个乡下来的穷小子。

穷小子便穷小子吧！只要能考上进士，谁能不尊称他一声骆郎君？对于考试这件事，骆宾王非常自信，读书人易得，天才读书人可不易得。

可是，初唐时期的科举制度和宋朝以后的不一样，阅卷人是可以看到每一张试卷上的名字的。若你是主考官，你会录取文采平平的宰相公子，还是辞藻华丽的无名小卒？别毫不犹豫地说"公平"二字，在社会大环境和各方施压之下，怕是没有几个人会坚持选择后者。

无奈，骆宾王就是那个"后者"。他性格内敛，却也倔强，为了弄明白人与人之间的差距在哪里，在落榜之后，他没有直接回家，而是在长安待了一段时间寻求答案。弄明白了，比弄不明白更伤心。寒门难出贵子，虽然他那么努力地渴望改变命运。

在某一个没有月光的晚上，骆宾王在一家快捷客栈里写下了一首长达1400余字的杂文古诗《畴昔篇》，表达自己"重在参与"后的感受。诗的前几句是这么写的：

少年重英侠，弱岁贱衣冠。既托寰中赏，方承膝下欢。

遨游灞水曲，风月洛城端。且知无玉馔，谁肯逐金丸。

意气风发的少年，终是被那些心照不宣的"规则"缚住了手脚，压垮了身心。每个人都告诉他：认命吧！这个世界原就是这个样子。可一切约定俗成的东西，就一定是对的吗？

骆宾王越想越想不通，可越想不通却越要不停地想。他整天在长安城中漫无目的地走着，所有的富贵繁华就好像一根根刺，从各个角度扎进他的五脏六腑。在很长一段时间内，他都自暴自弃，和那些小混混们赌博喝酒，好像自己也成了一个小混混。

和小混混相比，一个名落孙山，以后大概率也不会复起的考生好像也不会那么让人看不起了。

可心灵的麻痹毕竟是有期限的。期限到了他就会发现，自己被深深的愧疚吞噬。他是7岁就名动义乌的小小骆啊，怎么能在这些混混身上找认同感呢？罢了罢了，先回家吧。

回到家乡之后，骆宾王娶妻生子，也算完成了一个小目标。大多数时候，他都在家里读书写诗。至于生计，有投资客把他当成潜力股，专门资助他与家人的生活。

这个世上有三样东西是人所控制不住的：爱、打喷嚏、才华。在友人的引荐下，道王李元庆向他伸来了橄榄枝，真诚地邀请他去自己的亲王府中担任录事一职。

李元庆是李世民的十六弟，比李世民小二十多岁。李世民这些比他有的儿子们还小的几个弟弟都很有意思。有的继承了李家人"想要什么就要勇敢去争取"的优良传统，比如汉王李元昌、荆王李元景，结果都因为争取不到

而人头落地。而更多的是秉持了"不争不抢，不要不想"的古老家训，比如留下了一幢阁楼，让后世人争相赏看的滕王李元婴，再比如这个给了骆宾王一份足以养家糊口的薪水的道王李元庆。

虽然不是正式编制，但道王性格好能力强，骆宾王还是很乐意为他干活的。尽管干的都是一些十分琐碎的工作，比如总结一下半年度王府重大项目的完成情况，写一份王府小食堂的招投标计划表，替道王给皇帝哥哥写一份年终述职报告，可骆宾王毫不懈怠，每一件小事都能干得漂漂亮亮。

就因为太漂亮了，道王觉得骆宾王待在自己身边有些屈才。那个时候，除了科举途径，还能通过高官推荐来取得官员资格。道王很想推骆宾王一把，成人之美，是一件多好的事情！

不过口说无凭，先递一份简历上去。道王自觉文笔有限，无法写出骆宾王的好来，便赶紧让人给骆宾王递了一支笔：来来来，你写！最好能把自己夸得天花乱坠，那么你就一定可以步步高升了。

骆宾王答应得十分爽快：行！看我怎么"好好写"。

若乃脂韦其迹，乾没其心；说己之长，言身之善；腼容冒进，贪禄要君；上以紊国家之大猷，下以渎狷介之高节；此凶人以为耻，况吉士之为荣乎？所以自炫其能，斯不奉令。谨状。

如果一篇自吹自擂的文章就可以得到陛下的赏识、朝廷的重用，那朝廷得腐败成什么样子啊！我是堂堂读书人，受的是最正统的儒家教育，让我这么干，肯定是不行的。别人愿意，那就把机会让给别人吧。我不干！谢谢！再见！

文人的清高，有时候还真让人无可奈何。你不能责怪他，因为他说得句句在理，字字有节。但你也不能夸他，因为把到手的机会丢开的行为，可以用一个字来形容：傻。

好在道王是个厚道人，给予这样不给面子的低情商行为以充分的理解。通常来说，有本事的人总是有点个性的。

那么，就继续在王府窝着吧。不知不觉，六年过去。骆宾王已经三十好几了。有时候想想，人生也挺没意思的。朝九晚五，忙忙碌碌，仅仅只为了几两碎银。可又不得不继续着这样周而复始、毫无变化的日子。那么所谓理想，又要到哪里去实现呢？

骆宾王只要想到这些，就常常整夜整夜睡不着觉。也许到头来，终会成为那个让自己厌恶的人。

当年错过了最佳机会，如今再要走这条路，便是难上加难。几番折腾之后，骆宾王得到了一个从九品奉礼郎的官职。主要做好在君臣朝会、祭祀时的站位及跪拜指导工作，有点类似于如今咱们办公室的会务。这种又烦琐又毫无上升空间的工作对于骆宾王来说依然是折磨。可看在钱的分上也只好忍了。

不能忍的是复杂的人际关系。有些应酬，明明不想去却非要准点到。有些人，明明一点都不熟，却非要显出十分的亲昵。骆宾王试着去适应这种环境，可笑得脸都僵硬了都装不会。

烦死了，不装了！

骆宾王在忍无可忍之下，向上司递了一份辞呈。然后，弃笔从戎，去了西域当兵。其实若真能在沙场上有一番作为，也不失为一条上升的出路。

在大漠孤烟之地，他写下了边塞诗《夕次蒲类津》：

二庭归望断，万里客心愁。山路犹南属，河源自北流。

晚风连朔气，新月照边秋。灶火通军壁，烽烟上戍楼。

龙庭但苦战，燕颔会封侯。莫作兰山下，空令汉国羞。

沙场上的刀光剑影再度激发了骆宾王的斗志与意气，可他却不知道要如何将心中所想的一切付诸行动。他不能上阵杀敌，因为他只是一个文人。他只能做一个小小幕僚，和在朝廷时一样做着最简单无趣的事情。

他想求见将军，可他的官阶实在太小，只能一级一级申请。上司对他的策略嗤之以鼻，文人只会纸上谈兵，军营中的将士们哪个不是身经百战、杀敌无数？你怕是连长枪都拿不稳吧？

骆宾王很郁闷，只得悻悻回去生闷气，继续当一个默默无闻的"打工人"。几个月后，军队得胜归朝，得到了最高嘉奖。骆宾王眼看着他们脸上因为升官而洋溢出欢快的笑容，心里不由得一阵阵发酸。这种好事，当然轮不到他。

后来，他又跟着军队去了四川平定叛乱。这一次，他得到了一个难得可以大展身手的机会：写一篇征讨的檄文。一篇好文章能起到多大的作用，骆宾王当然是明白的，他铆足了劲一定要好好表现。

姚州道行军大总管李义军很欣赏骆宾王的才华，当众承诺，一定要在长安给他安排一个好差事。

苦尽甘来，苦尽甘来啊！骆宾王高兴得掉眼泪。

然而，如果一切顺遂，那就不是他的人生了。因为过分出挑，骆宾王在军中不免受人嫉恨。这些人不断在李义军面前进谗言。作为一个优秀的将领，李义军自然知道不能偏听偏信的道理。可三人成虎，谎话说了一千遍也就成了真理。

恰恰在此时，骆宾王又发现同事有贪污军饷的嫌疑。本着对国家高度负责的态度，他赶紧将此事告诉了李义军。李义军一听，苦口婆心地对他说：小骆啊，无论在战场，还是在官场，情商都是和才华一样重要的东西。你要学会跟同僚们好好相处啊！

其中深意，不言而喻。

第二天，骆宾王就向李义军交了辞职报告，此地不留人，我就回家去。

百感交集中，他写了一首《帝京篇》，其中几句为：

已矣哉，归去来。

马卿辞蜀多文藻，扬雄仕汉乏良媒。

三冬自矜诚足用，十年不调几遭回。

汲黯薪逾积，孙弘阁未开。

谁惜长沙傅，独负洛阳才。

走了走了！不属于我的地方，还有什么可留恋的呢？司马相如要回去当酒老板；扬雄比我有才，却和我一样没人赏识；东方朔自信有三年知识储备就可以治理国家；张释在岗十年无人提拔；老同志汲黯位在萌新之下；高才生孙弘多年没有谋到好差事；高智商贾谊被贬边地浪费一身好本领。

珠玉在前，好像他也成了史书上怀才不遇的名士。如此，走得才不算太难受。

接下去的几年，他又先后担任武功主簿、长安主簿、侍御史。侍御史是个言官，可以随时随地向领导报告朝中动态。终于可以名正言顺地说话了，骆宾王很高兴。可他这张嘴，越说越错，越错越要说。

当时已经临朝称制的武则天觉得他很烦,便让人把他扔进狱中作自我反省。

不能说了,那就写:

西陆蝉声唱,南冠客思深。那堪玄鬓影,来对白头吟。
露重飞难进,风多响易沉。无人信高洁,谁为表予心。

铁窗外的秋蝉不停叫唤,铁窗内的囚徒悲从中来。我不能忍受在盛年时光,一遍一遍吟诵着《白头吟》。秋蝉在这时节难以翱翔,风声将鸣叫无情地掩盖。没人知道它是多么高洁,而我的丹心又能与谁说?

也许正是因为这首《在狱咏蝉》的缘故,不久之后,骆宾王就出狱担任

临海县丞。不过他这个副县长当了没多久，就又敏锐地觉察出了官场的黑暗。旁人是眼里揉不得沙子，他是连粉尘都忍不了。于是便又一次辞职，到扬州追求诗与远方去了。

骆宾王已经42岁了。尽管几十年来郁郁不得志，但好歹也做过几任小官，且诗文写得好，到处都有粉丝打赏，颐养天年完全没问题。

然而，变天了。

嗣圣元年（公元684年），武则天废皇帝李显，改立李旦为帝。李旦是个吉祥物，要么在书房读书写字，要么和妃子们一起跳舞作乐。母亲大人喜欢权力，那就让她喜欢啊！哪个人没点兴趣爱好不是？

可朝堂内外的李氏宗亲们可不这么想，皇帝是个身体健康的大好青年，哪里就轮得到你一个外姓老太太指手画脚？很多人敢怒不敢言，很多人却勇敢地起兵反抗。其中最有名的一个人名叫李敬业。

李敬业是正宗官三代，祖父是《隋唐演义》中经常出现的能掐会算的神仙老道士徐茂公徐世勣。建唐后被赐李姓，又因避李世民名讳而称李勣。李敬业承袭了祖父与父亲"英国公"的爵位，有钱有地位。可是躺赢的生活并不是他的人生理想，他想要当祖父级别的功臣。

为了把武则天赶回后宫，辅佐李旦亲政，李敬业在扬州四处招兵买马，准备干一场大事业。骆宾王就是这时被招入李敬业麾下任艺文令的。李敬业十分尊崇他，无论大事小事都亲自过去同他商量，重要文书也全都出自他的手。

原来李敬业就是自己寻找了半生才遇到的伯乐和知己啊！骆宾王激动得恨不能把命都交给他。

这年九月，李敬业正式起兵，讨伐的檄文自然是出自骆宾王之手。这篇500多字的文章写得振聋发聩，字字珠玑，落地有声。

开头就揭露了武则天的累累罪行：性非和顺，地实寒微。秽乱春宫、掩袖工谗、狐媚惑主、近狎邪僻、残害忠良、杀姊屠兄、弑君鸩母、燕啄皇孙。正所谓"人神之所同嫉，天地之所不容"。

说实话，武则天作为一位政治女性，在一步步走向权力中心的过程中，

有些事真假难辨。气氛已经烘托到这个地步了,接着又写李敬业是根正苗红的李唐旧臣,起义把那个凶残的老太太赶下位是势在必行的事。咱们现在军容齐整,众志成城,只要一出手,必然战无不胜攻无不克:

班声动而北风起,剑气冲而南斗平。喑呜则山岳崩颓,叱咤则风云变色。以此制敌,何敌不摧?以此图功,何功不克?

这样的话一出,连扬州城里扫地的大爷都忍不住加入起义军。不过骆宾王还嫌力度不够,最后又添了一把火,号召忠君爱国之士都能跟着英国公一起干:

请看今日之域中,竟是谁家之天下!

真是一字千金,一篇文章就是十万雄兵!

可惜李敬业起事的时机不够成熟,弃洛阳攻南京的战略又存在极大失误。因而早在萌芽阶段,武则天就通过遍布全国的特务机构"内卫"得知了他们的计划,直接派出三十万平叛大军前往扬州。

三个月后,全歼叛军。李敬业在逃往润州之后,被自己的亲信属下割了脑袋,当成献降时的礼物。

这些人不过是自己通向最高权力路上的小石子而已,武则天根本没有将李敬业和他的乌合之众放在眼里。令她感兴趣的只是那篇被李敬业散发至各地的檄文。

"你嗓子洪亮,普通话也标准,给我认真读一遍吧。"

武则天随手一指,就把那个小官吓得跪倒在地连说"不敢",心里以最快的速度把骆宾王和他的祖宗们骂了千百遍。

"读读读,赶紧读。不读不是唐朝人。"

武则天心情很好,那些难听的诽谤话在她听来,只是小孩子在玩cosplay(角色扮演)而已。可听着听着,她的眉头就皱得越来越紧,最后终于忍不住出声打断:"就刚刚那句话,你再给我念一遍。"

完了!小官额头上的汗水一颗颗往下掉:

一抔之土未干,六尺之孤何托?

先帝坟前的土还没有干透,咱们敬爱的小皇帝现在又在哪里呢?这是多么悲壮又震撼人心的拷问啊！

武则天震惊地瞪大了眼睛，连连感叹："人才啊人才！宰相光拿工资不干活吗？怎么不把这样的栋梁留在朝廷？"

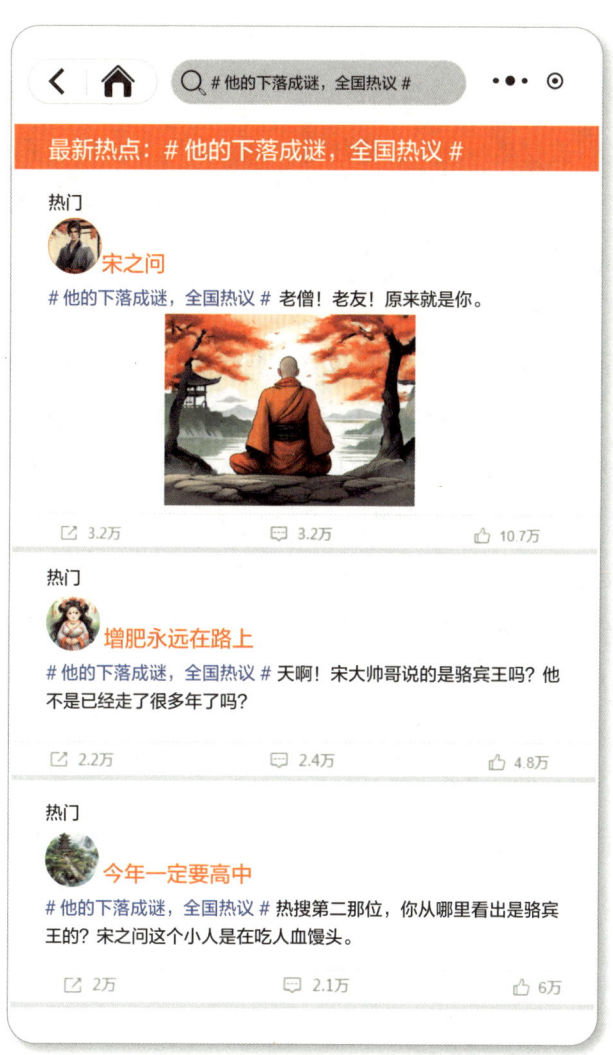

车撞墙知道拐了，眼泪流到嘴里知道苦了，喝多了知道要戒酒了。晚了晚了！骆宾王是直臣，是忠臣，可未必是迂腐之臣。如果武则天能够给他一个真正能实现毕生抱负的舞台，他未必不会真心实意地跟随。

武则天和后来的皇帝李显都派人去找寻过骆宾王的下落,可惜都无功而返。很多人都说,他死在了扬州那场战乱之中。毕竟他只是一介文弱书生,怎么敌得过搏命厮杀,最终只能活不见人死不见尸。也有人说,他在李敬业被杀后绝望地投河而死。

不过,古代文人都有一种浪漫主义情怀。他们宁愿相信,骆宾王只是避世仙遁了,这个隐居之地就在杭州灵隐寺。那里至今流传着一个美丽的传说。

诗人宋之问被贬越州刺史,赴任途中路过灵隐寺便住了下来。晚上,月色朦胧,树影婆娑,宋之问虽然人品不怎么样,但才学还是有的。站在长廊之上,他情不自禁地念出了两句诗:

鹫岭郁岧峣,龙宫锁寂寥。

飞来峰高耸陡峭,灵隐寺空灵寂寞。起句由远及近,由外而内地描述了灵隐寺的风貌,格局与格调都非常高超。宋之问也觉非常满意,可徘徊许久,却依然想不出后面的诗句。正愁眉不展之时,就听到背后传来一阵由远及近的脚步声。宋之问回头一看,就见一个老僧站在长廊尽头,捋着长长的胡须。

"施主深夜吟诗,有何烦心之事?"

"仙师能一语道破我心中烦愁,实是高人。朝中内斗,我屡屡被贬,前路茫茫。此地风景甚美,想作一诗抒发心中所想。奈何腹中空空,只得两句,余者便不知何处?"

老僧不觉哈哈大笑,张口便是一句:

楼观沧海日,门对浙江潮。

阁楼上眺望海上朝阳,寺门正对着钱塘潮水。

宋之问连连鼓掌。好诗句!好诗句!如此一启发,接下来的诗句立马也就来了:

桂子月中落,天香云外飘。
扪萝登塔远,刳木取泉遥。
霜薄花更发,冰轻叶未凋。
夙龄尚遐异,搜对涤烦嚣。
待入天台路,看余度石桥。

整首诗意境阔朗，构思巧妙，以景起势，以情结尾，写尽灵隐寺的宏丽巍峨及对清幽美好生活的向往。字字入画，句句入心，实在是唐朝山水田园诗中的翘楚。

宋之问连连向老僧道谢，问他姓名，老僧只是双手合十，轻轻摇头。第二日，宋之问想向他辞行，却被寺中人告知，老师父已经闭关修行，谢绝来客。

传说，这位老僧就是骆宾王。他在兵败后侥幸逃跑，辗转来到了灵隐寺中隐居，过着从容平静的生活。

古往今来，有多少人相信了这个传说，又有多少人对其嗤之以鼻。理性与感性的对垒永远存在，却永远没有对错。

然而，对于骆宾王而言，传言的结局就一定是美好的结局吗？他一生都在追求"观国之光，利用宾于王"，李敬业是他愿意舍了性命去跟随的明主。那么求仁得仁，亦是完成了他的使命与理想。

贺知章

出道即养老，一生未贬官

贺知章（659—约744）

　　江湖名号"诗狂"。年轻时以诗文出名，第一次参加科举考试就中了状元，一生官路顺畅，是唐朝唯一一位没有被贬官的诗人。别人忙着追名逐利，他乐呵呵地写下"不知细叶谁裁出，二月春风似剪刀"。他和李白是最佳忘年CP（搭配），一句"谪仙人"，把李白夸得飘飘然。85岁从秘书监这个位子上退休时，皇帝拉着半个朝堂的人亲自相送。

证圣元年（公元695年），36岁的"小镇做题家"贺知章肩负着全村的希望，第一次离开生他养他的家乡越州，踏上了进京赶考的漫漫长路。

他坐在马背上，看着天边那一抹灿烂的晚霞，心中百感交集。其实，一辈子在小镇做一位教书郎也是一件很好很好的事情，何必硬要往一线城市挤？物价高房价高，还要拼爹拼妈拼人脉，精神压力多大。无奈，热情的乡亲们总在他耳边絮叨着:"八郎啊!你要支棱起来,为咱们家乡争气。盘缠你不用担心,大家可以众筹嘛。"

于是,考就考吧!一不小心,就考了个状元。

那可是相当于全国高考和公务员考试的双料第一!快递小哥来报喜的时候,贺知章还翘着双腿躺在榻上数砖。乍听到惊雷般的敲门声,还以为又有醉汉砸场子请他去劝架。

"恭喜状元公!从此以后,您走的可都是锦绣路了。"

"我是状元了?嗯!这考试还算公平。"

贺知章把跑腿费给了小哥之后,继续数砖。从此,那些可都是状元公数过的砖了。

接下来,就是等待国家给官职。对于像他这样年富力强的高级知识分子,最好的前途就是进六部,尤其是吏部。原因很简单,有权。毕竟吏部可是掌管了全国所有官员的任免、考核和评优工作。如果朝廷要持续考验培养你,那么下放到一个富庶的地方当父母官也很不错。只不过,这两个职位都与贺知章无缘。原因也很简单,没权。

虽然科举制度给咱们普通人勾画了一个"朝为田舍郎,暮登天子堂"的美好蓝图,然而在隋唐时期,真正通过这条路改变命运的人屈指可数。大多数人靠的还是祖祖辈辈积攒下来的错综复杂的人脉。所以,很多寒门子弟为了能够攀上青云梯,在科考之前就会拿着自己的得意之作到处走门路。如果能够得到大佬的认可,再上一次大佬圈内的头条,那么顺利进入官场的机会也就会大大提升。

贺知章没有关系,也懒得走关系。可他是堂堂状元公,怎么着也得给他一个正式而体面的位置。于是,他就得到了一个国子监四门博士的官职,大体相当于如今的教育部高级研究员。

年纪不大,却坐上了养老的岗位,很多人都为贺知章可惜。只有他自己乐得开花。他本质上就是个喜欢舞文弄墨的文学家。现在,他不但可以继续做自己喜欢的事,还能每月按时领到一笔数目可观的工资,简直不能更棒!

在这个他无比热爱的岗位上,贺知章一干就是十几年。咱们可以细数一下,

贺知章 出道即养老,一生未贬官

这十几年政坛上都发生了哪些重要的事情。

神龙元年（公元705年），宰相张柬之发动政变，杀死武则天宠臣张易之和张昌宗，胁迫她传位太子李显，复"唐"国号。史称"神龙政变"。

景龙元年（公元707年），太子李重俊联合以李多祚为首的禁军，杀死武三思和武崇训父子，一举铲除了武氏一族。史称"景龙政变"。

唐隆元年（公元710年），临淄王李隆基联合太平公主诛杀韦后、安乐公主、上官婉儿及其党羽，迎皇叔李旦登基。史称"唐隆政变"。

先天二年（公元713年），太子李隆基率羽林军剿灭政敌太平公主等人，逼迫李旦交出实权。史称"先天政变"。同年，李隆基登基，改元"开元"。

外面是腥风血雨，国子监的贺知章却正悠闲地煮一壶茶，慢悠悠地在纸上写下了他的小清新诗句：

碧玉妆成一树高，万条垂下绿丝绦。
不知细叶谁裁出，二月春风似剪刀。

除了诗歌造诣越来越深，他的字也写得越来越好。画圣吴道子是他的一号迷弟，毫不吝惜对他的赞美："与造化相争，非人工所到。"意思是：这样的字，那是神仙才能写得出来的。

是金子总会发光，哪怕这颗金子把自己埋得很深。

贺知章的伯乐是张说。张说也是个文人，一个有大格局、大抱负的文人。他这一生浮浮沉沉，九死一生，开元初年被李隆基拜为宰相。他看多了官场上的尔虞我诈，对谁都要留三分心眼，唯独对贺知章这位小老哥另眼相看。世道纷乱，谁都想往上爬，还有几个人能沉下心来研究学问？朝廷不能欺负老实人，也不能亏待真学士。

盛世王朝都喜欢编书修史。一是有钱，二是有闲。一为招才，二为留名。不过，现代人要编书尚且不是件容易的事，更何况是没有搜索引擎的古代。所以，主编人选就格外重要。不仅要学问高、人品好，更要耐得住寂寞，最好还得真心喜欢这份工作。

张说一合计，这说的不就是贺老哥？于是立马到了李隆基面前大力推荐。

宫女内侍群（365）

朱小妹：咱群里有人知道封禅大典的情形吗？@所有人

赵小六：@李小七 问你呢！你闺密不就是天后身边的宫女？给我们讲讲呗！

李小七：我闺密可是见过大场面的。封禅就是仪式复杂些，也没什么特别的。不过，她见到了她的偶像贺少卿。那气质……啧啧！真真就是个老神仙！

朱小妹：@李小七 作为贺少卿的铁杆粉丝，羡慕这两个字，我已经说倦了！

王姐：听说这次的封禅大典是贺少卿一手组织策划的，有这样的光荣履历，恐怕他日后还得升官吧！

朱小妹：我也觉得！那你们说说，贺少卿接下来会做个什么官啊？

赵小六：醒醒！各位姐儿们！这是咱们这些月薪一两银子的底层打工人该考虑的事吗？

李隆基也很高兴，当即便任命贺知章为太常博士，大致相当于现在文化部的一个处级干部。职位虽然不算太高，但责任却不小。

贺知章走马上任之后，除了尽心尽力修书，钻研百家经典之外，还花了大量时间去研究各朝各代的礼仪制度，收获颇丰。

有一回，李隆基闲来无事到太常寺视察工作，随口问了几个专业性很强的问题。本也没指望有谁可以回答得出，谁知贺知章脱口而出便是标准答案，

比搜索引擎还快，都不带卡顿的。李隆基太高兴了，这不就是盛世文人官员的标杆吗？得赏！得升！

贺知章就这样被提拔为了太常少卿，相当于文化部的二把手。尽管他对功名利禄看得很淡，但是功名利禄找上门来，如果他还不欢欢喜喜地接着，那他就是个迂腐的傻子。

自己赏识的千里马也能入领导的眼，张说也很欢喜。因而在商议掌管封禅礼仪的官员时，他再次推荐了贺少卿。封禅在古代是件很严肃的政治活动，通常在泰山举行，由帝王登临高峰向天地宣告自己的功绩。那得是有真本事，且足够自信的帝王才会干的事。纵观两千多年的封建王朝史，这么干过的只有七位：秦始皇嬴政、汉武帝刘彻、汉光武帝刘秀、唐高宗李治、女皇武则天（封禅嵩山）、唐玄宗李隆基、宋真宗赵恒。

佛系半生的贺知章面对这么个千斤担子，心里又紧张又兴奋。不过很快，他就收敛了所有情绪，投入了封禅工作的紧张准备中，立志要把一切细节都安排得明明白白，绝不让皇帝操一点心。

开元十三年（公元725年）十一月，李隆基率文武百官从洛阳前往泰山。第一日在山顶设圆坛祭天，第二日在山脚筑方坛祭地，册封泰山神为"天齐王"。封禅完毕，大赦天下，李隆基亲笔写下《纪泰山铭》一文，宣扬自己与列祖列宗的功绩。

这样庄严而隆重的氛围是很容易感染人的，当时有很多文人官员都动笔写诗抒发感情。贺知章更是一连写了七首《唐禅社首乐章》，包括《太和》两首，《顺和》《肃和》《雍和》《寿和》《福和》各一首。

由于把封禅事宜办得实在漂亮，贺知章又升官了。新岗位是礼部侍郎加太子右庶子。礼部侍郎当然是个显官，可是担任未来皇帝的老师则更是一件荣耀的事。那时候的贺知章已经是一位66岁的老者，搁今天也该到退休的年纪了。不过他身体底子好，生活顺心如意，对工作也是满腔热爱。年纪带给他的只有阅历而不是阻力。

贺知章的这位太子徒弟名叫李瑛，母亲是舞蹈艺术家赵丽妃。李瑛后来卷入宫廷斗争被冤杀，李隆基又立了忠王李亨为储。神奇的是，贺知章非但没有被牵连，还继续做着他的太子右庶子，只是换了个徒弟而已。

封禅过后的第二年，李隆基的四弟岐王李范病逝。这位岐王性格好、人缘好，经常活跃于唐朝文艺圈，很多文艺青年都在诗文中提到过他。其中最有名的便是杜甫的那首《江南逢李龟年》：

岐王宅里寻常见，崔九堂前几度闻。

正是江南好风景，落花时节又逢君。

弟弟去世，李隆基很伤心，盼咐礼部一定要把丧仪办得风风光光，挽郎更是要好好挑选。所谓挽郎，就是在岐王出殡时扶着灵柩，边哭边唱挽歌的那些人。招聘挽郎的要求很苛刻：首先，得年轻，十三四岁为宜，最大不能超过二十岁。其次，得长得帅。最后，得是个官宦子弟，老爹至少是六品官。

高标准就意味着高回报。挽郎们顺利完成任务后，档案就会直接移送至

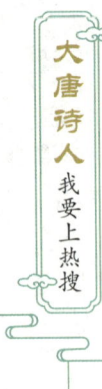

吏部，给予官职。很多官宦人家都想让自己孩子走这条捷径。于是，这边岐王一咽气，那边就有消息灵通人士开始找贺知章走后门。

走后门也是一门学问。和贺知章有交情的一把鼻涕一把泪地诉说自己的奋斗史。我踩过的坑、受过的苦，可不能让咱孩子再经历，能有一份安安稳稳的工作，多好。和贺知章没交情的就想方设法创造关系。朋友的朋友就是朋友，四海之内皆兄弟不是？

让一个搞学问的去处理人际关系本来就是件很痛苦的事，贺知章被这些"朋友们"吵得脑壳疼，只好躲到书房里去冷静冷静。可冷静完了，事情总得办。于是，在符合条件的候选人中抓个阄，随便挑吧。

"上岸"的少年们高兴得直呼贺侍郎是古今第一完人，可更多的却是落榜的人。他们私下一商议，总觉得里头的水很深，便组团来到贺府门口叫骂，一定要为自己讨个说法。门卫眼见事情闹得越来越大，担心会被舆论顶上新闻热搜。造谣一张嘴，辟谣跑断腿。到时他家侍郎的一世英名可不就要毁于一旦了吗？想到此，他便赶紧敲响了贺知章的书房大门。

听说当事人情绪如此激动，贺知章只好亲自接访。

"我长得比张二郎那个小白脸阳刚多了，为什么不选我？"

"我爹是从五品，赵七郎他爹虽然是正五品，可那是虚职，没有用的。你到底懂不懂？"

"周十三郎都19岁了，那老胳膊老腿能顶什么用？"

贺知章下意识地甩了甩还算灵活的手臂，觉得出来听这些人发牢骚是他这辈子做过的最后悔的一件事。不过很快，他就惊觉，没有最后悔，只有更后悔。

因为他在情急之下，站在门口的石阶上振臂一呼说道："你们都是好少年。别急，听说宁王也快要不行了。"

此言一出，少年们立马都不说话了，空气中瞬间安静得能听到一根针掉在地上的声音。少年们面面相觑，都在心里说着：老爷子可真勇啊！这话都敢讲。行了行了，咱还是散了，找人去宁王府门口蹲守着吧，希望这次能被选中。

祸从口出，祸从口出啊！

贺知章吓得腿软，一步一趔趄地回到了他的书房。就这么点工夫，他连遗书中的用词都已经精心琢磨过了。

唐朝人跟我们现代人一样八卦，贺知章这话一传十，十传百，没过几个时辰，就传到了李隆基的耳中。李隆基很生气。宁王是谁？那可是他的亲大哥，当初主动将皇位让给自己的亲大哥！这老头竟然敢当街诅咒宁王。

不过，皇帝毕竟是皇帝，情绪管理能力还是一流的。转眼，他就又平复好了心情，展现出超高的共情能力。僧多粥少，选挽郎这事的确是为难老贺了。估摸着他说这话也只是为了要安抚那群小霸王们的情绪。那么现在，自己也要去安抚一下老同志的情绪了。

就这样，贺知章非但没有被处分，还收获了一次免费心理疏导。最后，为了平息舆情，贺知章被平调为工部侍郎，从文科岗位变成了理科岗位。

干一行爱一行，虽然专业不对口，但贺知章仍然在工部干得风生水起。几年后，他又做了自己的老本行，当了秘书监，并加了从三品银青光禄大夫的虚职，基本享受了宰相的待遇。唐朝草根出身的官员能平安做到这个位子，已是十分不易了。

又是一年科举时，八十多岁的贺知章走在长安城的朱雀大街上，看着来来往往的考生，满眼都是四五十年前的自己。可物是人非，世道已经不是原来的世道了。与他年龄相仿的同事、朋友、知己，都早已不在。就连圣明天子李隆基，似乎也开始不那么圣明了。

贺知章长长叹了一口气：无奈无奈，人生无奈啊！

"贺监留步！晚辈求教贺监。"

一身青袍，眉目舒朗，长身玉立的读书人就这样目光炯炯地看着他，手里捧着一卷诗稿。

人才人才！不不！是仙才！是从天而降的诗仙啊。

这首诗名叫《蜀道难》，这个人名叫李白。

"走！去我家！我们促膝长谈。"

白发苍苍的贺知章拉着意气风发的李白的手，笑得像个孩子。

这样的场景，依稀仿佛曾经经历过。于是他又想起了张说。这个高傲的、倔强的、古怪的小老弟也曾拍着他的肩膀，大声说着："走！去我家！我们喝酒去！"

第二日，贺知章就在李隆基面前竭力推荐这位"诗仙"。老同志发现的人才，那必须得用。既然会写文章，那就先当个秘书，表现好再重用。

就这样，不惑之龄的李白得到了他此生第一个官职：翰林供奉。当年的千里马，如今亦成了伯乐。那是多么奇妙的传承。

从此，这一老一少就结成了忘年知己。一高兴，就要作诗，一作诗，就想喝酒。长安城里略有些名气的酒肆几乎都被他们喝遍了。后来，他们又与其他六位同好建立了一个名为"饮中八仙"的群，贺知章是群主。

"听说这家的酒格外与众不同。小老弟，我们先去尝尝，明儿再邀上其他人。"

"这回，该晚辈请贺监痛饮三百杯了。"

然而，三百杯后，这两人就发现了一个极其尴尬的问题，出门太急，都没有带钱。一文钱难倒英雄汉。李白绯红着脸，长长的胡须在风中凌乱着。

贺知章朗声而笑，轻甩衣袖，从腰间解下一只金龟，放在店家的手中。这可不是一只普通的金龟，是三品高官才能佩戴的限定版饰物。

"使不得，使不得。"李白虽然喝多了，头脑却还清醒。

"使得，使得。"贺知章再度大笑，举手投足间，像极了来到凡间游历的老神仙。

很多年后，当李白再次路过这家酒肆，想着当日的场景，突然就觉得悲从中来，提笔便发了一条朋友圈：

四明有狂客，风流贺季真。长安一相见，呼我谪仙人。

昔好杯中物，翻为松下尘。金龟换酒处，却忆泪沾巾。

多好的一位长者，多好的一段年岁啊！

过完85岁生辰的那天夜里，贺知章做了一个梦，梦到自己成了一位腾云驾雾的道士，醒来后便开始复盘自己这么多年的为官历程。五十年为官路，不揽活，不推活，不争不抢，坦然佛系。最后，得所有人都尊称一声"老先生"。够了够了，该回去做一位隐居道士了。

李隆基握着贺知章的辞呈，看了又看。虽然老先生从来没有在权力核心部门待过，可有他在，自己却莫名觉得心安。唐朝以道家为正宗，他说要去求道，那是多好的事情，没有人可以再留住他。可他的离开，带走的是一个时代，也是一种习惯。那么以后，便只好重新培养习惯了。李隆基轻轻叹气，最后，提起朱笔，缓缓地写了一个字：可。

贺知章离开长安的那天，艳阳高照，碧空如洗。马车行至长亭处，缓缓地停了下来。他拉开帘子，惊讶地发现，李隆基正站在长亭外，身后，是太子李亨和满朝文武。那一刻，贺知章的心里百感交集，却唯有深深一拜到底。

《新唐书》中简单描述了当时的场景：

既行，帝赐诗，皇太子百官饯行。

贺知章 出道即养老，一生未贬官

这样超高规格的送行配置,莫消说在唐代,在整个封建王朝也是十分罕见的。

李隆基的诗是这样写的:

遗荣期入道,辞老竟抽簪。岂不惜贤达,其如高尚心。

寰中得秘要,方外散幽襟。独有青门饯,群僚怅别深。

最知皇帝心意的宰相李林甫眼睛一转,立马也吟了一首诗来表达对退休老干部的依依不舍:

挂冠知止足,岂独汉疏贤。入道求真侣,辞恩访列仙。

睿文含日月，宸翰动云烟。鹤驾吴乡远，遥遥南斗边。

迷弟李白不甘示弱，也吟唱了一首七言诗：

镜湖流水漾清波，狂客归舟逸兴多。

山阴道士如相见，应写黄庭换白鹅。

人老了，感情总会格外丰富细腻一些。他朝着他们一一看去：李隆基、李亨、李林甫、李适之、韦坚、王琚、李白、王瑀……他与他们之间发生过的点点滴滴，恍如昨日，却分明已远隔经年。那时候车马很慢，书信很远，而他已至耄耋，这样一别，就是一生。

贺知章忍不住老泪纵横，恨不得马上冲着大伙高喊一句：我不走了。可天下没有不散的筵席，今日不散，明日也得散。

"来来来！我们继续喝酒作诗。赶紧乐呵起来！难得大伙来得这么齐全不是？"还得是你啊！李白。

酒逢知己千杯少。酒逢冤家，也能一笑泯恩仇。

于是这普通的长亭，突然就变得不再普通。这些政坛和文坛的大佬们你一句我一联，你喝一壶酒，我写一首诗。不到半个时辰，就写好了三十多首诗。每每遇到金句，都会哈哈大笑，高声喝彩。本是悲伤的离别，渐渐成了一场各领风骚的嘉年华。

如此，离别便只是散宴，而不是永诀。

最后，李隆基还给了贺知章一个惊喜大礼包——将他家乡所在的小村庄赐名为"道士庄"，他的府邸为"千秋观"。可别小看这两个名字，那是皇帝赐名。皇帝是谁？那是道家始祖太上老君的子孙。如此，贺老先生不就成真正的老神仙了吗？这就是名人效应。他几乎能够想象出回到家乡后的快意生活了。

一个多月后，贺知章回到阔别整整五十年的越州永兴。在平均寿命还不到五十岁的唐朝，那该有多么漫长，漫长到他几乎再找寻不到一丝熟悉的痕迹。

走在乡间的小路上，他看到前面有一群孩子正围在一起，聚精会神地看蚂蚁爬树，便走到他们身后，笑眯眯地对他们说："你们是谁家的孩子？"

大一些的那个孩子礼貌地作揖，亦笑着回："我们都姓贺，住在村西。

请问客人，您又是从哪里来？"

姓贺的孩子，那该是自己的四世孙还是五世孙吗？可时间真的已经过去太久，亲人，也成了客人。

原来离别伤感，回来也伤感。一伤感，便有了这首被选入小学语文课本的经典绝句《回乡偶书》：

少小离家老大回，乡音无改鬓毛衰。

儿童相见不相识，笑问客从何处来。

简单易懂，没有技巧，全是感情。

不过，既来之则安之，到底是自己的家乡，稍微适应两天便自在了。隔三岔五就会有热情的乡亲们来贺知章的"千秋观"里沾沾喜气。毕竟贺知章不只是村里第一位，越州第一位，还是浙江第一位状元公。五十年缓步青云路，从未被贬，善始善终，足够神话。

老年人都喜欢热闹。有时候，家人怕他太累，总会闭门谢客，老头还挺不高兴。一不高兴，就会"离家出走"，独自一个人去池塘里划划船，看看荷花，顺便采两朵回去养着。

有一次，贺知章骑着毛驴，走着走着便到了四明山脚下。四明山风景秀丽，玩累了，口渴了，就想找一个地方休息。突然看到不远处有一户人家的门虚掩着，推门一看，只见里头有花有树，有假山有池塘，别具风情。再一看，桌上还有酒壶酒杯，那还不痛快地喝两杯？主人不在，独酌也别有意趣。

天黑了，喝够了。他掏出口袋里的银子放在石桌上，又扯了两把嫩草给他的毛驴加餐。然后，愉快地回家，钻进书房写诗：

主人不相识，偶坐为林泉。莫谩愁沽酒，囊中自有钱。

别说我不请自来，是您家别墅太迷人。别担心我喝了您家的酒，老爷子我有的是钱。

有趣的人老了，就变成了有趣的老人。

后来，他又写了第二首《回乡偶书》：

离别家乡岁月多，近来人事半消磨。

惟有门前镜湖水，春风不改旧时波。

这是贺知章一生中所写的最后一首诗，依然适合选入教材。那种清新佛系、淡然超逸的感觉，便是五十年盛唐的气息。

　　不久，贺知章在睡梦中无疾而终。

　　十年后，安史之乱爆发。原来在不知不觉中，他已经经历了整个盛唐。

陈子昂

"炒作大神"教您如何一夜爆红

陈子昂（659—700）

  唐朝的"文艺复兴男"，终生倡导学习"汉魏风骨"。年轻时以炒作成名，是长安城中初代"网红诗人"。他的"毒舌"功力极强，笔下诗文犀利无比，连皇帝的过失都不放过。一生屡屡受挫，但初心不改，以当一名正义"喷子"为荣。可一首《登幽州台歌》，却也写尽了他孤军奋战的悲凉。裸辞回家乡之后，被县令段简构陷死在狱中。

大唐诗人 我要上热搜

← 热门评论 ⤴ ⋯

从零开始

梦开始的地方，敬佩UP主的毅力
想知道UP主的现状　　重新开始再看一遍
我每次一看书就想睡觉怎么办
适时给自己打打鸡血，我可以的　UP现在当官了吗？
　　　　　　　　　　　　　加油！科举考试！
想知道怎么让自己坚持下来
大家都散了吧！这是个富二代，经验没有可复制性

17岁文盲UP主如何开始漫漫学习路

UP主讲得很真实，可是像我们这种贫苦人家的子弟
真的可以靠科举改变命运吗

小小科举，一把拿下！

| 简介 | 评论 523 | 点我发弹幕 | 弹 |

陈子昂
4.9万粉丝　65视频　　　　　＋ 关注

活动　17岁文盲UP主如何开始漫漫学习路　　˅

▷ 13.2万　☰ 847　十月初八 辰时三刻　👥 1人正在看

👍 1.4万　👎 不喜欢　不 9142　★ 5721　↗ 1120

热门评论

🧑 **不转不是唐朝人**
3分钟前
　我来总结一下吧：第一，每天都要坚持看书，哪怕只是看两页；第二，要坚持每七天写一篇文章，并且要敢于和别人分享，让别人指出缺点；第三，要适当休息，毕竟一口气吃不了一个胖子；第四，有机会的话，要拜名人为师。

🧑 **一颗咸鸭蛋**
4分钟前
　希望UP主可以分享一些应考的技巧。我三年前参加过科举，一上考场我就浑身颤抖，本来会写的文章写得乱七八糟。

🧑 **摆烂的许姑娘**
4分钟前
　看到有人说见UP主是富二代，就决定取关。我想说，现在的人能不能不要那么仇官仇富啊！UP主明明可以继承家产，却还那么努力，不是更值得点赞吗？

17岁以前，陈子昂一直是当地有名的纨绔子弟。很多家长都是这样教育自家孩子的：少壮不努力，老大成子昂。

不过陈子昂也的确有混的资本。四川射洪陈家是当地名门，家财万贯。陈爸爸陈元敬生得瑰玮倜傥，文武双全，22岁就考中进士，得了个文林郎的岗位。不过陈爸爸不愿意被官场内的条条框框束缚住。他去考试，也只是为了证明自己的实力。证明过了，满意了，那就辞职吧！

世界那么大，我想去看看。读了万卷书，再能行万里路，那么人生也就圆满了。等他逛了一大圈回家那年，家乡遇到饥荒。陈爸爸打开私仓，解了乡亲们的燃眉之急，乡亲们都呼陈郎君是神仙下凡。

可惜可惜，神仙怎么就生出这么个大字都不识一个的文盲儿子呢？

文盲就文盲，只要我儿子健康快乐就可以了。陈爸爸天性乐观，凡事总喜欢往好的方向想。

陈子昂17岁那年，因为看不惯乡霸欺负弱小，忍不住见义勇为了一把。可"勇"得太过，一不小心就把人打伤了。虽然后来双方进行了友好协商，此事以成功调解结束，但陈子昂的心里还是有些慌，自己脾气暴躁，又爱打抱不平，万一哪天真的把人打残或者打死了，自己受刑不要紧，很有可能还要连累家人。

他翻来覆去思考了一个晚上，第二日，他就兴冲冲地跑到陈爸爸面前大声说："我陈子昂要努力读书，当个文化人。"

可说得容易，真要做起来可太难了。

搁现在来看，让一个文盲和一群高中生一起学习，三年后参加高考，那也是很不可思议的事情。不过陈子昂脾气倔，下定决心要做的事，就一定会努力做好。陈爸爸是个文人，家里不仅有钱，还有看不完的好书。除了吃饭睡觉，陈子昂几乎天天在家里读书。小伙伴们来家里邀请他一起去"行侠仗义"，他一概回绝。读书，就得有个读书的样子，不是吗？

有了勤奋，再加上有天赋加持，初唐最负盛名的天才诗人横空出世。

古代读书人的工作选择几乎只有科举进官场一条路。陈子昂经过几年的魔鬼式苦读，已博览群书，对经史子集和治理国家的大政方针都有了自己的

独到见解。那么，就去考吧。

可科考也不是说考就能考的。现在很多重点大学的研究生考试都不能一次"上岸"，不是因为考生文化课水平不行，而是因为他们对考试题型和考试规则不甚了解。陈爸爸考过，所以深谙其中门道，便花大钱托人把陈子昂送进了国子监，也就是古代最高学府和教育管理机构，进行为期一年的考前培训。

第一次离家的年轻人兴奋极了，走路都带风，看到有好风景，随口便吟诵出了一首诗：

遥遥去巫峡，望望下章台。巴国山川尽，荆门烟雾开。
城分苍野外，树断白云隈。今日狂歌客，谁知入楚来。

一年后，陈子昂满怀信心地踏进考场，边答题边思考着升学宴要请哪些亲戚朋友们。

放榜那日，他看着一张张因为考中而兴奋的面孔，心里只觉酸溜溜的。这是他第一次落榜，更多的是不甘。

于是，他又沿着来时的路回到家乡复读。

"儿啊，如果觉得太累，那咱就不考了，朝廷是个大染缸，不进去焉知不是福气？"

"不不不！我要证明，朝廷不要我，是朝廷的损失。"

中二少年的眼神无比坚定。

23岁那年，陈子昂再度启程，带着行李和满肚子学问北上考试。这一次在考场上，他的眼里只有考题，心里只有答案。

然而，不出意外地出了意外，他再一次名落孙山。

为什么呢？他想破脑袋，还是想不明白。最后，还是一位好心的同学告诉了他一个残忍的真相：兄弟，你群众基础不够啊。

隋唐时期的科举考试还不是匿名阅卷。也就是说，批卷人是可以知道每份卷子的考生姓名的。所以考生的名望很重要，家庭背景也很重要。与这些相比，才学反而是其次的。陈家在四川是豪门，可在豪门云集的首都，又算得了什么呢？

知道自己摔在哪里，那么下一次，他一定可以绕过这个坑，甚至，将坑填平。年轻的陈子昂踩着马镫，一甩马鞭，大声喊了一句：我还会回来的！

最新热点：# 街头青年一掷百金买破琴 #

热门
长安城城草
笑死了！我今天算是开了眼了，原来还真有人傻钱多的人，居然花了百两黄金买了把破琴，还说了，明天要弹给咱们听呢。# 街头青年一掷百金买破琴 #
2.2万　2.4万　4.8万

热门
唐朝刘阿三
哇！这个男人好有魄力哦！我明天一定要约上几个朋友去听他弹奏，反正闲着也是闲着。# 街头青年一掷百金买破琴 #
1.5万　2.2万　32.3万

热门
十四郎君
怎么只有背影呢？好想看看这么豪气的小哥哥长什么样子啊！# 街头青年一掷百金买破琴 #
2万　2.1万　6万

热门
打假周
营销号请圆润地滚出长安好吗？这到底是谁买的莫名其妙的热搜啊！你花多少钱买琴跟我有什么关系？# 街头青年一掷百金买破琴 #
1.4万　1.7万　7.5万

两年后，陈子昂果然又回来了。这一次，他立志改头换面，成为名动长安的"钮祜禄·子昂"。

于是，在一个风和日丽的下午，长安城的朱雀大街上有一名白胡子老爷

爷在售卖一架破破烂烂的古琴。

"先生想将此琴换得几枚铜钱？"

"此琴珍贵，非百两黄金不可得。"

这可能是一个有严重精神障碍的患者，周围人很快得出了这个结论，然后四散而去。

"我要了！"人群中的陈子昂排众而出，声音朗朗，带着青年人特有的意气和朝气，一手交钱，一手提货。

人们惊奇地发现了一件了不得的事情：原来精神障碍也具有传染性。

"明天此时，我在这里为咱们长安城的父老乡亲们弹奏一曲，不见不散哦！"

这下，长安群众的八卦基因开始蠢蠢欲动。不到半个时辰，这个无名年轻人就占据了各坊的热搜榜单：

全城瞩目：街头青年一掷百金买破琴！

惊！一老一少在长安城竟然做了这种事！

破琴也有价值？这位收藏者居然花了巨款购入！

是道德的沦丧还是人性的缺失？一老人竟然诈骗外地游客百两黄金！

第二日，陈子昂如约而至。他登上高高的石阶，看聚集的人越来越多，便重重地将手里的古琴摔了下去。百两黄金就这么变得粉身碎骨，吃瓜群众再一次震惊得合不拢嘴巴：这是什么样的家庭才能培养出来的土豪啊！

陈子昂见气氛烘托得差不多了，便走了下来，向着大伙恭敬地行了一礼："蜀人陈子昂携诗文百轴，四处求告，竟无人赏识。我虽无二谢之才，却亦有屈原贾谊之志，怎可用这低贱之物当场弹奏？"

简单来说就是一句话：百金之琴也配不上我的才华。

趁着众人的嘴巴还未完全合上，陈子昂便开始发传单。每份传单上都印着他的原创诗文，字字绝妙，句句经典，就算不懂诗的人也能立马品出其中的味道。陈子昂心满意足地看着大伙不断变化的有趣表情，在众人自觉让出的一条道上扬长而去。

如此阵仗，不得不引起京城文化圈的热议。大佬们都是人精，有谁不知道这是一场精心设计的炒作？陈某是编剧，老头是演员，黄金是道具，演戏的是天才，看戏的是傻子。戏散，陈子昂的名字却飘扬在长安城的空气中经久不散。

大佬们一开始的确对这样的营销手段嗤之以鼻，这不都是咱们当年玩剩下的吗？这一届的年轻人，为了"上岸"可真是不择手段。不过很快，他们就改变了想法：这个小陈有点东西啊！

得到大佬的认可，事情就成功了一大半。很快长安地区的主考官王适也注意到了这个霸占热搜榜好几天的网红，拿起底下人放在他桌案上的传单，随口念了一首诗：

山水开精舍，琴歌列梵筵。人疑白楼赏，地似竹林禅。
对户池光乱，交轩岩翠连。色空今已寂，乘月弄澄泉。

王考官连连点头，情不自禁地赞叹道：清新雅致不落俗套。此人前途不可限量，他日必是大唐文宗。

考官都这么说了，底下人心里也跟明镜似的，只要陈子昂能把考卷填满，那么今年的进士中就必定会有他的名字。

果不其然，陈子昂成功了。他终于成为一名光荣的预备官员。之所以是预备，是因为考中进士只是有了做官的资格，想要真正入职，还得有皇帝的任命。

可当时，皇帝李治在洛阳驾崩不久，登基的是太子李显，掌权的是太后武氏。权力交替，既要办葬礼这样的丧事，又要办登基这样的喜事，可谓千头万绪，恨不能把一个人劈开当两个人使用。没有人会想到在长安还有这样一群翘首等待着工作的进士们。

陈子昂心里很急，好岗位不可得，自己虽然是新晋网红，但与京城贵族没法比，万一最后只能去一个钱少事多离家远的边缘部门，那不就亏了？

他想了又想，马上就下了决心：咱不靠天，不靠地，就靠营销。这一次，一定要做得比之前更好才是。

乾元殿宦官值班群（204）

李银根：@王金柱 头儿，悄悄问一个八卦。陈拾遗还有机会升官吗？那天我当值，他可是当面给了咱们陛下难堪，说她老人家哪里哪里都做得不对。

王金柱：@李银根 打听这个干吗？好好上班！

李银根：陈拾遗是我同乡啊！这不是关心一下嘛！虽然他也不认识我。生活已经很苦了，得给自己找些乐子。

杨小五：就陈拾遗那样的还想升官？咱陛下不降罪给他，已经是莫大的恩典了。

他耐心地等啊等，终于等来了一个极好的时机——李治灵柩回长安。当时的朝臣们就李治落葬地的议题展开了激烈又友好的讨论。

正当他们吵得不可开交的时候，武则天收到了一份被后世称为《谏灵驾入京书》的表文，表文中就近来朝臣们所辩论的议题阐述了自己的想法。不过，与其说是为了帮助太后解决实际困难，不如说是想让太后看看自己的写作能力。这篇文章论点明确，论据充分，读起来声调铿锵，朗朗上口。

武则天向来爱才，一看这样的好文章立刻就喜欢上了，马上把陈子昂叫到了自己面前。虽然是第一次直面大领导，但准备了很久的陈子昂依然表现得不卑不亢，对答如流。不错不错，有才又有貌，还没有工作？那就先从基层做起，当个麟台正字吧。你不是网红诗人吗？正好专业对口。

麟台正字，正九品下，是个小到不能再小的小官，主要负责文字校对工作。

陈子昂挺开心的,毕竟芝麻官的本质不是芝麻,而是官。况且,同期进士那么多,能够被太后召见的唯有他一个。太后可真是个好太后,以后,自己一定为她赴汤蹈火,在所不辞。陈子昂的心里暖融融的,回去便又写了篇《答洛阳主人》,向武则天表达自己的感恩和敬仰之情:

平生白云志,早爱赤松游。事亲恨未立,从宦此中州。
主人亦何问,旅客非悠悠。方谒明天子,清宴奉良筹。
再取连城璧,三陟平津侯。不然拂衣去,归从海上鸥。
宁随当代子,倾侧且沉浮。

这不明摆着是在拍马屁嘛!是啊!可马屁拍得好也是一种能力,有哪个老板会不喜欢高情商的下属呢?

可惜,陈子昂的路好像走得有些偏了。他从小家庭幸福,父慈母爱,不想读书,没人逼他;想读书,就给他创造最好的环境。和生活在大都市的权贵子弟相比,陈子昂的眼里有一股清澈的愚蠢。

这种天真让他坚信,亲自召见他,给了他官职的武则天一定是个很好的人。为了报答这个好人,他就一定要做一个好官。好官的标准是什么?是直言进谏。

由于他这个麟台正字当得不错,没过多久,就被提拔为八品右拾遗,专职给领导提意见。认死理的陈子昂从此真就开始不停地给武则天进谏。一开始的时候,武则天很听他的话,不仅采纳了他的大部分意见,还时不时向旁人夸奖:小陈这小伙子还真不错。

领导能在背地里夸你,那才是真的欣赏你。这种简单的职场奥秘,陈子昂还是懂得的。于是,他更加坚定自己那套以进谏表忠心的理论是绝对正确的。

几年后,武则天从太后升职成了皇帝。改朝换代,又是女统治者,武则天的心里其实也不是很有底气。不可避免的,她会采取一些非常手段。历代开国皇帝都是这么干的,并非武则天的首创。

陈子昂眼瞅着机会来了,便上书直谏:陛下您是个好人,好人就应该任用好人做官。可是您现在重用的都是酷吏,什么周兴啊,来俊臣啊,都是小人。官员们整天担心被告密,老百姓担心被抄家。多恐怖啊!您若想做一个好皇帝,就要施行德政,哪怕面对反对您的人,也要跟他讲道理。反对者是杀不完的,

您说对吗？

絮絮叨叨一大堆，陈子昂越写越激动，几乎就要把自己想象成魏徵了。武则天学到了唐太宗的一半功夫，那就是虚心接受。对对对！陈郎君说得相当有道理，而且文章写得漂亮，读起来让人唇齿留香。

不过，改正是不可能改正的。这些人起兵谋反，是要革她的命啊。是他们先不讲道理的，她那是正当防卫。

陈子昂可没有读懂她的心思，既然皇帝没有因为他的直谏而生气，那他就一定要再接再厉，继续找点意见提一下。

朝廷前几年出台了一个政策，禁止捕食鱼虾。因为武则天笃信佛教，为了自己的功德，是不能轻易杀生的。这就苦了那些沿海地区的渔民们，不捕鱼会饿死，捕鱼会被扔进牢里。两害相较取其轻，那还是铤而走险吧！毕竟牢里还可以包饭。

陈子昂觉得，这种选择大可不必，只要咱们英明的皇帝陛下大笔一挥，把这条政策取消不就行了？武则天觉得他讲得很有道理。然后，该干什么还是干什么吧。

陈子昂仍不泄气，一道奏疏接一道奏疏上去，提的意见五花八门。开始的时候，武则天还会回复几句：朕知道了。日子久了，她就懒得再去敷衍他了。小陈这人吧，才华有一点，脾气有一点，倔劲有一点，傻劲也有一点。这一点点加起来，那就是一点点也不值得重用。那么，便晾在那里吧！

陈子昂很郁闷。他的灿烂未来在哪里？锦绣前程又在哪里？

罢了！东方不亮西方亮，旱路不通走水路。除了正常途径，唐朝官员的升迁还有一个方法，而且是极速达，那就是上战场，立军功。陈子昂街头混混出身，一身武艺傍身，原本就该去军队中历练一番的。当年弃武从文，现在，便重拾旧业吧。

万岁通天元年（公元696年），契丹来犯，武则天派了侄子右武卫大将军武攸宜为大总管，率军讨伐契丹。陈子昂一看机遇来了，便立刻上表，请求加入征讨契丹大军中。

武则天很高兴，把这个烦人的家伙送走，自己的耳朵也能清净两天。好歹是个八品官员，当个小兵也不合适，那就做大将军的参谋吧！他不是喜欢提意见吗？这也算是人尽其才了。

如此，陈子昂就怀着对未来最美好的希望出发了。

契丹兵弱，与强大的武周军对抗无异于是以卵击石。武则天本想让武攸宜刷刷业绩，增加一些政治资本，回来再给他一个高官当当，也就不会有人说她任人唯亲了。只可惜，这个武攸宜是个十足的草包，想进攻就进攻，想防守就防守，完全没有一点章法。

大将无能，累死三军。契丹军在对面军营偷着乐。

陈子昂再也忍不住，花了一晚上时间，写了几十条关于行军布阵的建议，甚至提到可以让他领兵偷袭敌军。打输了算我的，打赢了算您的。

武攸宜很生气。你是哪根藤上的蚂蚱，居然敢教我做事？往一边待着去吧，别在我眼皮子下乱晃悠！

陈子昂想了想他所提的那些谏言，觉得每一句话都是金句，腰杆子便挺了起来，赶紧又跑到武攸宜的面前，言辞恳切："武将军，我知道您很着急，但请您先别着急。只要您按照我所说的去做，保管能在一个月内结束战斗，回到您温暖的家中。"

这下，可真把武攸宜给惹火了。他大喝一声："浑蛋！越说还越来劲了！这个参谋你不要做了，去做个军曹掌书记。从此就乖乖把嘴闭上吧。"

从谏官被贬为一台人形打字机，陈子昂哭也哭不出眼泪。他实在想不明白，自己到底错在了哪里。皇帝这样，将军也这样。人生最大的苦楚不是失败，而是连失败的机会也不给他。他突然觉得浑身凉飕飕的，像被人吸干了全部的精气神。

万念俱灰之下，陈子昂登上了幽州台。运动能产生多巴胺，也许可以让身心做一次全方位的放松。从高高的山峰望去，世间的一切都变得无比渺小。透过历史的天空看去，自己这点失意仿佛也变得微不足道了。可现世的孤独感分明又是这般无孔不入地侵占着他的身体。

大唐诗人 我要上热搜

陈子昂
我真厉害！我真棒！

陈子昂
前不见古人，后不见来者。
念天地之悠悠，独怆然而涕下。

2 分钟前　幽州台

卢藏用
好诗啊兄弟！等你回来求一幅墨宝，我要挂在书房里！

　　　　陈子昂回复卢藏用：
　　　　你说，我是不是特别没用？已经失眠了好几十天了。

卢藏用回复陈子昂：
怎么不回私信呢？一句话，不开心的时候就多看看你的个性签名！

全世界最好的爹爹
儿子，你这情绪不对啊！怎么回事？

　　　　陈子昂回复全世界最好的爹爹：
　　　　我好想辞职不干了。

全世界最好的爹爹回复陈子昂：
有什么好想的？赶紧辞啊！咱家又不是没银子。

李银根
您先别管古人和来者了，多看看眼前的风景啊！

　　　　陈子昂回李银根：
　　　　虽然我忘了你是谁了，但是，谢谢你！

文艺青年的忧伤也是诗意的。陈子昂随口一吟，便是人间最好的悲情绝歌：

前不见古人，后不见来者。

念天地之悠悠，独怆然而涕下。

男儿有泪不轻弹，只是未到伤心处啊。晚风吹干了陈子昂的眼泪，也吹走了他最初的理想和信念。

回到洛阳之后，陈子昂便向朝廷递交了辞呈。城里套路深，还是农村好。既然无法在政坛上有所建树，那就只能回去继承百万家产了。

陈爸爸还是当年的陈爸爸，无论孩子做出什么样的决定，只要他开心快乐就好。可陈子昂显然没有他那么乐观，别人是衣锦还乡，自己却是布衣归来。年纪大了，总是更在意旁人的想法的。他深深吸了口气，在人群里，他却依然感觉到了那种深刻到无法排解的孤独：

本为贵公子，平生实爱才。感时思报国，拔剑起蒿莱。

西驰丁零塞，北上单于台。登山见千里，怀古心悠哉。

谁言未忘祸，磨灭成尘埃。

人生不过短短几十个寒暑，或许习惯了，一切就都会好起来。

不论在外面受了多大的委屈，家庭永远都是最安全的港湾。在家人的陪伴和鼓励之下，陈子昂渐渐恢复了一些好心情。

可不久之后，陈爸爸就因病过世了。这对于陈子昂来说，是又一个致命的打击。树欲静而风不止，子欲养而亲不待。他往后的日子，便只剩归途了。

办完父亲的丧事，陈子昂万念俱灰，只想把自己关在书房里不见人。好在，他还有一技之长，能写诗发泄自己的情绪。没有人可以理解他，就算亲人和最好的朋友也不能够。感同身受这四个字，就是这世上最大的谎言。

然而，还未等他调节好自己的情绪，就迎来了一场灭顶之灾。

大唐诗人 我要上热搜

最新热点：# 沉默的真相 #

热门

大唐新闻第一现场 V

据小编的第一手资料，初代网红诗人陈子昂于前日丑时三刻暴毙于射洪县衙大狱，年41岁。对于陈子昂的死因，众说纷纭。小编试图联系陈子昂之子陈光，小陈郎君只说，希望有朝一日，沉默的真相可以大白于天下。# 沉默的真相 #

13.4万　　8.1万　　120万

热门

前不见古人

气了一晚上，怎么也睡不着！那些平时跳得很欢的营销号们，到了你们发声的时候，怎么一个个都不说话了？我不怕打击报复，我这就大声说：段简是凶手！我代表自己，请求大理寺介入好好查一查！不能让忠臣白死。# 沉默的真相 #

32.4万　　5.1万　　74.9万

热门

快乐干饭第一名

我们在这里呼吁有用吗？那些能拿主意的人可以看到吗？今天我们不为陈拾遗发声，以后等我们被害的时候，还有谁为我们说话呢？希望真相不沉默！@ 大唐新闻官 V @ 刑部 @ 御史台 @ 大理寺 V # 沉默的真相 #

11.7万　　22.9万　　73.6万

热门

再勇敢一次

陈拾遗是名人，当过官，上过战场，家里又有钱，尚且死得这样不明不白，那么我们这些普通人呢？以后又会怎么死？# 沉默的真相 #

8.1万　　5.1万　　31万

热门

王十三娘

评论说凶手是段简。我不信他一个县令能有那么大的本事，背后一定还有大老虎！# 沉默的真相 #

1.3万　　1.7万　　18.3万

由于他在朝为官的时候喜欢进谏，就不可避免会得罪一些人。这些人没事聚在一起闲聊的时候惊奇地发现，原来坑了我们的居然是同一个小子。那么，就一定要给他点颜色瞧瞧。他们一合计，就给陈子昂家乡射洪的县令段简写了一封信，大致内容是陈家是富甲一方的土豪，你就看着办吧。

虽然只是寥寥几句没头没尾的话，可段简作为一名官场老油条，这点领悟能力还是有的。

从此以后，隔三岔五便派人去陈家"慰问"：小陈啊，你好歹曾是初代文学网红，又当过官，现在回来养老，应该要给家乡做些贡献吧；小陈啊，咱们县令要给村民修一座桥，可近年来县里财政状况一直不好，你看要怎么办；小陈啊，段县令那么照顾你，你也很想孝敬孝敬他吧。

陈子昂烦不胜烦，秉着钱能解决的事都不是大事的根本原则，每每总是让家人花钱了事。

可钱要得差不多了，下一步就该要命了。

段简大手一挥，让手下人去抓人。一个十几年来还在八品小官的位子上停滞不前，最后灰溜溜回到家乡的人，心里一定会有怨言，有怨言就一定会写诗。他不是诗人吗？得了，罪名不就有了吗？

陈子昂就这样被扔进了暗无天日的监狱。

家人急急忙忙地从府库里抬出了20两黄金，通过中间人送给了段简。破财消灾，钱没了可以再赚。

段简一见到钱，眼睛就放闪电，这人知情识趣，得放。不过转念又一想，不行！如果要钱不要命，上头怪罪下来，他可吃不消。

陈子昂在狱中来回踱步，计算着自己何时能够重见天日。他等啊等，只等到狱丞冷冷的一句：想要出去，等下辈子吧。

陈子昂不相信，还是决定给自己算上一卦。未来是什么样子，全部都在这卦上了。卦象显示，他的生命即将走到尽头。

是有了希望才能坚持，还是坚持了才能看到希望？这是心灵鸡汤中很引人思考的一个问题。对于陈子昂来说，就一定是前者。他这一生活得很辛苦，除了成为网红那几年的高光，好像做任何事都十分不顺。可他却从来没有想

过放弃,因为在黑暗之中,他总能够找到光点。为了这个光点,再难也会坚持。

可是如今,一切希望的光点都没了。他瘫倒在地上,像一只泄了气的皮球。

几日后,陈子昂死在狱中。没有人知道他是怎么死的,就像没有人知道,他曾经怀揣着多么远大的政治抱负。

张九龄

他走了，带走了大唐盛世最后的明月

张九龄（673 或 678—740）

　　江湖名号"曲江风度"，开元盛世最后一位贤相。他是从岭南小城走出的大咖，凭借一身才情闯荡长安。不仅是官场的"资深玩家"，还是诗词界的"扫地僧"，一句"海上生明月，天涯共此时"，道尽人间温情。得意时，他敢于谏忠言，坚守正义。失意时，他修建"梅岭"高速，造福一方。他是唐玄宗心中的"白月光"官员，令其念念不忘一生。

> **长安二年考生群（90）**
>
> **博岭崔向义**
> 头儿，我想问问，这次考试，咱这些世家大族中有谁被录取了？@所有人
>
> **王刺史是我爹**
> 据我了解，咱群里没有，隔壁群也没有。
>
> **范阳卢政**
> 这考试绝对有问题！咱受的都是精英教育，咱都没被录取，那录取的都是些什么人啊？
>
> **清河崔理**
> 我粗粗看了一眼，有个叫张九龄的，说是岭南来的，官话都说不利索。
>
> **博岭崔向义**
> @清河崔理 这里面如果没有猫腻，我一个月不见翠华阁洛姑娘！
>
> **范阳卢政**
> @博岭崔向义 咱写个联名信举报吧！

　　天宝十五年（公元756年）七月，李隆基为躲避安禄山的军队，带着文武官员出逃，路过马嵬驿的时候，将士们聚在一起开会：咱们落到今天这个地步，都要怪杨家兄妹，他们一个是奸臣，一个是妖妃，通通都得死。

　　于是，他们杀了杨国忠，又逼着李隆基缢死了杨贵妃。弱女子何辜啊！李隆基仰天长叹，老泪纵横。不久，太子李亨自立为帝，李隆基被迫成了太上皇，晚年凄苦。

　　在一个又一个月圆的晚上，他一遍遍问自己：是谁的错？是谁的错呢？是恶贼安禄山！那么，又是谁宠幸了安禄山呢？是他自己啊！可记忆中，似乎有一个人曾经不断地提醒他：杀了他，杀了他！

蜀道铃声，此际念公真晚矣；曲江风度，他年卜相孰如之？

这个人，就是出生岭南韶州曲江，被誉为"开元盛世最后一位贤相"的张九龄。

唐朝的岭南大致包括如今广东全境、广西大部、云南东南部及越南北部地区，现在都是旅游胜地。然而在当时，那里还是绝对的不毛之地。所以大多被当成一个超大型的露天监狱，专门收纳那些罪不至死，却难逃活罪的犯人。

张九龄的祖上也是做过官的，尽管都是些芝麻小官，但在岭南地区已是一等一的"豪门"了。豪门与寒门最大的不同就是，豪门家庭舍得花大量的人力和财力去培养子孙成才。张九龄自幼受到了良好的文学熏陶，7岁能写文章，13岁就给广州刺史王方庆写信自荐，随信附上了他的几篇文章。

王刺史对这个大胆又有才的少年大加赞赏，逢人就说这孩子以后是要有大出息的。

在讲究关系门第的唐朝，王方庆的这句话对张九龄而言，价值万金。

长安二年（公元702年），二十多岁的张九龄带着所有人的祝福，远赴洛阳参加国家科举考试。和见过世面的首都青年相比，张九龄简直就是个连官话都说不清楚的乡巴佬。

在有才的乡巴佬和混日子的官宦子弟之间，主考官沈佺期毫不犹豫地选择了前者。

于是，进士及第。张九龄顺利地成为一名预备官员，等待被授予合适的官职。

意外就是在张九龄无比开心的时候发生的。那些落榜的官宦子弟们集体上告朝廷，说沈佺期收了张九龄的好处。要不然，这个出生流放地的年轻小子怎么就能把那么多国子监学子们挤下去呢？

三人成虎，假亦成真。为了杜绝流言，武则天下令让这届考生全部重考，另选主考官评卷。

在等待考试结果的这段日子，张九龄回了趟岭南。在那里，他遇到了正处于人生低谷期的张说。张说比张九龄大6岁，是个文武双全的学者型官员。

51

因为朝内的全力倾轧，他被贬谪到了这里。可人生有失必有得，他惊叹于在如此不毛之地，竟然也会有像张九龄这样能写得一手好文章的优秀青年。

自古以来，文无第一，武无第二。每个人心里都有一个评定好文章的标准。在张说那个时代，能够直接被国家、社稷所用的就是好文章。被官场前辈这样看重，张九龄自是十分高兴。更高兴的事情很快传来，张九龄在重试中依然脱颖而出，成了谁也无法质疑的进士，直接被授予校书郎的官职。

基层官员，最需要的就是要有耐得住寂寞的能力。然而，张九龄能守得住，政局却守不住。

自神龙政变武则天被迫退位，到李隆基登基的这七年里，大唐顶级权力圈内的那些人乱哄哄，你方唱罢我登场。有的人早上还在和皇子公主们打马球，晚上就没了脑袋；有的人今天还在街头卖红薯，明天就穿上了紫色官袍。青年皇帝李隆基有着无比远大的理想。他不仅要稳定政局、整顿吏治，还要开创一个王朝的盛世。

为此，他重新起用了一批像张说这样正直有能力的官员。也愿意重用如张九龄这样有潜力的官场萌新，给了他左拾遗的官职。尽管只是一个八品芝麻小官，但这是皇帝身边的谏官。能每天在一把手面前刷存在感，前途不可限量。

张九龄的存在感刷得有点过强了。

李隆基想要出城打猎放松一下心情，他不同意：陛下啊！咱们国家刚刚经历混乱，现在又是农忙季节，您要打猎，这不是扰民吗？

吏部尚书萧至忠负责给朝廷挑选官吏，他提建议：您一定要擦亮眼睛，可不能选一些中看不中用的草包上来哦！

宰相姚崇想要从基层提拔一批干将上来，他上书：希望您远离那些谄媚小人，任用贤良官员，要唯才是举，不能任人唯亲。

大伙听了，表面上都挺乐呵的：小伙子很勇啊！不错不错！以后一定要继续发挥你有啥说啥的优秀品德啊。背地里都不知道把他骂了多少遍：初生牛犊不怕虎，可不要聪明反被聪明误。

唐朝人都要认真看一下这部纪录片　　张公神人
　　　　　拍得太好了，这才是唐人应该看的东西
天啊！这是我不花钱就能看到的东西吗
　　　　　　　　　　　　　　　　　　看哭了
看了八遍了　　恨不得把我的币都投给你

"梅岭"的前世今生

有生之年，我一定要去岭南看看　　岭南人民永远感谢张郎君
　　　这才是我们应该追到星
　　　　　　牛气两个字，我都说倦了

简介　　评论 464　　点我发弹幕　　弹

【一生要看的纪录片】大庚岭公路是怎样修成的

▷ 52.4万　　990　九月二十八日 子时整　　1人正在看

👍 2.6万　　👎 不喜欢　　币 1.5万　　★ 9725　　➤ 5879

热门评论

🐰 **我是一只兔子**
10 分钟前
　　岭南人民看到这个纪录片顿时热泪盈眶。

👩 **谷谷哒**
10 分钟前
　　"梅岭"两个字是张公起的吗？真的是太好听了。

👩 **然然**
11 分钟前
　　我都不敢想象，在修这条路的时候会碰到什么样的困难。也就只有张公这样的人有胆识有魄力，能干成这件事情。

🏯 **你不要急_1208**
13 分钟前
　　收藏了！等攒够了钱，我一定自驾马亲自去看看"梅岭"的样子。

张九龄　他走了，带走了大唐盛世最后的明月

53

于是，张九龄每天上朝的时候，都觉得背后有无数阴恻恻的目光在盯着他。恰在此时，他的伯乐张说被贬去了相州做刺史。心灰意冷之下，他以要回乡照顾多病的老母亲为由，向朝廷请了个长假。李隆基立马就批准了假条：走吧走吧！想待多久就待多久，不要着急回来哦。

张九龄回到岭南，就觉得浑身舒坦。这里虽说远了点、偏了点、穷了点，可景色优美、空气清新、人民淳朴，这才是真正的人间天堂啊。他要在这里逍遥一辈子！

可才过了没几天，张九龄就觉得一辈子太长，他一定要给自己找一点事情做。他开始实地走访调研，倒还真给他找到了一件有意义的事：修路。

想要富，先修路。无论在古代还是在现代，修路都是一件功在当代、造福后世的大事。当时，在广东韶关和江西赣州之间有一座大庾岭山脉。自古以来，大庾岭都是出入岭南的必经之路。可是大庾岭山路崎岖，非常难走。年轻人还能走走，就当锻炼身体了。稍微年长一些的人，根本就是寸步难行。

更难的是生意人。由于车马无法通行，所以货物运输都要靠人力。人工费贵了，货物也便宜不了。再这样下去，岭南的经济永远都发展不上去，贫困的帽子也永远摘不掉。想到这里，张九龄立马给朝廷写了一份项目开发可行性报告。其中有几句话是这么写的：

初岭东废路，人苦峻极。行径夤缘，数里重林之表；飞梁嶪嶪，千丈层崖之半。颠跻用惕，渐绝其袤故以载则曾不容轨，以运则负之以背。

一个字：难。两个字：很难。

总之，就是请朝廷要体谅乡亲们的难处，给大庾岭开辟一条高速公路，让我也能为家乡做一点小小的贡献。

那时的李隆基正是踌躇满志，想要大干一场的年纪。他不怕花钱，就怕钱没地方花。如今一看有这么个惠及民生的好项目，自然乐得去做。

于是很快，朝廷的批文就到了张九龄的手里。就让他做这个项目的大总管，要钱给钱，要人给人，唯一的要求就是一定要达到预期的效果。

张九龄高兴坏了，磨刀霍霍，那不得说干就干吗？

文人一旦化身成为基建狂魔，那会是个什么样子呢？张九龄自己也想不到，他一个文科生，还有当设计师和监理的天赋。不过，老天爷很忙，它能惠赠的能力也有限，更多的还是靠后天的努力。

张九龄非常努力。不懂就学，不会就问。在项目施行的那段时间里，张九龄几乎每天都要去工地勘察慰问，时不时提出一些建设性的意见。和当地的老百姓唠唠嗑，向他们描述出修完这条高速公路后的美好愿景。

这条几十公里的"天路"一共修了两年多。因道路两边有许多梅花，张九龄便给它起了一个很好听的名字：梅岭。

梅岭古道最宽处有17米，可容得下五辆马车同时前行。张九龄在《开凿大庾岭路序》中自豪地写道：

> 坦坦而方五轨，阗阗而走四通，转输以之化劳，高深为之失险。于是乎镵耳贯胸之类，殊琛绝赉之人，有宿有息，如京如坻。

看这条五车道的公路有多棒！每天往来的车马无数。快递小哥们再也不用翻越危险的悬崖，这得省掉多少人力、物力、财力啊。过去因为交通谈不拢的生意，现在也可以继续了。一路上要饭店有饭店，要旅馆有旅馆，随时都能让你享受家的感觉。

工程顺利完工，李隆基当然也很高兴。当时觉得张九龄话太多，留在身边怪碍眼的。现在人不在身边了，也觉得想念得紧。

想要当明君，就一定要容得下直臣。那么，亲爱的张郎君，回来吧。

张九龄这次回京，得到了一个左补阙的官职。补阙，也就是匡补君王缺失的意思。本质上是皇帝身边的提意见的官，比他初出茅庐时做的左拾遗高了一级。

官大一级压死人。只要能升官，哪怕升得慢些，无论如何也算是一件极好的事。

还有更好的事呢！

开元七年（公元719年），也就是张九龄回京的第二年，他的伯乐张说也跟着回来做了宰相。这下，张九龄也算"上头有人"了。

虽然有句古话叫作"酒香不怕巷子深"，但是如果有人能将这坛好酒直

大唐诗人 我要上热搜

最新热点：#最强带货达人#

热门

大唐时尚单品 V

今天给大伙隆重推荐的是由张子寿公设计，张夫人缝制的笏袋。有了它，下朝之后就不用再将笏板插腰里了。轻松上马，快乐奔腾，前方就是锦绣大道。#最强带货达人#

17.2万　　8.2万　　109万

热门

除了银子一无所有

真好看！不知道有没有教程，好想给我未来的丈夫做一个。#最强带货达人#

16万　　8.2万　　126万

热门

艺术博主沈大花

我何德何能可以刷到这个热搜。我倒是想买这个笏袋，可我也得用得上啊！#最强带货达人#

11.7万　　22.9万　　73.8万

热门

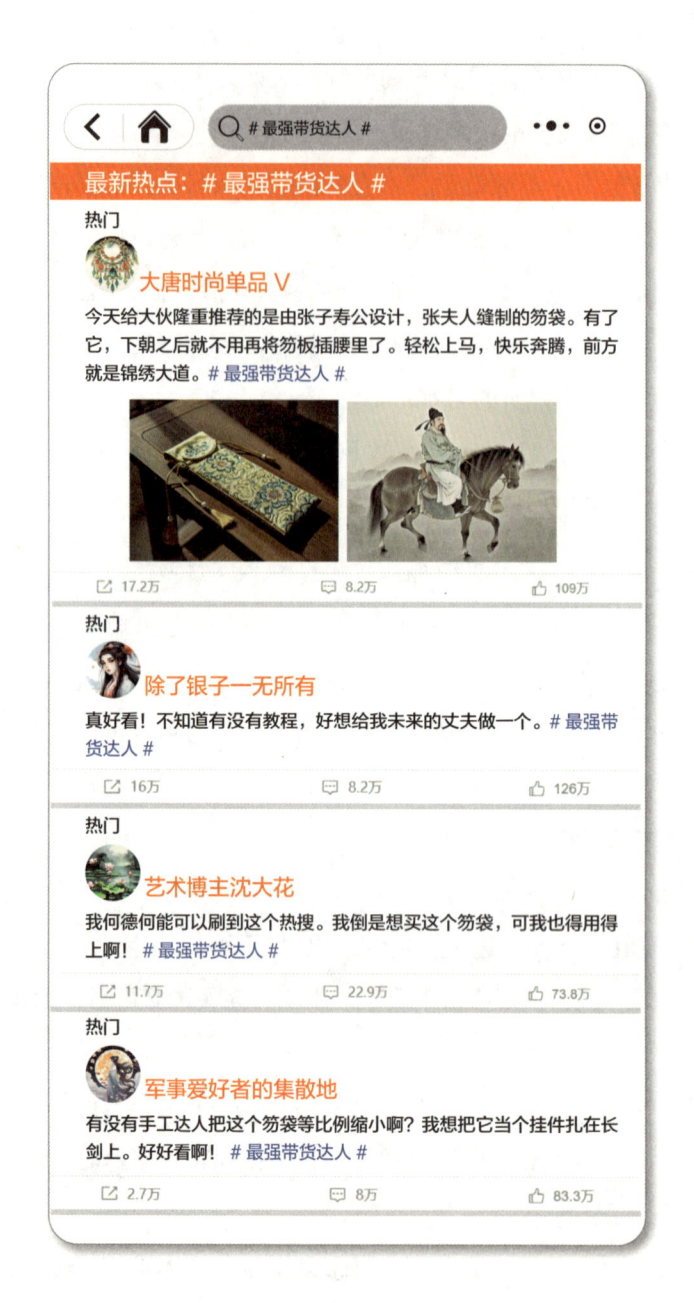

军事爱好者的集散地

有没有手工达人把这个笏袋等比例缩小啊？我想把它当个挂件扎在长剑上。好好看啊！#最强带货达人#

2.7万　　8万　　83.3万

接捧到大老板面前，获得欣赏的机会不就比在巷子里傻等要高得多吗？虽然都能成功，但快50岁时成功，和20岁时成功的感觉能一样吗？

不要看不起靠人脉上位的人，能玩得转人脉，那也是人家的本事。

在张说的有意提携之下，张九龄步步高升，在短时间内就做到了中书舍人，正五品的官职。唐朝的时候，正五品是道坎，很多人终其一生都无法迈过这道坎。而一旦迈过，那么恭喜您，将成为为数不多的，站在金字塔顶上的官员。

按理说，这个时候张九龄应该是春风得意，万事胜意了。

那个时候，官员们上朝时都会携带一块笏板，上面写着要禀告皇帝的议题。下朝之后，这块笏板就会被随手插进腰带里。张九龄身量比较瘦弱，那么大一块板子搁腰上实在难受，于是便让夫人给他做了一个精致的小袋子专门装笏板。

后来李隆基看到之后，不由得啧啧称叹：好风度，好妙思！再看看那些腰上搁着大板子的官员，越看越觉得无比粗俗。大伙儿一看皇帝喜欢举止优雅的臣子，便也都效仿张九龄的做法。一时间，连长安西市的小贩也卖起了式样各异的笏袋，价格便宜，做工优良。

无意间引领了时尚潮流，还成为笏袋的品牌代言人，张九龄也乐在其中。

然而，和他的烦恼相比，这样让他快乐的小彩蛋简直不值一提。

张九龄不只是个忠臣，还是个能臣，更是个直臣。直臣的眼里是揉不得一粒沙的。他们宁愿相信温情满人间，而不愿意与世俗中所谓的"向来如此"妥协。张说也是忠臣和能臣，但他不是传统意义上的纯臣，他有他的私心。就连他提携张九龄，也有要拉拢他，对付前宰相姚崇的小心思。

这些小心思不过是小节，无碍大局。可人与人之间的相处，最重要的就是三观的契合。张说与张九龄的关系因为一次次不同三观的碰撞，而产生了一些微妙的变化。这样的变化在开元十三年（公元 725 年）封禅泰山时达到了沸点。

自古以来，只有明君圣主才有资格封禅，而能陪在明君圣主身边一起享受这一千载难逢的荣光，则是所有官员的终极目标。而挑选人员的重要任务，自然落到了宰相张说的身上。张说的心里虽已有了一大串的名字，但为了不让人说他专横跋扈，还是找来了张九龄和自己一起商量。

"小张啊！你是个明白人。这个名单，你懂的！"

"张相公也是明白人，您应该更懂啊！咱们陛下是千载明君，才能逢着这千载一遇的好事。我们做事得公平，要以德行才干为标准，可不能任人唯亲啊！"

"你你你！今天的话好像多了些啊。"

张说很生气，想着自己不过是要做出个姿态，这小子竟然还敢顺杆子往上爬。儿大不由娘，徒弟出息了，气死老师父。

张九龄没能劝得动张说，而张说的一意孤行也让他的生前身后名受到了一定的影响。尽管总的来说，他仍是个好人好官。

所以张说病逝之后，张九龄才会悲痛欲绝，甚至产生了要辞职回乡养老的想法。

留下他的是李隆基。李隆基说，张说说的，张九龄是至纯至真的人。这样的人走了，自己不为陛下可惜，而是为天下苍生可惜。

张九龄
做一个正直的人、一个有品位的人、一个好人

张九龄
我第一次感觉到了一种深深的无力感，好像我做什么都不对，说什么都是错，很想逃离这里，去一个没有人的山洞藏起来。

2分钟前 长安

李林甫
张相公年纪不小，倒也喜欢跟小年轻似的玩行为艺术啊！

牛仙客
断人前途，犹如杀人全家。可真有您的哦！

大美山东-私人订制游
亲，您是想爬山吗？私信1，我给您定制一条中老年人休闲游线路。

安禄山
文化人说话就喜欢打哑谜，我听得难受，圈里有没有人给我翻译一下啊？

开元十九年（公元731年）到开元二十四年（公元736年），张九龄从中书侍郎做到了知政事，又做到了尚书右丞，真正成为古代"天花板"级别的官员。

有时候晚上失眠，张九龄回想起自己从一个岭南土包子走到今天的一路坎坷，真觉得像做梦一样。和前任宰相们相比，张九龄熟知民间疾苦，也懂得读书人想要出人头地的不易。所以，他提拔了一批有才干的寒门子弟，也打压了一批拼爹拼爷的官宦子弟。重拳打击贪官污吏，也安抚救济贫苦百姓。

像这样能让李隆基"垂拱而治"的贤臣，他当然很欣赏。可欣赏和喜欢却是不一样的。他欣赏能够直言指出他过失的人，可喜欢的却永远是能够顺着他、哄他开心的人。尤其是对于像李隆基这样忙活半生，已经逐渐走向暮年的帝王。这不仅是李隆基的问题，而是所有封建帝王的劣根性。

那时，李隆基最喜欢的一个妃子是他的表妹武惠妃，也就是杨贵妃的前婆婆。为了能让自己的儿子当太子，武惠妃整天在李隆基的耳边嗡嗡叫：太子李瑛这不好那不好，统统不好。朝堂之上，礼部尚书李林甫也嗡嗡叫：太子不贤，臣看来看去，还是寿王，也就是武惠妃的儿子最有出息。

这话是能说的吗？当然！因为他俩早看出李隆基有废立太子的心思。

这下，张九龄可急了。我管不了您宠哪个妃子，可太子关系到国之根本，牵一发而动全身。不行！

你说不行就不行吗？李隆基的怒火噌噌往上起。同样气鼓鼓的是武惠妃。废立太子，那是咱们大唐朝的传统项目，怎么到自家儿子这就这么麻烦呢？先下手为强吧。

于是她假借宫中有叛贼之名，忽悠太子李瑛和他的两个弟弟前来勤王。傻乎乎的三人组真就穿着一身戎装，带着刀剑进了皇宫。

得了！太子谋反，被当场拿下，人头落地。

一日之间连杀三子，李隆基的心态依然很稳当。乱臣贼子而已，有什么可惜的？儿子，我有的是呢！这个李林甫不错，早就看出了那三个逆子的狼子野心。不像那张九龄，迂腐，简直太迂腐！不止迂腐，还总爱跟我对着干。

想到这，李隆基便想立马提拔李林甫也来当宰相。张九龄一听就急了。李林甫，那可是远近闻名的不学无术的小人。把核心岗位交给他这种人，国家怕离灭亡也不远了。李隆基气坏了，你不让我干，我还非得这么干不可！来，李林甫，接着这宰相的帽子，可不要掉了。

不久，李隆基又觉得一个名叫牛仙客的人不错，也想给他个宰相当当。张九龄的三观被震碎了一地。虽然唐朝实行"群相"制，宰相编制的确可以有很多，可也没有贬值得这么厉害啊！牛仙客是谁？一介武夫而已。不行不行！

好像什么都不听也不合适，李隆基长长地叹了口气。行吧！牛仙客就先不提拔了。不过，好像安禄山也不错，是个人才。就算不能当宰相，当个节度使也不错。他不是自己那宝贝杨贵妃的干儿子吗？四舍五入，也算是自家人了。自家人不坑自家人，李隆基觉得自己的逻辑没有任何问题。

张九龄又一次表示，陛下，这安禄山就不是什么好人！从头到脚就写着，我是个反贼。这样的人一旦有了军政实权，还不得分分钟把长安城的天捅个大窟窿啊？您不如先下手为强，把他杀了算了。

李隆基一听就恼了。张九龄啊张九龄，你什么时候学会江湖骗子看相那套了？你嘴上说得好听，原来也想培植自己的势力。怎么？他们和你不对付，就不能掌权了不成？

已经跃过张九龄，成为李隆基心里第一信赖之人的李林甫开始勾结安禄山，不停地上奏弹劾张九龄。李隆基也不是看不清这些人的心思，只是觉得很烦。自己不过想过点舒心的日子，和贵妃一起弹弹琵琶，编编舞曲。张九龄不喜欢他们，他们也不喜欢张九龄。怎么办呢？少数服从多数。

那么张九龄，你走吧。

开元二十四年（公元736年），张九龄被罢相，远去荆州做长史。从一人之下万人之上的宰相到地方"二把手"，张九龄的失落可想而知。可与失落相比，他更担心的是大唐王朝的未来。

望月怀远

作词：张九龄
作曲：李龟年
演唱：大唐歌者

海上生明月，
天涯共此时。
情人怨遥夜，
竟夕起相思。
灭烛怜光满，
披衣觉露滋。
不堪盈手赠，
还寝梦佳期。

评论（99988） 推荐 最热 最新

云村小狐狸
我听了一遍又一遍，哭了一次又一次。我和我的那个他就是在一个圆月夜认识的。

霞光
这位张九龄，就是我知道的那位张九龄吗？这反差也太大了。

张九龄 他走了，带走了大唐盛世最后的明月

　　一个国家要强盛，最好的当然是君明臣贤。如果臣子庸碌，君主贤明，那问题还不大，大不了君主累一些，凡事都要亲力亲为。但如果臣子贤明，君主庸碌，那就有些麻烦了，搞不好忠臣力谏而死，国家风雨飘摇。而此时，朝廷面临的可能是比这更糟糕的境况。

　　李隆基从政斗中杀出重围，前半生励精图治，是个无可挑剔的好当家人。可当他到了现代退休之龄的时候，他突然就开始思考起了一个终极哲学问题：

人活着究竟是为了什么？权力吗？理想吗？都不是！是快乐和享受。他李隆基，要开始快乐地享受了！

所以，他强纳了杨贵妃，尽管这违背了人伦纲常。所以，他重用李林甫、杨国忠、安禄山等人，尽管他知道，这些人无论才干还是忠诚度都无法与张九龄这样的纯臣相比。可是，他们能让他感到舒心。人活一辈子不容易，为何要给自己找不痛快呢？

于是，一群无能庸碌的臣子，就这样与一位贪图享乐的君主不期而遇。

张九龄无法想象这画面会有多扎心。可是他能怎么办呢？他早已远离了权力核心，自己满腔的抱负或许曾经实现，只是如今，却早已化作了面前那一轮看得见、摸不着的月亮。在极度的愁闷之中，张九龄写下了这首《望月怀远》：

海上生明月，天涯共此时。情人怨遥夜，竟夕起相思。
灭烛怜光满，披衣觉露滋。不堪盈手赠，还寝梦佳期。

海上升起了一轮明月，你我天各一方共赏月光。你在埋怨那漫漫长夜，让你彻夜未眠苦苦相思。满屋子都是柔和月光，披衣起身只觉露水沾衣。不能手捧光芒赠予你，那就与你在梦中度良宵。

这首诗写得婉转优美，情意绵绵，简直不像出于男子，还是一个在仕途上受到严重挫折的男子的手笔。希望天佑大唐，至于我的个人命运，随他去吧！这位在盛世序曲中踏入庙堂，又在盛世终章前远遁江湖的开元名相，早已化为天上的明月，用他君子如玉的德行、大公无私的操守，如同梅岭古道般让后世时时感怀。

四年后的一天，张九龄一早起来，突然有一个强烈的愿望，他想要回故乡岭南一趟，去看看那里的山和水，也去看看祖先的长眠地。于是他就赶紧给朝廷去了一封信，想要请两个月探亲假，朝廷同意了他的请求。

岭南还是那个岭南，只是物是人非，好像他才是那个到此一游的外乡人。不久之后，张九龄就病了。病来如山倒，这一倒，就再也没有起来。享年67岁。

李隆基听到噩耗之后伤心不已。在他的心里，张九龄永远是定海神针般的人物，他可以不在自己身边，但他不能消失。李隆基想到这事，就又觉得人生没意思起来，于是便立刻派了心腹使者去岭南吊唁，替自己寄托一份哀思，并追赠张九龄为荆州大都督，谥号文献。以"文"为谥，可以说是古代文官的终极目标了，尽管对于咱们现代人来说，活着的时候过得好，才是真的好。死后荣誉，不过是给活着的人看的。

后来，李隆基每每听到有人要举荐人才，都要问一句：这个人的风度和张九龄相比如何啊？在他的心里，或许张九龄就是选官的最高标准，但这世上，终究也只有一个张九龄。在他"被"称为太上皇的那段时日，当他回忆起一生的功过得失之时，他总是在想，如果这一生都有张九龄陪伴该有多好！

可后悔又有什么用呢？倘若没有保存记忆重来一次的话，他依然会做出同样的选择，将张九龄贬谪出京，看着他带走盛世最后的荣光，然后，享受虚妄的歌舞升平。

孟浩然

一辈子不当官，也是可以潇洒的

孟浩然（689—740）

　　江湖名号"田园诗人"。他是李白最尊崇的偶像，拿得起酒杯，放不下诗卷。写诗是他的主业，旅行和睡觉是他的副业。睡前是"秋空明月悬，光彩露沾湿"；醒来是"春眠不觉晓，处处闻啼鸟"。尽管一生未踏足官场，但他从不气馁，笑称自己是"被诗耽误的旅行家"，随便一吟诵就是"气蒸云梦泽，波撼岳阳城"。

> **叛逆儿子不想科举考试，只想去山里思考人生怎么办？**
>
> 了乎 · 423 个回答 · 802 个关注
>
> **安安 – 教育博主**
> 5738 人赞同了该回答
>
> 和题主一样，也是家有科考生。在我看来，孩子有时候会产生焦虑不安的情绪是再正常不过的一件事了。作为家长，我们不能一味指责，当然，也不能坐视不管。毕竟在咱们大周朝，科考仍旧是当官的必经之路。我建议您，第一，先不要焦虑，因为焦虑的情绪会传染给孩子；第二，多沟通，了解孩子内心真实的想法；第三，给予充分的时间和空间。相信他会慢慢调整好心态，走上考场的。
> 最后，祝我们都能达成心愿。
>
> **冯十九**
> 2888 人赞同了该回答
>
> 作为当过长安、洛阳等国际大都市一级私塾特级夫子的人回答您这个问题。首先，考不考试，做不做官，是孩子自己的事情，他必须为这个决定负责任；其次，相信您已经不止一次跟孩子沟通过，他有没有告诉您原因，是一时冲动，还是深思熟虑过的决定？最后，我不知道您家孩子有没有别的特长，就我教过的学生来看，有些孩子的天赋确实不在读书上，您是否可以再挖掘一下他的其他潜力呢？
>
> **简单生活**
> 2889 人赞同了该回答
>
> 在我看来，这样的孩子就是没有接受过社会的拷打。使劲揍一顿就完事了！

　　孟浩然有个听起来很牛的身世：亚圣孟子的第三十三代孙。不过，可信度自由心证，毕竟捆绑名人可以提升自己的身价，在古代，这是再普通不过的营销手段。

　　襄阳城孟家虽然不是官宦世家、土豪乡绅，但小富即安、岁有余粮，也愿意花大价钱给孩子们请先生来授业解惑。前十几年，孟浩然一直是个乖乖儿，严格按照家族的期望走科举这条正道。

神龙二年（公元706年），17岁的孟浩然参加县级资格考试，荣获第一名。孟爸孟妈高兴坏了，立马奖励了他一顿大餐，这么些年的教育投资总算有了些回报。

"儿啊，过去的成绩已经是过去式了，还得接着考。等过了府试，咱就可以去长安考试了。到时候再一鼓作气中进士，那可就是光宗耀祖的大喜事。"

"是啊是啊！到时候咱摆三天流水席，哪怕村里有一只猫不知道你中进士的喜讯，那都是你娘亲我的过失。"

孟浩然听着这对虎爸狼妈为他勾画的美好前景，心里只觉烦躁。不知不觉，青春期的孟小伙已经有了自己的心事。

考试结束后几天，孟浩然约了几个要好的同学出去放空一下自己。古代年轻人的娱乐方式很单一，无非是登山踏青、喝酒投壶、闲谈作诗。孟浩然他们在山里找了个凉亭，边看风景边聊天。聊着聊着，便聊到了政治。

初生牛犊不怕虎，越是敏感话题，他们聊得越起劲。

那个时候的皇帝是被后人戏称为"六味地黄丸"的李显。李显的皇后韦氏一直以婆婆武则天为偶像，把成为大唐第二位女皇帝当成她的终极人生目标。于是便联合了李显的表弟兼亲家武三思，把朝廷的大臣们洗牌重组了一遍。标准很简单：听话的升官，不听话的滚蛋。

82岁的老宰相张柬之拖着老迈的身体被流放到了泷州，不久后便病逝在那里。

"张相公可是大唐的功臣，这样无辜被害，真让人寒心。"

"皇帝昏庸，朝廷腐败！"

"咱拼命读书，疯狂内卷，最后到底要为谁卖命？"

"长在这样没有前途的国家真是我们的不幸。"

唐朝读书人的压力可比现在的学生大多了，适当的发泄有益于排解压力。发泄完了，该干啥还得继续干。可孟浩然却将这些话听进心里了，并且还认真地思考了几天。最后发现，他的人生观和价值观也需要洗牌重组。

就在一个风和日丽的午后，孟浩然来到孟爸孟妈面前，郑重地宣布了一件事：我不考试了，我要到山里找一个清净的地方去思考人生。

孟爸孟妈一听就吓坏了。一开始还以为他只是有点小情绪，想着只要他好好吃顿饭，再睡一觉，也就能恢复正常了。

然而，第一天，没恢复。第二天，还是没恢复。第三天，不但没恢复，行李还不见了，只留下了一封信：我去鹿门山当隐士了。勿念。

鹿门山离孟家不远，鸟语花香，仙气飘飘，倒还真是个适合隐居修道的地方。孟浩然在半山腰搭了一间草庐，种了一些瓜果蔬菜，情绪好的时候就看书写字，情绪不好了便在石凳上闲坐一整天放空自己。

这样的日子带给孟浩然许多诗歌灵感，最有名的一首就是咱们小时候都背过的启蒙诗：

春眠不觉晓，处处闻啼鸟。夜来风雨声，花落知多少。

那种细腻质朴、自然纯真的感情是应试教育绝对教不出来的。所以现代家长们，何必发愁这个假期要给孩子报哪一个名师班？带他们去山间田园爬树、玩泥巴、捉泥鳅，又何尝不是另一种补习？

又到了每月同学聚会日，大伙约在了城里一家网红酒楼聊人生理想。就在这一场宴会中，孟浩然认识了歌伎韩襄客。情窦初开的精神小伙对这位貌美如花的才女姐姐一见倾心。酒过三巡，孟浩然大胆表白："只为阳台梦里狂，降来教作神仙客。"

我也不想动心，可是他夸我是神仙啊。韩襄客只觉脸上热乎乎的，立刻热情地回应了他："连理枝前同设誓，丁香树下共论心。"

文化人谈恋爱，就是主打一个真诚。孟浩然可太高兴了，赶紧趁热打铁，坐到才女姐姐身边继续对诗。同学们对望了一眼，每一双眼里都写着懂得。小孟成长了，闻闻这室内满满的恋爱酸臭味。

临别的时候，孟浩然向韩襄客发誓，自己一定会永远对她好。

承诺只需一秒钟，兑现承诺却要一辈子。孟浩然回到鹿门山草庐，心里充满了抑制不住的爱意，一连写了好几首诗表达思念。

> **一段不被父母祝福的爱情，还要继续吗？**
>
> 了乎 · 653 个回答 · 999 个关注
>
> **情感博主小微**
> 6543 人赞同了该回答
>
> 感情的事情，决定权还是在你自己手里。我不知道题主是男是女，如果是男人，就更要对感情负责任。再没有人比你更了解你们这段感情能不能继续了。我建议您还是回去跟父母好好聊一下，至少知道他们不同意的理由。是身份不对等，还是钱财原因，或者还有其他。
>
> **刘十三**
> 3888 人赞同了该回答
>
> 看题主过去的回答，是个家里有点小钱的官宦子弟，家里嫌姑娘出身不好。他还点赞过怎么让女孩子心甘情愿做妾的回答。这是什么属性的男人大伙都知道了吧！他就是想让咱们劝他分手的。
>
> **信安李四娘**
> 2001 人赞同了该回答
>
> 很简单：如果一件事让你犹豫该不该做，那么这件事就是不该做的。

第二日，他就跑到孟爸孟妈面前，兴冲冲地说道："爸妈，我要结婚了。你们赶紧为我准备点礼物去提亲啊。"

对于儿子当初的无端弃考，孟爸孟妈一直很生气，却也只能不停地安慰自己：不气不气。是亲生的，是亲生的……如今一听儿子要结婚，老夫妻俩倒挺乐呵。先成家后立业，也未尝不可。到时候有贤妻在旁相劝，自然也能收心了。

然而，老夫妻俩只高兴不到两分钟，就勃然大怒。原因自然是为着韩襄客的身份。他老孟家虽然不是大富大贵，但也是老实本分的读书人家。读书

人多重视名节？若是列祖列宗知道，他们竟然让一个青楼妓女当儿媳妇，还不得托梦回来教训？

"阿爹阿娘，小韩不是妓女，是歌伎，靠才华吃饭的。学问比儿子还高呢。"

"儿啊！就算她是妓女，阿娘也不会瞧不起她。世道艰难，弱女子怎有力量对抗？可你要娶她，这真不合适。人言可畏啊！"

孟浩然看着母亲快要哭出来的表情，心里也挺纠结的。可一想到韩襄客那双扑闪着信赖眼神的水汪汪的大眼睛，他就把心一横，给老夫妻俩磕了个头后就走了。

"逆子！逆子啊！"孟爸爸倚靠在门边，气得快要吐血了。

孟浩然离开家，就直奔草庐收拾行李。既然大路走不通，就只能走小路了。只要他和小韩感情好，在哪里落脚，那个地方就是他们的家。

又是得益于那些同学的帮助，孟浩然才得以帮韩襄客赎身。虽然没有"六礼"，但两人还是简单地在鹿门山草庐办了个结婚仪式。日子过得像蜜里调油似的。一年多后，韩襄客生下了一个儿子，取名孟仪甫。

后来，孟浩然多次带着妻儿回家，希望可以得到爸妈的原谅。可倔强的孟爸爸一直拒绝和他说话，甚至连孙子都不看一眼。心软的还是孟妈妈，常常瞒着孟爸爸偷偷拿钱接济他们。

再后来，孟爸爸病重。孟浩然一家三口赶到的时候，老人家就已经闭上了眼睛。人的一生，真的是很短很短的。

父亲的去世给了孟浩然沉重的打击，他不得不重新规划自己的未来。因为度过了青春期的他突然觉得，进入官场其实也挺好的，毕竟清高是当不了饭吃的。更重要的是，唐朝在经过一小段混乱之后，终于迎来了一位明君李隆基，国家运转也渐渐进入了正轨。

除了我们都知道的科举之外，在唐朝，要顺利进入官场工作，还有以下几个途径：一是门荫，也就是拼爹。如果你爹、你爷爷是五品以上的大官，那么朝廷便会给你当个小官员；二是征辟，如果你在民间有很高的知名度，或有些特殊才能，那么你就有可能被国家特招，当然，职位不会太高，通常

> **今天你作诗了吗（20）**
>
> **李白**
> @所有人 听说了吗？咱陛下明年要封禅，发了英雄帖，让天下有才华的诗人都来洛阳一聚。
>
> **张子容**
> 此处应该 @浩然兄。加油啊！这可是千载难逢的好机会呢。
>
> **孟浩然**
> 贤弟们可有官方正式的通知？
>
> **李白**
> @孟浩然 现在还没有。不过事情肯定是真的。待会托个朋友再打听一下，咱们洛阳见哦！
>
> **王维**
> 简直快乐到飞起！咱们都多少年没见了！再这么下去，都快成为网友了。

是高级秘书或是研究员；三是入幕府，如果你是哪一位高官的顾问，能时常帮他写一些重要材料，那么他也许会给你一个正式编制；四是参军，如果你武力值够高，胆子够大，那么去军队磨炼一番，说不定也能为自己挣个功名回来。

孟浩然想了几天几夜，觉得这几种办法不是花得时间太长，危险系数高，就是成功率低。那么，就只能走最后一条路，那就是广撒简历，一旦遇到伯乐，那么他这匹黑马也就能顺理成章地变成千里马了。

都说机遇是留给有准备的人的。换言之，只有有准备的人才能发现机遇。孟浩然28岁那年去岳阳游历。几日后，他得到一个重磅消息，岳阳城即将迎来一位重量级的人物——宰相张说。张说是位文人官员，性格耿直，在李隆基登基的过程中立下了汗马功劳。

年轻人最不缺的就是勇气。孟浩然凭着自己的一腔热血，竟真的得到了与张丞相面谈的机会。

文人间的惺惺相惜是一种很巧妙的气场。也不知道孟浩然的哪句话、哪句诗，或是哪个眼神打动了张说，张说对这个年轻的后生很是欣赏。两人在短短几天内就结成了一段忘年友谊。临别的时候，孟浩然还专门为张说写了一首诗，名为《望洞庭湖赠张丞相》：

八月湖水平，涵虚混太清。气蒸云梦泽，波撼岳阳城。

欲济无舟楫，端居耻圣明。坐观垂钓者，徒有羡鱼情。

这首诗写得行云流水，气势磅礴。张说只觉眼前闪过一道亮光，连连称赞：奇诗，奇人啊！

回京之后，张说就把这首诗转发到了他的朋友圈。从此，长安城里的小孩子们都会跟着父母念：

气蒸云梦泽，波撼岳阳城。

然而，当一位诗词博主绝不是孟浩然想要的。按照他的剧本走向，张丞相应该迅速来到皇帝面前，激动地说：报告陛下，臣在岳阳出差的时候遇到了一位难得的人才。请您一定要好好关心一下。皇帝一听，朱笔一挥：那就赏他个七品官吧。

可惜，剧本偏了，孟浩然没有等到好消息。

出师不利的他有些心灰意冷，便又回到家乡过了几年"采菊东篱下，悠然见南山"的生活。不过，这次隐居与愤青时代的意义完全不同，他在等待时机。他相信，自己是一条潜龙，总有一日会跃出海底，大显身手。

开元十二年（公元724年），李隆基昭告天下，次年封禅。为了彰显大国文治，特举行大型文学诗会，全国青年才俊都可以来东都洛阳一展才华。

孟浩然这一年已经36岁了，虽然不再是青年，但他自信，他仍是才俊。如果他能在这次诗词派对中脱颖而出，得到一个小小官职难道还是什么困难的事情？

是的，的确很困难。

这一时期，孟浩然使尽全力，写出了好几首惊才绝艳的好诗，也收获了一众志同道合的朋友们。他们的名字在今天依旧耳熟能详：李白、王维、王之涣、贺知章、王昌龄……

其中，最推崇孟浩然的是李白。这位潇洒不羁的诗仙是后世无数文人骚客的偶像，可偶像也曾热烈地追求过他的偶像。简单查找了一下李白写给孟浩然的诗歌有：《赠孟浩然》《春日归山寄孟浩然》《送孟浩然之广陵》《淮南对雪赠孟浩然》《游溧阳北湖亭瓦屋山怀古赠孟浩然》。

面对偶像，他的分享欲极强，情感也极热烈：

吾爱孟夫子，风流天下闻。

多么盛大的友情宣言！

李白
天生我材必有用！

李白
吾爱孟夫子，风流天下闻。
1分钟前 洛阳

杜甫
孟夫子现在是我小杜最羡慕的人！太白兄，我也可以求一首诗吗？

李白回复杜甫：
小杜别急！我现在正和我偶像在一起喝酒，已经喝到第99杯了。我快乐啊！

王维回复李白：
你小子可悠着点吧！上回喝醉酒，是谁把你扛回去的，你还记得吗？

李白回复王维：
记不得一点！

杜甫回复李白：
不急不急！我一直在这里等您。您在我心里！

孟浩然 一辈子不当官，也是可以潇洒的

73

孟浩然在洛阳待了三年多，每隔几日就有朋友请他吃吃喝喝。住的地方也不用愁，又是朋友全包。做不了土豪，就做土豪的朋友。孟浩然感觉人生已经到达了巅峰。

然而，官呢？当初他来洛阳的目的不就是求官吗？是自己不优秀，还是朋友不帮忙？孟浩然在百思不得其解下，迎来了科举考试的消息。

也许命运应该掌握在自己手里。孟浩然这样想着，便走入了考场大门。开始时有多信心满满，结束时就有多垂头丧气。这些考题，完全超出了他的知识边界。

唐朝科举考试的科目很复杂，主要为六科：秀才科、进士科、明经科、明法科、明字科和明算科。秀才科因为难度太大，在高宗李治时被取消。进士科共分三部分：一为"帖经"，类似咱们现在的填空选择题；二为"杂文"，考察诗文赋的写作能力；三为"策问"，要求考生对时事政治表达自己的观点。

明经科考的是考生对《论语》《孟子》《大学》《中庸》等儒家经典的理解和掌握。一般为问答题，有点像如今公务员考试中的申论。

明法科录用法律人才，大体相当于现在的法律职业能力考试。

明字科招聘高级研究员，对书法要求比较高，笔试过后还要面试。

明算科是为太史局定向招聘的人才，需精通数学和天文学。

而孟浩然只会写诗，完全没有经过系统的应试培训，结果只能是名落孙山。他很伤心，不仅是因为这次的落榜，还因为他确信，就算再给他十年时间，他也考不过。专业不对口的无奈啊。

这一次，陪伴在他身边的朋友是王维。天下哪有过不去的坎？走！我们谈谈心去。

垂头丧气的孟浩然跟着王维去了他的办公室。王维热情地递给他一杯热气腾腾的茶，还没等王维想好要怎么安慰他，就听到门卫通报：陛下驾到。

现在职场新人第一次见一把手可能还会心里发怵，更何况是像孟浩然这样的布衣平民。王维也有些紧张，毕竟私自将朋友带进朝廷办公机构也是违反规定的。

跑是来不及了，那就躲起来吧。孟浩然四处张望一下，只有屏风后面可以藏人，便赶紧进去。

李隆基是何等聪明之人，只和王维交谈了几句，就觉得这小伙子今天状态不对，再一看，案上两只杯子里还冒着热气的茶，便随意一问："有客人啊？"

王维见掩饰不过去了，便只好乖乖认错，顺便将孟浩然从屏风后拉了出来。

是危机，也是契机。王维的脑袋转得飞快，将孟浩然郑重介绍给了李隆基。李隆基隐隐约约也听说过孟浩然的名字，再上下打量他几眼，直夸他不错，但已经到了这个年纪还没有一份正式的工作，估计自身也有些问题。

"王卿说你是个大诗人，那么你就吟一首你作的诗给朕听听吧。"

成功就在眼前，你有那么多精品好诗，随便拿出一首，分分钟就能是官员了。王维望着孟浩然，拼命给他使眼色。孟浩然在电光石火间接收到了老友的讯息，不过他转念一想，旧诗有什么可念的。为了展现才华，我得即兴作一首。

于是，新诗来了：

北阙休上书，南山归敝庐。不才明主弃，多病故人疏。

白发催年老，青阳逼岁除。永怀愁不寐，松月夜窗虚。

话音刚落，王维便露出了一个比哭还难看的笑容：这哥们完了。

从诗歌赏析的角度看，这首诗绝对能称得是上品：语言丰富、用词扎实、风格婉转，表达了诗人在落第之后满腔辗转反侧的幽怨，以及空度年华、壮志难酬的愤懑。

然而，这是在面试，直接冲着大老板发牢骚真的好吗？

李隆基心里很不舒服，可皇帝的修养不停地告诉他：要冷静、要淡定。于是他也只是淡淡说道："你不求功名，我也不曾弃你。你为何要污蔑我？"

孟浩然捶胸顿足，恨不能当场献唱一首：这么近，那么远。

罢了，此地不留人，自有留人处。官场污浊，家乡的青山绿水才是他永远的家。几日后，他就辞别了洛阳的好朋友们，又回到了鹿门山当隐士。这个时候他在民间已然小有名气，积攒了数量不少的粉丝。一路上都有闻讯而来的粉丝们为他提供盘缠住宿，最狂热的一群人甚至一路跟随他到了襄阳。

大唐诗人 我要上热搜

孟浩然
做大唐之光！！！

孟浩然
裸辞！
天南地北的朋友们，可以约了！
8 分钟前 荆州

张九龄（恩公）
小孟啊！其实你还是有机会的。等我回朝述职的时候，我一定找陛下好好唠唠你的事情。

孟浩然回复张九龄（恩公）：
谢谢张公！我都已经是老孟了。可能这辈子就是和官场没有缘分吧。

李白
不说时间、地点的约会都是耍流氓！

孟浩然回复李白：
只要你来，我随时都在。

王维
等我放年假了就来找你！我给你画幅写真。

张子容
没钱了只管开口。

  刚刚回到襄阳，孟浩然就收到了一份邀请函，邀请人是新任襄阳刺史韩朝宗。韩朝宗比他大三岁，为人正直，官声很好。孟浩然在京城的时候就与他有一些交情。老友重聚，他也很高兴，便约定了时间地点。

  那天，孟浩然还特意打扮了一番。不得不说，虽已知天命，但他依然风度翩翩。正准备出门的时候，又来了几个朋友。

孟浩然一看时间还早，便先拿出珍藏多年的好酒招待。文人一碰到酒便有诗，真像锦鲤入了河流，要多快活有多快活。

酒过三巡，身边的小童子终于忍不住提醒，您老可与韩刺史还有约。孟浩然一听就不高兴，我这正在兴头上，别说韩刺史，就算与他爹韩侍中有约，也还得排在后头。

朋友们一听这话，都很有默契地放下酒杯，说家中妻子催归，小儿思父，母鸡生蛋……不到片刻，就都告辞散去。孟浩然看他们都走了，直说可惜可惜，头一歪，便睡下了。

被放了鸽子的韩朝宗后来听说了这事，倒也不生气，只是笑着说老孟是真性情。笑着笑着，却也暗暗绝了要举荐他为官的想法。老孟这情商，注定只能做朋友，而不能做同事。

几年之后，朝局动荡。被后人称为"开元盛世最后一位贤相"的张九龄受李林甫所陷，被贬荆州当地方官。早在几年前，张九龄就很赏识孟浩然。所以一到荆州，就让人请他过来叙旧。两人说起这几年朝廷局势的变化，都有些唏嘘。最后，张九龄邀请他来做自己的幕僚。

幕僚只是领导秘书，没有正式编制，但当秘书的好处却有不少。首先，起码你已经进了这个圈子。你可以接触到政府公文，可以旁听审案，也可以探听到一些官场潜规则和小八卦。其次，你会突然发现多了很多"朋友"。因为你是领导身边最亲近的人，他们希望从你的言谈举止中读懂领导的心思。最后，也是最重要的，如果你干得好，很有可能会被朝廷授官。

尽管之前面试失败的阴影还没有彻底消除，但孟浩然心里还是留着一丝对编制的执念。于是，他便欣然同意了张九龄的邀约。

说来也奇，在孟浩然一生中起过重要影响的三个人都姓张，且都是丞相。第一位张丞相让他看清了当时朝廷的黑暗，决意弃考。第二位张丞相让他第一次体会到了被看好的感觉，决意拼搏。第三位张丞相让他在低谷中再次看到希望，决意坚持。

只不过这一次，他没有坚持太久。因为他突然发现，也许他并不适合官场。他已年届五旬，虽然没钱没官，但他向来活得快活，连呼吸的空气都是自由

自在的，像这样朝九晚五的点卯式上班简直压抑了他的天性。况且官场这套应酬话他也不会，动不动就会成为话题终结者，怎么得罪人的都不知道。

如此，就算了吧。

看到桌案上的辞呈，张九龄百般挽留，也向他做出了要再度向皇帝举荐他入仕的承诺。可孟浩然还是婉拒了。您自己尚且官路艰难，又何必再为我去费这个心思呢？别了我的朋友，有缘再会了。

最新热点：# 夺命查头鳊是什么 #

热门

大唐科普君 V

夺命查头鳊是什么 # 查头鳊就是我们经常说的鳊鱼，多产于汉江中。它的肉质嫩滑、味道鲜美，是一种特别珍贵的食材，但因为它是发物，有外伤者、喝了酒之后的人千万不能多吃。

1325　　410　　18081

热门

太白哥哥你好吗

夺命查头鳊是什么 # 浩然先生千古！请问科普君，咱们洛阳酒家里有没有卖正宗的查头鳊啊？

1162　　1053　　3833

热门

张郎不靠谱

夺命查头鳊是什么 # 吃吃吃！这世上就没有什么东西是咱们大唐人不能吃的。有没有亲吃过查头鳊的啊？和普通的鲫鱼有何区别？

383　　271　　4250

打这之后,孟浩然有很长一段时间没有再会客,倒不是因为他不想,而是不能。他的背上长了很大一个脓疮。大夫说了,问题虽然不大,但切记不能喝酒,不能吃发物。好好养一段时日,自然就可以活蹦乱跳了。

到了背疽快好的时候,襄阳城又来了一位咱们的老熟人:那位写下"但使龙城飞将在,不教胡马度阴山"的边塞诗人王昌龄。王昌龄也很喜欢孟浩然,一下马就往孟家跑。

孟浩然一看到他,什么脓疮、什么医嘱,都见鬼去吧!来!上好酒!上好菜!

"贤弟,尝尝这道查头鳊,这可是我亲手钓上来的。"

还未等王昌龄动筷子,他自己就先津津有味地吃了起来。查头鳊是襄阳地区的特产,味道鲜嫩美味。孟浩然在《岘潭作》一诗中就有"试垂竹竿钓,果得查头鳊"两句,可见他对查头鳊是真爱。

吃得的确很开心,可当天晚上,他就不开心了。不听大夫话,吃亏在眼前。他背后的脓疮又严重了。一整夜,他都疼得辗转反侧睡不踏实。

第二日,着急忙慌的家人就把大夫请了过来。大夫一看他这样子,心就凉了半截,再一搭他的脉搏,心就凉透了。

"准备后事吧!孟先生恐命不久矣。"

生病最怕的不是治疗中要承受的痛苦,也不是高昂的医药费,而是没办法可治。

随他吧。孟浩然拿起手边的扇子,轻轻地扇着。

一个多月后,孟浩然与世长辞。他不是官员,因而没有封诰,也没有丧葬金。有的却是从四面八方赶过来,参加他丧仪的朋友们。他们且歌且哭,场面很是隆重。

据不完全统计,孟浩然是唐朝两千多名诗人中唯一一位终生没有一官半职的人。他想隐居,却也有一展青云志的雄心。他想出仕,却又放不下徜徉山水间的恣意。可他依然活得潇潇洒洒,因为自始至终,他都是随着自己的心意而生活着的。

王维

状元出道的全能型佛系才子

王维（701？—761）

　　江湖名号"诗佛"。他是一名全能型艺术家，诗写得超棒，画也画得贼溜，在音乐上也有一手。早年受到玉真公主举荐，在科举上大放异彩，斩获开元十九年（公元731年）的状元，成为官场新贵。一句"愿君多采撷，此物最相思"，成为无数少女春闺梦里人。安史之乱时被迫成为安禄山的幕僚。后来在清算叛逆之时，他因一首怀念故国的诗而幸免于难，最终归隐田园。

大唐诗人 我要上热搜

> **王维**
> 我就是我，一条有追求的咸鱼。

王维
独在异乡为异客，每逢佳节倍思亲。
遥知兄弟登高处，遍插茱萸少一人。
2分钟前　长安

王维
第一次没有和家人们一起过重阳节，心里空落落的。

玉真公主
就你这首诗，少年，这届科举你一定会高中状元的。

　　　　　　　　　王维回复玉真公主：
　　　　　　　　　谢谢您！我一定会好好努力的！

岐王回复**玉真公主**：
妹子，咱不能光动嘴，得拿出行动来帮摩诘成事啊！

大唐最可爱的小表妹
兄长走后的第三百天，想念你，特别想念你。

　　　　王维回复大唐最可爱的小表妹：
　　　　离开妹妹的第三百天，就是想你的第三百天。

　　有些东西一出生有就有，没有也许这辈子也不可能有了。王维很幸运，因为他的人生起点就是普通人企及不了的终点。他出身太原王氏，母亲是博陵崔氏。隋唐深受魏晋南北朝时期门阀制度影响，世家大族在社会上有着崇高的地位。在众多的豪门中，有五姓七族最为尊贵：陇西李氏、赵郡李氏、博陵崔氏、清河崔氏、范阳卢氏、荥阳郑氏、太原王氏。占了两姓的王维可谓天之骄子。

天之骄子与纨绔子弟的差别在于有没有上进心，肯不肯认真学习。王维九岁就能作诗，是方圆百里内的老奶奶都知道的神童。

为了让孩子能够有一个更好的学习环境，王家给王维在首都长安买了套房子。十几岁的少年郎一进长安就被国际大都市的绮丽繁华深深吸引，他的音乐和诗歌才能也被这样的环境激发得淋漓尽致。17岁那年，他就创作出了耳熟能详的《九月九日忆山东兄弟》：

独在异乡为异客，每逢佳节倍思亲。

遥知兄弟登高处，遍插茱萸少一人。

这样聪明好学、长得帅、性格还温和的少年郎有谁会不喜欢？虽然年轻，但王维还是在长安积攒了一大票粉丝，很多还是阿姨妈妈粉。可身为豪门子弟，他的才华还是要为仕途服务才好。眼见科举考试在即，他也想走动走动，争取在考官那里增加一些印象分。

他第一个想到的人是李隆基的弟弟岐王李范。岐王没什么政治抱负，就喜欢结交这些文艺青年们。他一听王维想要参加科考为国家效力，笑得嘴角差点咧到耳朵根："好好好！像你这样的人才就是要上交国家嘛！不过，我的力量还不够，你准备准备，我带你去见玉真公主。"

玉真公主是李隆基的胞妹，在灵都观中出家当女道士。比起其他朝代，唐朝女孩子的人生有更多的选择。比如，不当家庭妇女而当女道士。玉真公主有钱有权，有自己的独栋道观，平日会在那里接见一些文人才子，和他们唠唠嗑、联联诗、下下棋，有合自己眼缘的就举荐给她的皇帝哥哥。

就算见惯了风流才子，玉真公主还是对长身玉立、风度翩翩的王维青睐有加。有后世八卦文人甚至断言那是一见倾心。可世间美好的感情有千千万，何必都要往"爱情"上头靠？知己之情与知遇之恩不也很好？

简单自我介绍一番过后，王维就开始了才艺展示。他轻弹琵琶，慢歌一曲《郁轮袍》。天籁般的嗓音配上婉转缠绵的唱词，使他周身都散发着温文尔雅的光芒。唱毕，又将自己的过往作品都呈送到玉真公主面前。

"这些诗我早已耳闻，原来竟都是王郎君所作？"

"潦草习作，还望公主指点一二。"

"好文笔，好才情！"

岐王见她高兴，便也趁机打边鼓："王郎君要参加科举，还需九妹多多提携，假以时日他必是朝廷栋梁。"

如此，在岐王和玉真公主兄妹的力荐下，上至皇帝，下至主考官，都知道小伙子的才情和人脉了。不夸张地说，只要他不交白卷，不在试卷上辱骂皇帝，高中是十拿九稳的。

实际上，王维的实力比他们预想中的要强得多。开元九年（公元721年），王维勇夺长安考区第一名。

事业有了，他又立马迎娶了青梅竹马的崔表妹。中状元、娶新妇、安新家，上天连一扇小气窗都没有给他关上。

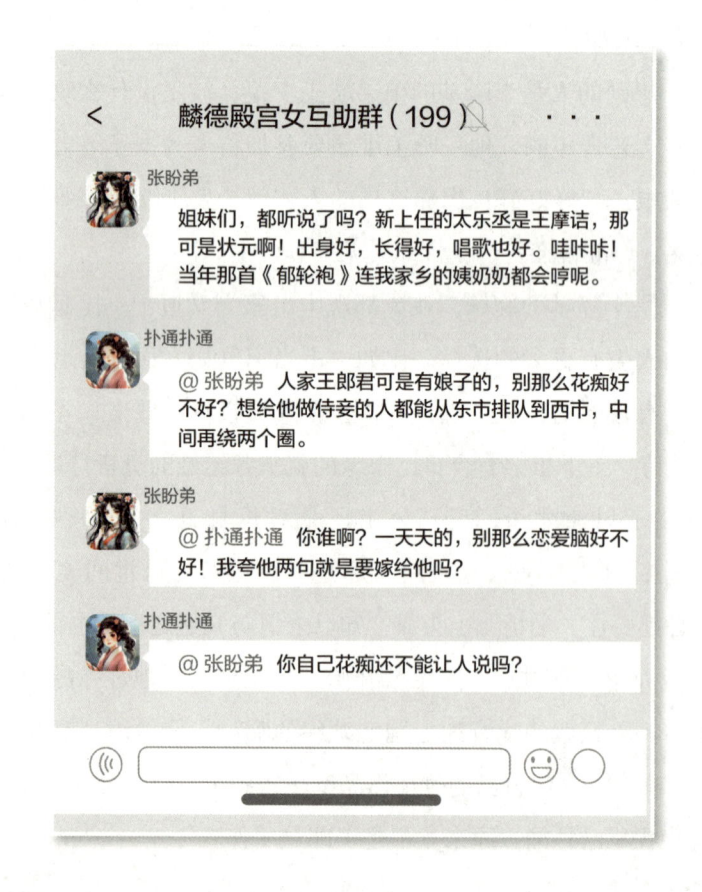

麟德殿宫女互助群（199）

张盼弟
姐妹们，都听说了吗？新上任的太乐丞是王摩诘，那可是状元啊！出身好，长得好，唱歌也好。哇咔咔！当年那首《郁轮袍》连我家乡的姨奶奶都会哼呢。

扑通扑通
@张盼弟 人家王郎君可是有娘子的，别那么花痴好不好？想给他做侍妾的人都能从东市排队到西市，中间再绕两个圈。

张盼弟
@扑通扑通 你谁啊？一天天的，别那么恋爱脑好不好！我夸他两句就是要嫁给他吗？

扑通扑通
@张盼弟 你自己花痴还不能让人说吗？

给状元郎安排的岗位自然是最好的。这个"好"可能不是品级最高，而是最合适。李隆基在全面权衡之下，让王维做了太乐丞，大体相当于国家歌舞剧团的团长。

要看一个国家发展得如何，有一个很有趣的标准：娱乐业的发展。试想，如果人民穷得连馒头都啃不起，怎么还会有余力去关心某一个十八线小明星的绯闻？唐朝在开元年间的综合国力已达到了历史最高峰。后来经历过战乱的杜甫忆起往事还骄傲不已：

忆昔开元全盛日，小邑犹藏万家室。

盛唐是诗歌的时代，只要识得几个字的人都能随口吟唱几句。李隆基喜欢音乐，擅长歌舞，他喜欢的嫔妃武惠妃、赵丽妃、杨贵妃等也都是这方面的顶尖人才。后来还专门在民间选了乐伎三百人，亲自在梨园指点他们。这些人后来就被称为"梨园弟子"。在这样的大背景下，王维的岗位就是个肥差。专业对口，钱多事少离家近，还能整天在一把手面前刷刷存在感，年终福利肯定不会少。

在当太乐丞的这段时间，王维认识了被后人誉为"唐代乐圣"的音乐家李龟年。两人志同道合，结为终生莫逆。那首文艺青年都很喜欢的《红豆》就是后来因为战乱，两人分隔两地之后，王维写给李龟年的：

红豆生南国，春来发几枝。愿君多采撷，此物最相思。

有一句安慰人的心灵鸡汤是这么说的：如果你觉得累，那么恭喜你，因为你在走上坡路。可换言之，如果你觉得轻松，那么你就要警惕，自己是否在走下坡路了。王维的下坡路走得很冤，是被人给推下去的。

事情很简单：王维手下有个舞狮演员，有一天闲着没事干，便随便找了个狮子自己舞着玩。第二日，李隆基的案头就出现了一封举报信，这人舞的不是普通的狮子，是黄色的。那是御用的颜色，这可是犯了"十恶"之一的大不敬之罪，最高可以被判处死刑。

开始的时候，王维还挺淡定，咱陛下是个厚道人，怎么会动不动就杀人呢？大不了教训几句，打几下板子也就过了。

可是很快，他就有些慌了。王维虽然讨人喜欢，但毕竟不是人人都爱的黄金珠宝。朝堂上嫉恨他年少得志的人不在少数，好不容易抓到这个机会，还不得赶紧利用起来。于是，他们轮番在李隆基面前炮轰王维的罪过。唐朝皇帝与大臣们的关系总体还是比较和谐的，大臣奏事的时候都是可以坐着说的。李隆基虽然欣赏王维，但也架不住这些人搬出律法来和他讲道理。犹豫再三之后，还是对王维做出了处罚：免去太乐丞一职，让他去济州当司仓参军，也就是当粮食保管员。

从洛阳到济州四百多公里，在交通便利、到处都有高速公路的今天开车起码也得五个半小时，古代行路的艰难可想而知。

住在郑州的酒店里，王维越想越憋屈，半夜爬起来写了一首诗：

朝与周人辞，暮投郑人宿。他乡绝俦侣，孤客亲僮仆。
宛洛望不见，秋霖晦平陆。田父草际归，村童雨中牧。
主人东皋上，时稼绕茅屋。虫思机杼悲，雀喧禾黍熟。
明当渡京水，昨晚犹金谷。此去欲何言，穷边徇微禄。

毫无疑问，这是一首牢骚诗，但一点不让人厌烦。全诗寄情于景，诗中有画，画中有诗，风格悠然恬淡，连哀伤都是温温和和的。

经过一个来月的长途跋涉，王维终于到济州走马上任。从风花雪月到柴米油盐，他很不适应。每次只要一想起在长安的小伙伴们，他就心里发酸。这地方没有诗酒，没有音乐，只有堆放整齐的粮食需要他惦记。

然而，更让他悲恸的事情还在后面。与他感情深厚的妻子崔表妹难产而死，孩子也没能留住。为了怀念妻子，他一生没有续娶。

他那时不过30岁，无论在什么时代，都是可以大展宏图的好年岁。可他只觉得浑身上下都充满了无力感。在上进和上班之间，他只想选择上香。他母亲是个虔诚的佛教徒，因而才会给他起名维，后来还起字摩诘。维摩诘，不就是那个著名的在家菩萨吗？耳濡目染，他也从小喜欢读佛经。高兴的时候读一读，告诉自己不能忘形；不高兴的时候也读一读，告诉自己不能颓丧。

> **最新热点：# 王维妻子难产去世 #**
>
> 热门
>
> **大唐新闻官 V**
>
> 今日早上，从 @ 王维 V 邻居处得到消息，其妻崔娘子于昨日亥时三刻在济州因难产去世，年二十八。据悉，王维与崔娘子感情甚笃，但直到去年才传出喜事。无奈天不假年，母子俱损。大唐新闻官在第一时间前往王维家中吊唁。王维悲痛欲绝，称此生再不复娶。# 王维妻子难产去世 #
>
> 14.6万　　1.7万　　9万
>
> 热门
>
> **陈尚宫 V**
>
> 看到这个消息真的很难过。曾有幸在宫中宴会上见过崔娘子，与王郎君实是天作地和的良配。希望王郎君节哀！崔娘子和孩子一定不希望您难过太久。# 王维妻子难产去世 #
>
> 10.8万　　2万　　9.5万
>
> 热门
>
> **爱犬乐乐悠悠的日常 V**
>
> 首先，崔娘子和孩子一路走好！其次，请王维不要说什么终身不娶的话来立人设。崔娘子活着的时候，这个人就和公主搞暧昧。知道这些陈年旧事的人是老了，不是死了！# 王维妻子难产去世 #
>
> 9554　　1.2万　　4.4万

　　王维的内心只挣扎了一会，便下定了决心，他要辞官归隐。现代上班族最忌裸辞，毕竟要养活自己，甚至是一大家子。可王维豪门出身，最不差的就是钱。

　　这一次把王维扶起来的人是张九龄。张九龄是宰相，却犹有一腔文人傲骨。他喜爱才学和人品俱佳的王维，便写了一封长长的举荐奏疏给李隆基，请求他一定要好好重用这位小友。

　　于是，右拾遗王维走马上任。"拾遗"二字顾名思义就是拾起遗落的东西，即采缺补漏，指正皇帝错漏。虽然只是个比七品芝麻县官还要小两级的低级官员，但他的职业前景非常明媚，很有可能瞬间就被提拔为显官。王维性格低调，没什么权力欲望，最重要的是经济条件优越，因而这个岗位倒还真挺适合他。

可惜好景不长，张九龄在与李林甫旷日持久的政治斗争中失败，被贬到了荆州做刺史去了。对于这样的大事，王维这个比芝麻还小的谏官自然在李隆基面前说不上半句话。他只有泪眼婆娑地看着亦师亦友的张九龄的背影，再次想到了出家。

等张九龄到了荆州之后，王维又写下了这首感人至深的《寄荆州张丞相》：

所思竟何在，怅望深荆门。举世无相识，终身思旧恩。

方将与农圃，艺植老丘园。目尽南飞雁，何由寄一言。

是怎样强烈的情感才能写出普天之下没有人赏识我，我一辈子都不会忘记您的恩情这样的诗句呢？

当时有很多大臣都很同情张九龄，但在李林甫的高压下，没有人敢在明面上表达不满。王维的这首诗一出，犹如一只出头鸟，立马被人在李林甫面前告了黑状。李林甫一气之下，便去李隆基那里夸了王维一通，说王拾遗是个有理想有胆识的性情中人，为了让他的才华发挥到最需要的地方，我提议给他升官，去边疆巡察工作。李隆基一琢磨，觉得年轻人需要历练，这是件好事。准了！

听起来是很好，可边疆大多是荒漠，条件艰苦不说，身边连个说话的人都没有。而且说是巡察，也不说什么时候回来，这不就是变相的流放吗？王维心里苦，但王维不能说。他毕竟是佛系青年，佛系青年最大的好处就是不以物喜，不以己悲。既然改变不了环境，那就改变心态。说不定边疆也有另一番海阔天空。

就这样，王维出发了，一路向北。

离首都越远，风光越是不同。他看到的是一片连着一片的沙漠，整个人几乎都被包裹在了天地之间。天地是这样广袤，人又是这样渺小。个人的得失荣辱，在天地面前，是这样的不值一提。王维看着沙漠中的车辙印子，心里觉得格外平静，他又悟了。

到了目的地之后，他迫不及待地拿来纸笔，写下了这首著名的《使至塞上》：

单车欲问边，属国过居延。征蓬出汉塞，归雁入胡天。

大漠孤烟直，长河落日圆。萧关逢候骑，都护在燕然。

喜好田园幽居生活的小伙，仿佛一夜之间变成了边疆保家卫国的战士。这样的诗句，是王维坐在首都办公室里绝对写不出来的。书本上的大漠虽然也辽阔，但终究只是平面的，只有亲自来了才能有最为直观的感受。

王维

到了茫茫沙漠之后，我才终于了悟。个人的一些小小得失在大自然面前根本不值一提。人生苦短，我要学着真正快乐。

#大漠孤烟直，长河落日圆 #塞上 #了悟人生 #学会快乐

10 分钟前　塞上

共 7890 条评论

加油萌宠－每天分享

好美的图画，好美的诗！我单方面宣布，摩诘是我大唐最好的边塞诗人。比什么王昌龄、高适强太多了！

#大漠孤烟直，长河落日圆 #塞上 #了悟人生 #学会快乐

展开 1200 条评论

荷

这怎么还拉踩上了呢？"毒唯"不要给摩诘招黑好吗？

10 分钟前

心理大夫陈老师

如果有朋友因为不快乐想找心理大夫的话，后台私信我！我是专业的，按时辰收费，可以先试试。

10 分钟前

momo

楼上在摩诘的号下面发这个是什么意思？

展开 555 条评论

每周一个赚钱小技巧

好好赚钱，争取早日和摩诘去同样的地方游玩！

王维　状元出道的全能型佛系才子

在大漠之中，王维还与来游历的好友裴迪重逢。裴迪比王维小十几岁，但却是他一生的知己好友。裴迪现存的近三十首诗绝大多数都是与王维有关的。而王维那两句有名的"世事浮云何足问，不如高卧且加餐"也正是写给裴迪的。

高适写过"莫愁前路无知己，天下谁人不识君"，可世上又能有什么事比得上"正是江南好风景，落花时节又逢君"呢？他乡遇故知，就是再苦也不算苦。人生短短几十个寒暑，首先要开心，其次都是其次。

此后，他开始改造自己的隐居之所辋川，在今天的陕西蓝田。通过中介，他买下了已故诗人宋之问的别墅，并且请了一个靠谱的装修队重新改建，成了一个集美观与实用为一体的山间豪宅群。豪到什么地步？那里面有二十多个赏玩景点。光扫地的仆人就有近三十个，还专门招聘了两个小童子做扫把。王维可以每天欣赏一个景点，每天为这些景点题诗：

《孟城坳》：

新家孟城口，古木余衰柳。来者复为谁？空悲昔人有。

《文杏馆》：

文杏裁为梁，香茅结为宇。不知栋里云，去作人间雨。

《木兰柴》：

秋山敛余照，飞鸟逐前侣。彩翠时分明，夕岚无处所。

《鹿柴》：

空山不见人，但闻人语响。返景入深林，复照青苔上。

《临湖亭》：

轻舸迎上客，悠悠湖上来。当轩对尊酒，四面芙蓉开。

《白石滩》：

清浅白石滩，绿蒲向堪把。家住水东西，浣纱明月下。

《竹里馆》：

独坐幽篁里，弹琴复长啸。深林人不知，明月来相照。

《辛夷坞》：

木末芙蓉花，山中发红萼。涧户寂无人，纷纷开且落。

《漆园》：

古人非傲吏，自阙经世务。偶寄一微官，婆娑数株树。

《椒园》：

桂尊迎帝子，杜若赠佳人。椒浆奠瑶席，欲下云中君。

虽然辋川别业如今已经不复存在，但咱们依然可以通过这些诗歌及后人临摹的王维画作《辋川图》一探究竟。王维在这里居住了许多年，因为风景美，日子闲，心情变得越来越舒坦，诗也写得越来越空灵。一不小心就开创了唐朝诗歌的著名门派：山水田园派。

王维的母亲去世之后，他又将辋川别业开辟成了寺庙，将母亲灵柩安放于西侧，请了七个大禅师每天在里头讲学论佛。王维与他们越谈越投机，很快就萌生出了要剃度出家、遁入空门的想法。朋友们轮番过来劝他，出家可以，但没必要。过去的事情都过去了，国家需要你这样的紧缺型人才。别躺平了，起来嗨啊！

然而，树欲静而风不止。天宝十四年（公元755年），安史之乱爆发。

我们可以任性地释放自己的小情绪，是因为我们生活在一个相对安稳的大环境中。当人们处于马斯洛生存需求最底层的时候，是绝不会考虑归属和成长需求的。

安禄山和史思明带着他们的军队一路从范阳打到长安。李隆基在连续使出几个连环昏着儿之后，终于想出了孤注一掷的办法：逃。

逃也是有策略的，不能乱逃，万一迎面撞上岂不是自投罗网？不过李隆基那会也没想那么多，带着几个他喜欢的嫔妃和亲近的大臣就往反方向逃。至于其他人，公车是没有的，想跟着的话就自己想办法吧。

于是，有办法的、跑得快的，就紧紧地抱住皇帝大腿一起逃。

91

王维那时已经做到了五品给事中，专门负责政府公文的起草工作。照道理，怎么着也得带着他一起跑。可不知道这中间出了什么差池，王维愣是没跟着。

就这样，他落入了安禄山的手里。

建立美好新朝廷（888）

安禄山
那个王维会说话了吗？让看守他的人都给我多留几个心眼子，他们这种文人可精着呢！

跟着老大有饭吃
郡王您放心！我昨天打了他一顿，已经会说几句话了！我们哥儿几个轮流看守，谅他也不敢有啥别的想法！

安禄山
@跟着老大有饭吃 知道了！也别下手太狠了！老子还指望着他写即位诏书呢！

跟着老大有饭吃
收到！

无名小卒
报告郡王！王维说他闹肚子了，是传染病！

安禄山
@无名小卒 把人都叫到我这里。开会！

安禄山很早就听说过王大才子的美名，如果他这个"叛将"要扭转将来在史书上的名声，还得靠这样有本事有名望的人。那么，给个高官吧！起码得比李老头给得高啊。

王维知道之后怕极了。从小所受的正统教育告诉他，有些红线是无论再怎么艰难的情况下都不能触碰的。不过他也明白，安大胖子不达目的绝对不会放手。他若硬扛，说不定立马就要被拉出去喂狼。他苦思冥想，还是决定来软的：装病。

开始的时候，他装哑巴，让一个不会说话的人当新朝的传声筒，总归不合适吧。如此，安禄山所看到的就是一个终日将头埋在臂弯里不发一言，见着人只会笑的傻子。

王维是假傻子，安禄山可是真聪明人。随便让几个彪形大汉去一试就知道，这个人不但会说话，而且被打了还会叫救命。

那行，明天就走马上任吧。

王维更害怕了。既然装病不行，真生病还不成吗？看来还是得对自己狠一些。他这样想着便偷偷让心腹给自己买了些泻药，一股脑都吃了下去。

我上吐下泻不止，得了严重的痢疾，一传染就感染一窝的那种。您就行行好，让我安心在家里养病吧。

安禄山知道之后，大手一挥，行！我不仅会让你好好养病，还会把你带到洛阳，请最有名的大夫给你看病。一个看不好砍一个，两个看不好砍一双。

王维这下可不只是恐惧，还有愧疚，万一真的有顶尖医学人才因他而死，那他这一辈子怕都不能心安，那就只能慢慢痊愈了。痊愈后，安禄山又派人来了：原本打算给你个散骑常侍当，可你既然身体不好，就继续做给事中吧。

王维太难了。他一步一后退，最后实在退无可退了，才只得默认。

怕王维再出些幺蛾子，安禄山的人索性把他带进菩提寺中好好"照顾"。他不是一直嚷嚷着要出家？这就遂了他的心愿。对外，他们是这么对城中百姓说的：给事中王维已经为咱们新朝效力了。粉丝们如果愿意跟随他的，尽可投奔而来，待遇从优。

王维气坏了，真想跳到洛阳城楼上高呼：我不是，我没有，你别瞎说……可他不敢。从小爹妈就教导他，生命很可贵，不能轻易放弃。好人有好报，坏人是蹦跶不了多久的。

信佛的人最相信的便是因果报应。报应来得如龙卷风一样迅疾。第二年，朝廷军队就开始逐步收复失地，安史之乱被初步平息。

新皇帝李亨返回长安之后第一件事就是算账。凡是没有守住气节在安禄

最新热点：# 王维投靠安禄山 #

热门

大唐娱乐新闻先知晓 V

王维投靠安禄山 # 据安禄山方多名骨干将领曝光，著名诗人，原大唐给事中王维已在安史军中担任要职。王维称，朝廷已腐朽不堪，跟着新领导有饭吃。如有粉丝愿意跟随的话，他可以帮忙从中联络。

59.4万　　2.6万　　25.2万

热门

莲花五娘

王维投靠安禄山 # 一个娱乐博主，在这里充什么消息人士。连一幅实况画作都没有，就敢在这里踩一脚摩诘。我们这些老粉都是相信他的！不畏流言蜚语，他是我们想守护的人，余生我们陪他一起走！

15.4万　　2.4万　　18.6万

热门

摩门永存

王维投靠安禄山 # 请各位粉丝少安毋躁！现在还没有确切消息，大家不要先自乱阵脚。弱弱地说一句，就算是真的，我也绝不脱粉！我们喜欢的是摩诘这个人，和他为谁效力一点关系都没有！

10.8万　　2万　　9.5万

山叛军手底下当过官的通通下狱，然后再一个一个审理。

　　倒霉的王维当然也在其中。李亨派去的人随便一打听，连小巷里的小孩子都知道安史叛军很重用王维。如果他没有回应，他们怎么会以礼相待。这个王维，忠心实在可疑。

　　气头上的李亨就快在死刑判决书上盖章了，突然内侍报告：王侍郎求见。

　　刑部侍郎王缙是王维的弟弟，在平叛中立下了汗马功劳。他一见到李亨就涕泪横流地开始卖惨：父亲过世得早，母亲没有主意，族人心又不齐，办个葬礼都乱糟糟的，自己和几个弟弟太小，也搭不上手。幸好有兄长忙前忙后主持大局，后来亲自辅导他们课业，教他们人情练达的文章，他们才个个成为能为皇帝陛下效力的公职人员。兄长对他们恩重如山，这辈子也报答不了……

李亨耐心地听他哭了一刻钟，终于忍不住打断了他的话："所以王卿的重点是什么？"

"臣自愿以所有官职换陛下对兄长的赦免。"

李亨一听，也有所触动。皇室间兄弟相残的事见怪不怪，在他们老李家则更是传统曲目，这样深厚的兄弟情实在难得。可感动是一回事，理智又是另一回事。如果每一个死刑犯的家属都跑来表演哭戏，那么最高法院便会成为整个国家最清闲的部门。思及此，李亨只是象征性地安慰了王缙几句，没同意也没拒绝。

几日后，王缙又给李亨呈上了一首王维的诗：

万户伤心生野烟，百僚何日更朝天。

秋槐叶落空宫里，凝碧池头奏管弦。

然后，给李亨讲了一个故事：安禄山到了长安之后，在宫里开庆功会，让所有乐师奏胜利的曲子。乐师们怀着国破家亡的悲痛，把喜悦奏得比哀乐还难听。安禄山很生气，可又发不出来，因为调调确实就是这个调调。就在此时，他发现角落里还有一个举着筘篌发呆，全程没有拨动一下的乐师。

"你！过来！"安禄山伸手招呼，声音充满着压迫感。

乐师走了两步就将筘篌重重地摔在地上，骂了很多屏蔽词，接着又朝西面方向拜了又拜。还没等安禄山开口，他忠心的手下们便立刻将乐师抓起来，五马分尸，鲜血溅得大殿上到处都是。安禄山却伸手摸着胡须，带着欢快的语气说："接着奏乐，接着舞！"

在菩提寺中治痢疾的王维听说之后，眼泪汪汪地写下了这首诗，表达了自己在城破后的伤怀及对皇帝归朝的期盼。为了防止这首诗流出，王维将其交到了他最信赖的好友裴迪的手中。

李亨深深叹气，终于答应了王缙的恳求。

王维死里逃生，仍旧在朝里做官。经历人生大劫，他放下了心里仅存的一丝红尘之念，成了俗世中的"诗佛"。中年之后，王维官运亨通，一路做到了尚书右丞的高位。

  又过了几年,他向李亨上了人生最后一道表文,要求彻底退居田园避世,同时,希望再度起用弟弟王缙。这一次,李亨同意得很干脆。王缙后来官至宰相,成了肃宗朝最有名的贤臣。每每到了雨季,他总会想起王维的诗:

  空山新雨后,天气晚来秋。明月松间照,清泉石上流。

  竹喧归浣女,莲动下渔舟。随意春芳歇,王孙自可留。

> 李白
>
> 如果能进官场，谁愿意执剑走天涯

李白（701—762）

　　江湖名号"诗仙"。他一生放荡不羁爱自由，腰挂宝剑，手持酒壶，走南闯北。写诗就像玩游戏，篇篇都是爆款。既有"君不见黄河之水天上来"的磅礴气势，又有"举杯邀明月，对影成三人"的孤独浪漫，更有"天生我材必有用，千金散尽还复来"的踌躇满志。他生于盛唐，长于盛唐，死前看到了盛唐余晖。

> **太白兄的坚实后盾（99）**
>
> **汪伦**
> 听到太白兄的最新单曲没有？咱哥儿几个众筹一下吧！我出十两。@ 所有人
>
> **元丹丘**
> @ 汪伦 太白兄又缺银子了？是哪首曲子啊？我现在是纯"社畜"，已经脱离外面的世界很久了。
>
> **汪伦**
> @ 元丹丘 天生我材必有用，千金散尽还复来。
>
> **元丹丘**
> 太白兄最近花钱很野啊！我这个月绩效考核拿了优秀，我出十五两！还是按老规矩，都交给 @ 崔成甫，崔兄，得麻烦你亲自跑一趟交给太白兄。
>
> **崔成甫**
> 没问题！大伙都直接转群里吧。我收账方便一些。

　　李白一生共作诗文一千多首（篇），却没有一处提到过他的父母。咱们现代人对李白身世的了解大多还要归功于唐代文人范传正所作的《唐左拾遗翰林学士李公新墓碑并序》一文。

　　李白出生于碎叶城（今吉尔吉斯斯坦境内），父亲的名字没有被记载，只有一个代号"李客"。母亲则留有一个关于他的传奇故事：李妈妈在临盆之时梦到太白金星钻进她的肚子，所以才给孩子起名叫"白"，表字"太白"。

　　敢情李白还是个外国人？

　　当然不！

　　李爸李妈定居地与李白的出生地均为碎叶城，后来则举家迁入四川居住。而碎叶城早在李白出生前的调露元年（公元 679 年）就被永久性地纳入唐朝版图，隶属安西都护府。

李家从商，李白是个富二代，家庭条件十分优越。除了读书人必修的诸子百家经典和写作之外，他还研究过道家学说，勤习过剑术且水平不低。后来他在《侠客行》中霸气地写道：

十步杀一人，千里不留行。事了拂衣去，深藏身与名。

像小说里的侠士那样，李白学成之后就决定去江湖上实现济世安民的理想。可他走的时候肯定没有想到，这一走，就是一辈子。

在交通还极不发达的唐朝，李白的足迹几乎踏遍了大江南北。他天性豪爽，走到哪里，朋友就交到哪里。扩大人脉，就是增加资源。吃喝玩乐不过是一种手段，他的终极目标还是争取找一位有实力的名士举荐自己进入官场工作。

其实李白也想走科举的路子，大大方方地接受授官。可他出身商贾之家，社会地位低下，连准考证都申请不下来。那么，便只得继续当一位快乐的驴友了。

快乐需要心态，快乐也需要金钱。在某一个阳光灿烂的早晨，李白突然发现了一个严峻的问题：一年前离开家乡的时候，他在行李箱里塞了整整三十万钱。现在，钱花完了。假定以粮食为换算单位，三十万钱在当时大约可以换两万三千斗米。有句话不是这么说的吗？不愿为五斗米折腰。那么，两万三千斗米呢？

没有钱寸步难行！李白的眉头皱了一皱。反正打工是不可能去打工的，那么，写诗吧：

天生我材必有用，千金散尽还复来。

烹羊宰牛且为乐，会须一饮三百杯。

如此，江湖朋友们奔走相告：太白兄没钱了，咱们可一定要去看看他。于是，李白的快活日子又可以续费了。

25岁那年，李白与比他大12岁的前辈孟浩然相识，对其仰慕不已，为他写下了脍炙人口的诗句：

故人西辞黄鹤楼，烟花三月下扬州。

孤帆远影碧空尽，唯见长江天际流。

切磋完文学之后，李白又虚心求教："夫子可有门路推荐我入朝为官？"

孟浩然无奈。这可真是造屋请了箍桶匠，他自己琢磨了大半辈子还没琢磨出来这问题呢！他看着一身青衣、仪表堂堂的李白，想了又想后问："小友可曾娶妻？"

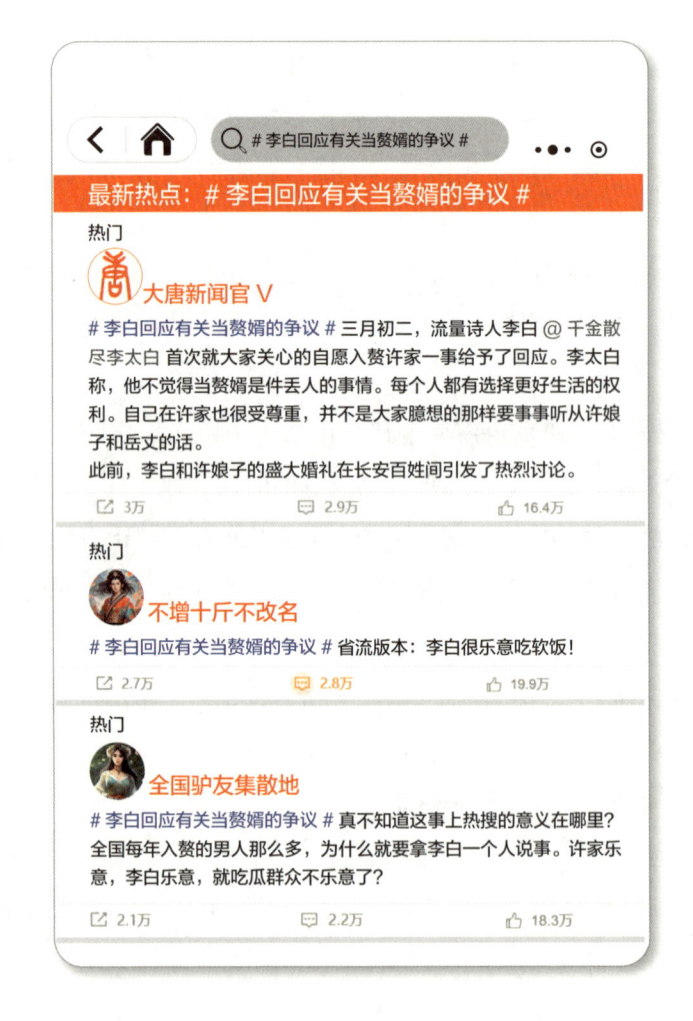

#李白回应有关当赘婿的争议#

最新热点：#李白回应有关当赘婿的争议#

热门

大唐新闻官 V

#李白回应有关当赘婿的争议# 三月初二，流量诗人李白 @千金散尽李太白 首次就大家关心的自愿入赘许家一事给了回应。李太白称，他不觉得当赘婿是件丢人的事情。每个人都有选择更好生活的权利。自己在许家也很受尊重，并不是大家臆想的那样要事事听从许娘子和岳丈的话。

此前，李白和许娘子的盛大婚礼在长安百姓间引发了热烈讨论。

3万　　2.9万　　16.4万

热门

不增十斤不改名

#李白回应有关当赘婿的争议# 省流版本：李白很乐意吃软饭！

2.7万　　2.8万　　19.9万

热门

全国驴友集散地

#李白回应有关当赘婿的争议# 真不知道这事上热搜的意义在哪里？全国每年入赘的男人那么多，为什么就要拿李白一个人说事。许家乐意，李白乐意，就吃瓜群众不乐意了？

2.1万　　2.2万　　18.3万

隋唐以前的入赘婚主要存在于平民百姓家中。上门女婿进入女方家庭后就成了免费劳动力，所以有人就戏称入赘婚为劳役婚。隋唐民风开放，女性地位较高。很多权贵家庭为了彰显自己的地位，都想招个上门女婿，且对象还得是有颜有才的优质青年。

老丈人如果觉得女婿是又听话又有能力的可塑之才，大概率会动用自己的人脉关系推荐他们入仕。等到他们在官场上闯出一番事业之后，老丈人一高兴，就会给小夫妻俩一笔钱让他们另立门户。从此，赘婿们就能渐渐摆脱这个让人歧视的身份了。

孟浩然给李白指点的就是这条路，且人选都有了，就是高宗朝宰相许圉师的孙女。

李白对这条未曾想过的道路很感兴趣，当即便请孟浩然给他安排相亲，一旦成了，说不定成家立业这两件事能一次性完成。

许姑娘落落大方，李白风姿绰约，又有才学和人气加持，两人自然相看得十分满意。于是合了生辰八字，挑了黄道吉日，音乐奏起来，喜事办起来！

婚后，两人的感情一直很不错，后来有了一双儿女。家庭已经够美满了，可李白的事业依然停滞不前。许圉师的几个儿子天赋一般，也没能做上高官，虽有心提携李白，但力量实在有限。

求人不如靠己。沉寂多时的李白开始广投简历，并且附上能表达自己政治理想的策论文章。他首先想到的是宰相张说，可张相公那会身体不好，没有精力去探究一介布衣的内心戏。后来他又给安州长史裴宽写了篇《上安州裴长史书》。在这篇一千多字的文章中，李白先是不遗余力地说出了自己身上的种种美德，又写了自己在而立之年仍找不到工作的委屈，最后给裴长史戴了数顶高帽，希望得到他的赏识。

裴长史看了连连点头，觉得这实在是个难得的人才。然后，就没有然后了。

李白收拾收拾心情，不泄气地又给襄州刺史韩朝宗寄去了篇《与韩荆州书》。这篇文章写得抑扬顿挫、起伏有致、气势磅礴。有谁能看到"生不用封万户侯，但愿一识韩荆州"这样的夸赞而不迷糊呢？

韩刺史也觉得，这实在是篇妙不可言的好文章。可辞藻太华丽太漂亮，很有可能作者为人有些华而不实。如今的朝廷蒸蒸日上，更需要的是朴实的实干家。那么，就缓缓吧。

从满怀希望，到焦虑期盼，再到悲伤失落，李白的心情起起伏伏，在确定韩刺史不会回信之后，他反而有些释然了。

淡定淡定！很多事都是玄学，越想得到却越得不到。

李白深深地吸了一口气，努力忘记这些糟心事，想想好事。他在许家不愁吃穿，妻子温柔体贴，儿女活泼可爱，下人们对他也很尊重。就算一辈子不工作也不是不可以。

有了最坏的打算，那么无论最后是什么结果都已经不重要了。

李白想到这里，便觉心情格外愉快，一愉快他就想喝酒。稍微一呼应，就招来了十多个朋友。他们吟诗作赋，谈天说地，到最后甚至大骂世道不公，不然太白兄这样的人才怎么还会流落民间呢？

"不提这壶酒了，我们继续喝！"

"如今正是阳春三月，太白兄可想去庐山散散心？说不定又能得几首妙句。"

"走！咱们今天晚上就去。"

这场说走就走的旅行催生了李白的两首《望庐山瀑布》，更有名一些的是第二首：

日照香炉生紫烟，遥看瀑布挂前川。

飞流直下三千尺，疑是银河落九天。

可惜，这样的好日子没能如李白所预料的那样持续一辈子。

李白37岁那年，和他恩爱十年的妻子许姑娘病逝。

他哭得很伤心，谁劝也止不住的那种。白天有朋友们陪着还好一些，晚上一个人了就又开始胡思乱想。早知半路应相失，不如从来本独飞啊。

丧仪办完后，李白在空空荡荡的房间里思考人生。虽然许家人都挺不错的，但自己说到底还是外人。若真一直赖在这里不走，难免不传出些闲言碎语来。自己好歹是个小名人，名声对他来说可比官职钱财更重要。

在一个天蒙蒙亮的早晨,李白带着一儿一女离开了许家去山东投奔亲戚。

可亲戚毕竟不是亲人。能给你口饭吃就已经是恩典了,至于吃肉,那就是另外的价钱了。李白在那里待了五六年,总觉得十分憋屈。等孩子们长大一些了,他便又开始四处晃荡。

命运的转折点在他 42 岁那年。

李白
相信我的才华终究能被看见!

李白
各位父老乡亲,朋友们!我"上岸"啦!42岁,我终于"上岸"啦!今晚,我要喝酒!我要作诗!我要唱一首《今天是个好日子》!

1分钟前 长安

杜甫
恭喜偶像!入职愉快!

孟浩然
小友的前途一片光明!将来可不要忘记兄长我哦!

李龟年
以后咱们就是同事了。想想就特别开心!

元丹丘
啊啊啊!终于官宣了啊!太白兄真的太厉害了。

王维
恭喜恭喜!

李白
大家的消息太多,我实在来不及一一回复了。我是去翰林院工作的,具体的岗位和职务还没有定下来。

道友丹丘生得到机会入朝为官。等稍微站稳了脚跟以后，他便很仗义地向玉真公主举荐了李白，同时带去了李白的一首诗：

玉真之仙人，时往太华峰。清晨鸣天鼓，飙欻腾双龙。

弄电不辍手，行云本无踪。几时入少室，王母应相逢。

毫无疑问，这是首奉承诗，却完全不让人觉得反感。玉真公主很受用地把李白收录到储备人才的名单之中。与此同时，李白在长安遇到了50年从未被贬官的政坛常青树贺知章。贺知章在读了他的得意之作《蜀道难》后连连称呼他为"谪仙人"，竭力在李隆基面前夸奖。

征召令下：召李白为翰林供奉。

"从离开家乡出去找工作，至此已经整整20年了！我就说我的才华总有一天会照亮所有人的眼吧。只要有机会，我一定会惊艳所有人。"李白高兴得手舞足蹈，像个初出茅庐的孩子：

仰天大笑出门去，我辈岂是蓬蒿人。

再度来到长安，李白觉得周围的事物一切都很美丽，连扬在空气中的灰尘都能被他写成一首诗。58岁的李隆基看起来和蔼可亲，不仅温和地跟他说话，还亲自为他调羹汤。李白稍稍抿了一口，就觉得这汤从嘴唇一直甜到了心间。

其实，翰林院并非朝廷常设机构，翰林供奉也不是真正有编制的官员。李白的主要工作内容就是在皇帝高兴的时候给他写诗助兴。你不是还会音乐吗？那更好！可以边奏乐边唱歌。皇帝一高兴，工资待遇都好说。

刚开始的时候，李白干得很卖力。皇帝让写一首，他写两首。皇帝让奏一曲，他奏三曲。可渐渐地，他就回过味来了：老皇帝这是把我当成"天猫精灵"了吗？

李白不甘心，很不甘心！于是他便趁着李隆基心情好的时候，将他关于机构改革、官员任免、外交策略的基本政治设想一股脑全部讲了出来。这些可都是他用了半辈子研究出来的治国方针。您以为我李白是什么人？那是苏秦张仪式的纵横家！

李隆基听得很认真，时不时点点头回应。最后，还笑着说道，梨园有了新曲目，李卿与我同去观赏可好啊？

李白突然就明白了。他所珍视的那些理想，在上位者看来，不过都是逗乐的"新曲目"，自己再怎么努力也成不了政治家，而只能是盛世中的一件吉祥物，明君身边的一只瓷花瓶而已。

李白被称为浪漫主义诗人，除了因为诗歌中那些瑰丽豪放的元素之外，也因为他为人的"狂"。这是杜甫写的：

李白一斗诗百篇，长安市上酒家眠。

天子呼来不上船，自称臣是酒中仙。

自从认清李隆基对他的态度之后，李白也找准了人生定位："烹羊宰牛且为乐，会须一饮三百杯。"奉旨吃喝，公费享乐。人生的快意大抵如是。

李隆基对此倒是挺宽容的，自古以来，有才华的人都是有个性的。只要诗写得好，能让大伙都开心不就行了吗？

李白又喝醉了，而且是在工作期间。

前来叫他上班的两个内侍喊得嗓子都冒烟了，也没把他喊醒。没法子，只得回去报告李隆基。李隆基挺郁闷的，今日美人美景都齐全，若无好诗，岂不辜负？不过他转念一想，醉了又不影响他发挥，叫人把他抬过来就是。

按照杜甫的说法，李白的酒量是一斗，也就是四斤。在现代人看来，无论什么酒，能喝四斤都能称得上是酒神了。不过唐朝的酒跟今天的不太一样，它主要是由粮食和水果提炼而成的，酒精度数极低，一般都在一到五度之间。所以与其说李白酒量好，不如说他"大肚能容"。

喝得醉醺醺的李白一听皇帝又要让他作诗，突然就来了脾气，把脚一伸：请高将军为我脱靴。

高将军高力士，那可是以宦官身份做到骠骑大将军，太子称呼"兄"，皇子公主称呼"阿翁"，驸马称呼"爷"的奇人。高力士有些蒙，心里想着：这哥儿们够勇啊。不过既然皇帝喜欢他，那么给足了他面子也未尝不可。

受到极大尊重的李白这下总算心满意足，一写就是三首绝美《清平调》：

大唐诗人 我要上热搜

清平调

作词：李白
作曲：李龟年
编曲：李龟年
演唱：李白 李龟年

云想衣裳花想容。
春风拂槛露华浓。
若非群玉山头见。
会向瑶台月下逢。
一枝秾艳露凝香，
云雨巫山枉断肠。
借问汉宫谁得似，
可怜飞燕倚新妆。
名花倾国两相欢，
长得君王带笑看。
解释春风无限恨，
沉香亭北倚阑干。

评论（9999） 推荐 最热 最新

爱听治愈的音乐
1分钟前
好美的曲子，好美的词啊！双李合作简直无敌了好吗！第一遍听觉得温柔又治愈，听多了就有了一种淡淡的忧伤。眼前总是浮现出我初恋的一颦一笑来。

云村小客
1分钟前
这是我不花钱就能听到的曲子吗？我没文化，只能说得出好听两个字了！
真想念啊，我那只能与我谈异地恋的表妹。

小杜
1分钟前
也只有像李太白这样的人能写得出这样美好的歌词了。他到底是怎么写出来的呢？我也有一个音乐梦，从十岁开始就瞒着父母偷偷写诗，那时候我觉得我写得可好了！想着有朝一日可以名动京师。现在看看，我写的都是什么不入流的垃圾！

其一

云想衣裳花想容，春风拂槛露华浓。

若非群玉山头见，会向瑶台月下逢。

其二

一枝秾艳露凝香，云雨巫山枉断肠。

借问汉宫谁得似，可怜飞燕倚新妆。

其三

名花倾国两相欢，长得君王带笑看。

解释春风无限恨，沉香亭北倚阑干。

在场所有人都忍不住高呼：好诗好诗！当真是谪仙人！李隆基也很兴奋，当即便让梨园弟子给这三首诗编曲，以后时不时拿出来演出。此事流传到民间之后，李白的人气指数又创了新高。李隆基也觉得很满意，这不就是与民同乐的意思吗？

不满意的人是李白。他这不是为了五斗米折腰，而是为了五斗米献出自己的人格了。他是雄鹰，不是宠物。既然不让高飞，他又何苦委屈自己待在这座华丽的牢笼之中呢？

说辞职就辞职，也是时候该由他出面整顿职场了。李隆基看着桌案上的辞职报告，也感到有些遗憾。毕竟，他少了一个玩伴。不过，他也没想过要留他。今天走了一个李翰林，说不定明天就能来八个王翰林。只要工资开得高，不愁人才不纷至沓来。咱大唐最不缺的就是诗人。

夕阳照在高头白马上，李白的背包里装满了李隆基给他的离职补偿金。只给金钱，不谈感情，连象征性的挽留都没有。李白的心里突然就有了一丝淡淡的忧伤。

这个世界果然离开了谁都能运转，何况是他这个可有可无的翰林呢？

后有八卦小说家爆出了李白被赐千金放还的内幕：高力士受不了脱靴之辱，悄悄向杨贵妃打小报告：贵妃您细细品品李白这老小子写的诗，什么叫"可怜飞燕倚新妆"？这是把您比作祸国妖妃赵飞燕啊！您这也不生气？

杨贵妃一听，可不就是这个理吗？不行！这个人不能留了。一不做二不休，

107

向李隆基一通撒娇，李白到手的前程就这样没了。

事实上，这个故事充满了傲慢与偏见。虽然在人们的固有印象里，宦官大多心理扭曲，但高力士却是个例外。《新唐书》是这样评价他的：

公中立而不倚，得君而不骄，顺而不谀，谏而不犯。故近无闲言，远无横议。

简单来说，好人。他为唐朝举荐了不少人才，如何会容不得一个连正经编制都没有的闲人呢？

而杨贵妃也只是一个喜欢艺术、热爱生活，却一生身不由己的可怜女子，她从不干政，也不会干政。况且在唐朝，赵飞燕还是美女的代称。若你在街头对一个小姑娘说，你美得像赵飞燕，她必开心得咧嘴笑。

如此，李白还真就是自愿离职。

宫女内侍群（365）

朱小妹
各位，最近麟德殿的事情好多啊！苦命的打工人，你们有什么有趣的八卦讲出来让我开心一下吗？

王姐
这不巧了？刚听说了一个。据说有个小娘子花了千金买了咱崇仁坊一家破院子的墙壁。

朱小妹
花一千金买破墙壁？这哪里是什么小娘子？明明是小傻子啊！如果钱多得实在没地方花，捐给贫困地区的老人多好啊。

王姐
刚问了崇仁坊的阿六，是宗相公家的小孙女买的，那也不是一块普通的墙，李太白在上面写了一首诗。真羡慕年轻姑娘啊！想要什么就能去争取。

出城的时候，他回头看了一眼绮丽繁华的长安城。也许，他的八字真的与这里不合。

他一路向北，来到了洛阳。正是在洛阳，他与杜甫相识。30岁出头的杜甫才华横溢、胸怀理想，宛如当年的自己。两人一起郊游，一起写诗，度过了几个月无忧无虑的日子。杜甫将李白视为一生的榜样和偶像，共写给他15首诗，且每一首都是情真意切、眷爱拳拳。

每个人都会对与自己性格互补的人产生好感。杜甫心思细腻、性格内向，喜欢李白这样潇洒自信、豪放不羁的文坛大佬也就不足为奇了。不过，李白一生的迷弟迷妹太多了，对杜甫倒也没有那么热络，一共也就回了他三首诗，且语气客套，其中情感还不如"桃花潭水深千尺，不及汪伦送我情"深厚。

在洛阳玩够了之后，李白继续向东走，一直来到了宋州。还未踏进城门，便有热情的粉丝们站成一排迎接。谪仙来了，可不让咱这小小的宋州城蓬荜生辉吗？接风酒是一定要喝的。走！咱们去梁园，不醉不归。

梁园是个好地方，相传是汉文帝次子梁王刘武的私家园林。到了唐朝就成了集游猎、娱乐、饮食、住宿为一体的超豪华大会所。李白虽然见多识广，连皇家园林也溜达过，但还是被梁园的风光深深吸引。

数十杯酒下肚，李白顿时诗兴大发，朋友们一看他的神情就知道，太白兄又有好诗了，便赶紧将笔墨纸砚捧了上来。

李白站起身向四周瞧了瞧，见前面有一堵白墙，就提笔在上头写诗。一题就是一首200余字的《梁园吟》。因有醉意，他的手有些不稳，可却意外有了流风回雪般的洒脱飘逸。写完最后几句"歌且谣，意方远。东山高卧时起来，欲济苍生未应晚"，便觉快意非常。转身拿起酒壶，继续饮酒。

第二日，李白还没起床，便有人敲他的窗户："奇事奇事！有人花千金买了太白兄昨日题诗的那堵白墙。"

李白闭着眼睛，含含糊糊地问："是谁那么有眼光？"

"是宗相公家的小孙女，才貌双全呢！"

宰相千金与名满天下的才子相遇相知，搁哪朝哪代都是一段佳话。连李白自己也没有想到，会在不惑之年收获一段美满姻缘。虽然这一次，仍旧是入赘。

入赘便入赘吧，反正他有经验。

> **想问问大家，我入职了一家不错的家族企业，可是小老板要拉着我干坏事，说事成之后有我的好处。我不干的话，可能会没命。**
>
> 了乎 · 334 个回答 · 123 个关注
>
> **红妆**
> 6780 人赞同了该回答
>
> 感谢邀请。
> 我不知道你说的坏事是什么？既然可能危及生命，一般就是涉及犯罪了。如果干，那么一旦东窗事发，背锅的一定是你。如果不干，你现在在他手里，也一定会有危险。
> 我是你的话，会假装给他干活，然后给自己留一手证据，证明这么干是受到胁迫的。将来一旦有人追究下来，或许可以保你的命。
>
> **简单生活**
> 3000 人赞同了该回答
>
> 希望这是个引流帖，因为你说得实在太严重了。如果是真的，我真心劝你赶紧想办法撤退。家族企业斗得再厉害，人家也是骨肉相连的亲人。你搅和在里面绝对不会有好下场。
>
> **养生的小李**
> 1234 人赞同了该回答
>
> 我怎么觉得题主有种跃跃欲试想跟着小老板一起干的感觉。你想干就去干！你已经是个成年人了，应该为自己的行为负责任。

　　宗小妹年少活泼，又喜好文学，婚后便跟着李白四处游历，成了江湖上人人羡慕的神仙眷侣。

　　可惜无忧无虑的日子总有过到尽头的时候。安史之乱爆发后，李白与宗小妹南下避祸。宗家在全国各地都有房产，夫妻俩找了一处僻静之所，日子倒还过得去。

直到有一天，小僮给他带来了一封言辞恳切的聘书。写信的人是李隆基的儿子永王李璘。李璘当时任江陵节度使，钦慕李白很久了，想让他担任自己的幕僚，一起收复大唐山河。

这个诱惑对李白来说太大了！过去他为什么辞职？就是因为老皇帝把他当成吉祥物。现在建功立业的机会就摆在眼前，如果还不接住，他会后悔一辈子的。

"请回复大王，我明天就动身前往江陵。不！我今天晚上就出发。"

到了江陵之后，李白就开始写策论，要如何如何，才能如何如何。李璘一看，觉得很满意。才子就是才子，这文章写得引经据典、主题突出、内容翔实，再给他一些时间，他一定会将此用于实践。

然而，变数出现了。

太子李亨在北上途中称帝，李隆基被升级做了太上皇。这下，李璘的部下们不干了。都是皇帝的儿子，凭什么他李亨能当皇帝，咱们家大王就不能？就因为他是太子？现在可是非常时期，江山都快改姓了。当然是谁的拳头硬，谁就是老大。走！咱们兵谏去。

李璘的心里其实挺纠结的。他母亲死得早，父亲儿子多，又忙着谈情说爱，哪有功夫管他？抚养他长大的人就是三哥李亨。小时候，李亨甚至常常抱着他睡觉。如今却要做这不臣之事，是不是不太厚道？

部下们可不干了。毕竟，当开国功臣可比跟着一个普通皇子平叛的性价比高多了。

关键时刻不能掉链子，您还是想想你们老李家的光荣传统吧！

李璘把眼珠一转，心一横：将士们，跟我一起向前冲！

李白可太郁闷了，这才短短几天，自己怎么就从爱国勇士变成反贼了呢？跑是来不及了，李璘也不允许他跑。

没过多久，老李家的光荣夺嫡传统果然再现。不过成功的不是李璘，而是李亨。什么兄弟？反我的能叫兄弟吗？杀！

李白作为李璘党羽被关进了监牢，等待秋后问斩。

不离不弃的宗小妹四处奔走，动用各种关系搭救李白。最后伸出援手的

是御史中丞宋若思。老宋极力放大李白的花瓶作用，淡化其幕僚身份。能写出"云想衣裳花想容"的人会懂得打仗？

李亨觉得挺有道理的。若真杀了这位名满天下的大诗人，说不定自己还落个嫉贤妒能的名声。舆情对于一个还没有坐稳皇位的萌新皇帝来说，可太重要了。于是朱笔一挥，把李白流放到了夜郎，就是王昌龄说的"我寄愁心与明月，随风直到夜郎西"的那个地方。

不过李白比王昌龄要幸运一些。还没走到夜郎，他就因朝廷大赦被放还。那天，喜出望外的李白又为小学语文课本贡献了一首必背绝句：

朝辞白帝彩云间，千里江陵一日还。

两岸猿声啼不住，轻舟已过万重山。

李白晚年的生活很不如意。不仅贫穷，而且孤独。和他患难与共的妻子没能与他白头。不过李白终究是李白，懂得怎样去慢慢修复内心的创伤。给他一座可以眺望江海的山，给他一杯可以一解千愁的酒，给他一支可以书写传奇的笔，那么他就是那个在千年后仍可以在书本中与我们无障碍对话的谪仙人。

高适

我的理想是建功立业，写诗不过是敲门砖

高适（约700—765）

江湖名号"边塞诗人"。虽然出身豪门，但家族衰落，早年干啥啥不顺。直到50岁才被推荐入仕，在战场上开启了他的"开挂"人生。从封丘尉到河西幕府掌书记，再到散骑常侍、渤海侯，高适一路上演"速度与激情"。他用一句"莫愁前路无知己，天下谁人不识君"来告诉世界：我来了，我踏着七彩祥云来了。

大唐诗人 我要上热搜

高适
我值得拥有最好的东西

高适

祝自己35岁生日快乐！人过半生，却依然一事无成。年少时的我，可以自信地写出"举头望君门，屈指取公卿"。现在的我却有些茫然，我应该做些什么？我能够做些什么？

8分钟前 长安

信安王－战神（偶像）
生日快乐！你是不是曾经写过首诗给我？

高适回复信安王－战神（偶像）：
是我是我！大将军竟然还记得我这个小透明！感动。

王之涣
贤弟莫急，李太白不是说过"天生我材必有用"？你只管努力，老天会给你应得的位子的。

高适回复王之涣：
如果努力有用，这个世上就不存在关系户了。

李白
怎么突然这么多感慨？走！哥哥带你喝酒去，没什么事情是三壶酒不能解决的！

高适回复李白：
发个定位来！

如果可以回到过去，你想对年少的自己说句什么？是好好学习，还是注意身体，又或者是别恋爱脑。

而60岁的高适一定会对6岁的高适说："孩子，你辛苦了。但是请放心，你的未来一定光明灿烂。"

高适的出身在唐朝诗人中算得上数一数二，他的祖父高偘是唐朝名将，在平定高句丽的过程中立下过汗马之劳，被封为平原郡开国公，死后陪葬唐高宗李治的乾陵。按理说，有这样的功绩在，子孙后代只要不谋反，就算再无能，朝廷也会给几个荣誉官职，按时发放国家特殊津贴，一生过着财务自由、快快活活的生活。

然而奇怪的是，高家到了高侃儿子们这代，就开始迅速衰落，自己不争气，朝廷也不给他们应得的待遇。高适的父亲高崇文只做过蛮荒地区韶州的长史，整日考虑的不是报效国家，而是如何搭配全家饭菜才能节省下几文钱。按照时间背景，高家很有可能在武则天当政时期站错了队伍，受到了刻意打压。高适不是长子，而且很有可能是庶子，在家并不受重视，因而和家人的关系也比较疏远。

19岁的时候，高崇文病逝，高适离家出去闯荡社会。无论在哪个时代，自主创业都不是一件容易的事情。假如有一个人吹嘘他随随便便就成功的经历，那么他多半隐瞒了他的富一代父母给了他百万启动资金的事。可惜，没有受到过社会毒打的高适还没有明白这个残忍的道理。他自信地认为，只要实力够强，就一定可以"举头望君门，屈指取公卿"。

可事实无疑给了他当头一棒。大唐最不缺的就是人才，而每个人才背后都有大大小小的势力。高适没钱没势力，才华又不足以马上变现，十几年里，他一直蹉跎在梁宋之地，吃着为数不多的老本，生活十分窘迫，甚至一度靠乞讨为生。

有一天，他惊觉自己已经快三十了。三十而立，而他能站的地儿就只有脚下这一小片黄土吗？

左思右想之后，他决定去赌一把。官宦子弟们都去卷科举了，他就走一条他们都不愿意尝试的路——从军，真刀真枪地为自己打出一个未来。

开元十八年（公元730年），大唐与契丹和奚族在东北边境爆发战争。高适就在这一年到了幽州和蓟州前线加入了信安王李祎的军队。李祎是唐太宗李世民的曾孙，是唐朝屈指可数的宗室战神。

在李祎的带领下，唐军用了近两年的时间取得了彻底胜利。这就是千载难逢的机遇了。高适连夜写了一首《信安王幕府诗》进献李祎，希望能够得

到他的举荐。

全诗三十韵，虽是拍马屁的诗，却仍写得大气磅礴、热血澎湃，对李祎及大唐将士们的胜利进行了高度赞扬，也展示了自己一颗想要报效朝廷的炽热的心。

然而，这首诗并没有为高适带来任何实质性利益。这倒不是因为李祎高冷，而是这样的诗在当时实在太多了。谁不想锦上添花呢？况且选武将看的是战功，不是文笔，又不需要写降书。高适倒也不泄气，没有抱太大希望，也就不会有太大失望。

不过，这两年多的从军生涯对于高适来说，也并不是全无收获。至少，他可以在简历上浓墨重彩地提上这一笔，也可以在和社会名流交往的时候有话可说。

在其后的几年间，高适先后与王之涣、韦济、郭密之等官员往来，在实践中慢慢地提升了他的社交才能。在他们的鼓励之下，高适在开元二十三年（公元735年）参加了科举考试。和如今庞大的考公大军一样，几家欢喜，几万家愁。不出意外，高适落榜了。

想做的事情，趁着年轻一定要去做一次。不做，又怎么知道自己真的不是这块料呢？高适有了这一次的宝贵经历后，终于彻底放弃了靠科举做官的道路。

那么，他就继续靠社交来给自己增加人气吧，指不定哪天就能用得上呢！

他的敲门砖依然是极具他个人特色的边塞诗。其中让他在主流诗歌圈里名声大振的是《燕歌行》，全诗很长，被后世人引用最多的是这四句：

山川萧条极边土，胡骑凭陵杂风雨。
战士军前半死生，美人帐下犹歌舞。

清代学者沈德潜这样评价这几句诗：

悲壮。言主将不惜士卒。

说的是高适在此诗中笔力矫健地揭露了当时有些将领在士兵们冲锋陷阵的时候喝酒享乐的现状。

这首诗流传很广，一直传到了皇帝李隆基的耳中。李隆基下令彻查军容军风。这一查，还真被他揪出了一只大老虎，就是当时唐朝的戍边将领张守珪。张守珪在平定奚族人叛乱的过程中隐瞒败绩，谎报大胜，并且重金贿赂了前来劳军的大宦官牛仙童。事败之后，牛仙童被虐杀，张守珪以旧功抵罪，被贬括州，第二年就病死在那里。

这样的震荡对于高适而言，并没有太大的意义。他只知道，他的这块敲门砖已经渐渐为他砸开了通往官场的那扇门。

可敲开的仅仅是院门，要进入大厅甚至是房门，还需要付出更大努力，也就是交更多的朋友，写更多的好诗。

在高适流传下来的诗歌中可以看到，他与咱们耳熟能详的文人房琯、颜真卿、张旭、王昌龄、李白、杜甫等人都有过交往。虽说真朋友是不分贫贱富贵的，可如果相差悬殊太大，也难免会让人觉得不舒服。这些人都在官场上游荡过，哪怕是被李隆基千金放还的李白，好歹也跟天子亲密接触过。高适想要融入这个圈子，他们也很热情地拉着他进入这个圈子。可在他的内心，他始终觉得和他们是不一样的。

在和李白、杜甫等人同登琴台后，高适在诗中自比燕雀，想要过一种隐居山林的生活：

燕雀满檐楹，鸿鹄抟扶摇。物性各自得，我心在渔樵。

可如果他真的甘心只当一个有文化的渔夫樵夫，那又何必跑那么大老远来呢？他的目标很明确，就是要当鸿鹄。在没有实现之前，绝不会到处宣扬。

天宝五年（公元746年），高适前往临淄郡，做了北海太守李邕府上的编外幕僚，赚了点能够糊口的生活费。第二年，他带着从牙缝里省出来的银子到处游玩，寻找为官的机会。在睢阳的时候，他遇到了老朋友——音乐家董庭兰，留下了两首至今仍在送别场合被不断引用的《别董大》：

其一

千里黄云白日曛，北风吹雁雪纷纷。

莫愁前路无知己，天下谁人不识君？

大唐诗人 我要上热搜

别董大

作词：高适
作曲：董庭兰
编曲：董庭兰
演唱：董庭兰

千里黄云白日曛，
北风吹雁雪纷纷。
莫愁前路无知己，
天下谁人不识君？
六翮飘飖私自怜，
一离京洛十馀年。
丈夫贫贱应未足，
今日相逢无酒钱。

评论（9999） 　推荐　最热　最新

我心里有一个人
10分钟前
几年前，我遇到了一个人，我对他一见倾心。后来我才知道，他也爱我。他居然也爱我！我真的好开心好开心。可惜后来，我们不得已分开了。我常想，与其现在这么伤心，不如从来都没有遇见过他。可现在，我终于慢慢想通，爱一个人，也可以不在一起的。只要他好就好。李郎，天下谁人不识君！

星汉灿烂
11分钟前
最近一直在听这首歌！歌词封神！从此，我将不再惧怕离别！因为离别中，一直藏着对下一次见面的欢喜。

黄小伟
1分钟前
你突然唱这首歌给我听，我是真的心动了。感谢你！让我这辈子第一次有了心动的感觉。

118

其二

六翮飘飖私自怜，一离京洛十馀年。

丈夫贫贱应未足，今日相逢无酒钱。

不要担心前方没有知己，天下人哪个会不认识你？那是何等掷地有声，充满着信心与力量的鼓励。谁读完这样的诗不会想要挑灯夜读，奔赴美好的未来呢？

而紧接着的第二首《别董大》是在对自己多年来郁郁不得志的调侃。冲吧朋友！不要担心将来过得不如意，再差也有我给你垫底呢！你看看我，年轻时离开京城闯荡，从贫困青年熬到了贫困中年。相信到了老年一切都会好起来的，因为那时我已经习惯贫困了。今天，我请客，你买单。去吧！

话都说到这份上了，董庭兰也只能乐呵呵地付了钱。然后，将这两首诗传遍了睢阳城。很快，大伙都知道，这顿散伙饭是他老董做东的。

当时的睢阳太守张九皋知道这事之后，也觉得十分有趣，立刻让人把高适叫到了府中详谈。46岁的高适敏锐地感觉到了这是他半生以来最好的机会。张九皋不仅是地方一把手，还是已故宰相张九龄的弟弟。如果能得到他的举荐，想来很快就能顺利走到"大厅"了。

文人相亲，张九皋对怀才不遇的高适很是欣赏，当下便开始为他规划未来。为了不落人把柄，堂堂正正地当官，张九皋给出了一个最稳妥的方法——参加吏部举行的有道科考试。高适一听还是要走考试这条大路，心里不免一紧。失败过的人最怕的就是再次失败，尤其还是因自己无法左右的原因。

张九皋看出了高适的心思，当下就给他吃了一颗定心丸：你只管努力，其余的事情就交给我吧。

果不其然，高适榜上有名。年近半百的他终于正式踏上了为官之路，尽管所得的只是一个名为"封丘尉"的小官。

开始的时候，高适觉得又新奇又开心。可新奇劲儿过了，他就不开心了，只因为这官实在太小了。放眼四周的同事们，连比他小二三十岁的小年轻的级别都比他高，他的失落感可想而知。

怎么办呢？继续靠写诗来社交吧。人以群分，高适现在的朋友圈中大多

119

是官员。根据"六度分隔理论",通过六个人,就可以认识世界上的任何一个人。只要广交朋友,就一定可以找到一位能够成就他的伯乐。在此过程中,他写下了诸多赠别诗,诸如《别刘大校书》《睢阳酬别畅大判官》《古乐府飞龙曲留上陈左相》《留别郑三韦九兼洛下诸公》《答侯少府》等。

为自己争一个好前程,当然无可厚非。可令后世人诟病的是,高适还写过一首名为《留上李右相》的长诗,专门歌颂当朝宰相李林甫,将他比作傅说、萧何等奇才,说他胸怀大略,有卓越的治国才能,称赞他多才多艺,诗书、铭文、绘画、音乐等无一不精通。

可真正的李林甫是谁?那是口蜜腹剑,谈笑间,就能让忠臣良将灰飞烟灭的人啊!高适这么写,只怕李林甫本尊也要拍着脑袋好奇:"那是我吗?"

然而,倘若光凭这一点就去质疑高适的人品,也大可不必。他只是一个有才的、鲜活的、实在的普通人而已。在职场待得久了,谁没有在年终总结中夸过领导呢?无非就是为了碎银几两而已。

不过就算如此,高适也没有得到李林甫的推荐。他依然是那个日复一日地做着无聊的事务性工作,发挥不了丝毫才能的小小封丘尉,每天总有那么十二个时辰想要辞职。

就在这一年的冬天,朝廷给他派了个重要的活,让他送新兵到驻扎在妫川城内的戍边军队清夷军。在居庸关的黄土高坡上,高适心里涌过无限感慨,他真正想要的是建功立业,福荫子孙,而不是为了当官而当官。

咱普通人有感触的时候至多说几句:啊!老天!我的命运怎么会如此悲惨!如果能给我一次重生的机会,我一定不要再过这样的日子了。可像高适这样有阅历的文化人,心里一有波动,那就必须得作诗,且一作就是三首《使青夷军入居庸》:

其一

匹马行将久,征途去转难。不知边地别,只讶客衣单。

溪冷泉声苦,山空木叶干。莫言关塞极,云雪尚漫漫。

其二

古镇青山口，寒风落日时。岩峦鸟不过，冰雪马堪迟。
出塞应无策，还家赖有期。东山足松桂，归去结茅茨。

其三

登顿驱征骑，栖迟愧宝刀。远行今若此，微禄果徒劳。
绝坂水连下，群峰云共高。自堪成白首，何事一青袍。

比起在社交场合所作的那些带有很强目的性的应酬诗，这样雄浑悲壮的诗句才是真正盛世文人的水平。其一写边地恶劣的气候，树枝空空，云雪弥漫。其二写入居庸关的见闻，冰雪皑皑，前途未卜，我想要报效国家，可国家又是否需要我呢？我想要归隐山林，可归隐的目的不是消极躲避，而是积蓄实力，只待国家一声令下。其三写对自己这个县尉小官的厌恶，半生忙忙碌碌却无所作为，愧对身上佩带的这把战刀啊！

高适顺利完成送军任务后不久，便正式向朝廷提出了辞呈。有时候放下执念只是一瞬间的事。体验过了才知道，一直想要的东西也不过如此。

高适重归无业游民后的第一件事就是回到长安找他的好朋友岑参、杜甫、储光羲、薛据等人叙旧。叙旧免不了要喝酒，一喝酒就要作诗。五人同作《同诸公登慈恩寺浮屠》，借景抒情，谈谈理想，叨叨未来，再骂几句如今在朝堂之上蝇营狗苟的小人们。

高适诗的最后两句是：

输效独无因，斯焉可游放。

他想要真正为国家做一些事情，却不知道要找谁，只能在这里与伙伴们游玩，安抚一下他寥落的内心。可见，他虽放弃了做官，却依然没有放弃想要建功立业的一片赤子之心。

正是这样的一颗心，让主宰高适命运的齿轮开始缓缓转动。时任河西节度使、凉国公哥舒翰幕府判官的田梁丘注意到了这首诗，立刻对高适其人产生了兴趣，经过体能测试、面试、政审过后，带他去见了哥舒翰。哥舒翰军中正是用人之际，便推荐高适当了左骁卫兵曹，河西掌书记。在试用期内就带着他上战场，打进犯的吐蕃人。

和第一次参军相比，这次高适别无选择，只有不断向前冲，才能真正实现他的人生价值。这回，他终于没有辜负他的伯乐，更没有辜负他自己。仅仅几个月的时间，高适就跟着哥舒翰一起连破洪济、大漠门等地，收复黄河九曲部落，获得了李隆基的亲自点赞。

高适
我值得拥有最好的东西

高适
有哥舒翰将军和我高适在，长安固若金汤！乱臣贼子，退退退！
8分钟前 潼关

大唐皇帝陛下
有这会发朋友圈的工夫，还不赶紧出战！

　　奸臣杨回复大唐皇帝陛下：
　　陛下，臣说得没错吧！这些老小子在那里啥事不干，就出个嘴巴。

　　大唐皇帝陛下回复奸臣杨：
　　说得一点没错！

哥舒翰
有你在，我放心。我们再坚持一段时间，一定可以的！

　　大唐皇帝陛下回复哥舒翰：
　　你们两个，都给朕滚出去打仗。

天宝十四年（公元755年）十一月，安禄山在范阳起兵。李隆基拜高适为左拾遗，后又加封监察御史，辅佐哥舒翰镇守潼关，成功抵御住了叛军的进攻步伐。宰相杨国忠等人怕武将一旦立了功，自己就要失宠，便齐齐上奏李隆基，说哥舒翰的军队消极怠工，光拿俸禄不干活。李隆基的脑子此刻早就装满了糨糊，只想着能早日平叛，便即刻下令哥舒翰军出城迎敌。

潼关易守不易攻，只要再坚守一年半载，等叛军人困马乏、粮草用尽的时候再进攻，便能手到擒来。这一点，只要有些作战经验的将士都能明白。哥舒翰在当时极为震惊，想要派心腹找李隆基陈情。可李隆基的人一天要来三波，主题只有一个，出战，赶紧全军出战！

天宝十五年（公元756年）六月，潼关失守，哥舒翰被俘。李隆基带着近臣、宠妃仓皇西逃。

高适率领残部往西与李隆基成功会合，并且在第一时间向其上了篇《陈潼关败亡形势疏》，言明潼关一战之所以失败的原因不在哥舒翰将军，更不在皇帝您，而在于奸臣杨国忠。既帮恩人洗了战败被俘之责，也为皇帝解了决策失误之困。反正杨国忠已经在马嵬坡被杀了，将所有过错都推给他，没毛病！

李隆基对高适大加赞赏，升任他为侍御史，随自己入蜀地暂时避难。

七月初，李隆基以太子李亨为天下兵马大元帅、四镇节度使，命其以最快的速度收复长安、洛阳等地。同时，封了永王李璘等成年的儿子们为各地节度使，拥有物资调配、任命属地官员的权力。李隆基的想法很简单，大臣再亲，也亲不过儿子们。只要给他们一点好处，他们自然会感恩戴德，努力为自己办事。

可儿大不由爹，尤其是皇子，唐朝的皇子，战乱中的唐朝皇子。权力分出去容易，要收回来可就太难了。高适虽然政治资历浅，可悟性却很高，当即就劝谏李隆基，千万不能这么干。不要高估血脉之亲，也不要低估人性之恶。

李隆基觉得高适的话很有道理。然而，我行我素。

七月十二日，太子李亨在灵武称帝，李隆基被退位。次月，高适被提拔为正四品下谏议大夫。十一月，永王李璘抗旨不遵，在属地起兵，想学着自

己的好哥哥也过一把当皇帝的瘾。

李亨急了，这不是一波未平一波又起吗？怪只怪皇帝老爹给他生的弟弟太多了。于是，他赶紧把高适叫到面前来询问应对之策。高适向他仔细分析了一下李璘这边的兵力和人员等利害，得出的结论是：永王必败。

要的就是这四个字！

不久，李亨命高适兼任御史大夫、扬州大都督府长史、淮南节度使，率军平定永王之乱。

平乱是一件容易的事情，但朝廷如今还没有收复失地，对方又是和皇帝一向关系不错的弟弟。一旦真拼得你死我活，对哪一方都不利，最后倒霉的还是他高适。于是，高适连夜召集军中的写作班子给永王的将士们写信，仔细向他们分析国家的时局，语重心长地告诉他们：你们也是从小受着爱国教育长大的，背叛国家的人是什么样的下场？你们只要稍微回忆一下当代史就可以了。永王和咱们陛下血脉相连，说不定陛下开恩，会饶了他一命。你们呢？非死不可！

将士们一看，细细一琢磨，不就那么回事吗？永王成功，他们至多能得些钱财。永王失败，一家老小都得去地下团聚。总而言之，跟着永王干，性价比太低了。那么，大伙都散了吧！

骨干们都走了，剩下的小喽啰们自然好对付。

至德二年（公元757年），永王之乱被平定。永王被杀，手下人全部被下狱，其中就有高适年轻时的好朋友李白。

李白自愿进入永王府中当幕僚，想着跟着一个受宠的皇子混，怎样都不会吃亏。为此，他写下了十一首《永王东巡歌》，每一首都是歌颂永王的丰功伟绩。永王对此也很满意，府里养着一位神仙诗人，说出去也是一件风流雅事。可这位小祖宗后来干的却是掉脑袋的事，李白是想溜也溜不掉了。

在狱中，李白第一时间就托人给高适送去了一首诗，最后几句是这样写的：

高公镇淮海，谈笑却妖氛。采尔幕中画，戡难光殊勋。

我无燕霜感，玉石俱烧焚。但洒一行泪，临歧竟何云。

高公您镇守淮海，谈笑间就能扫平叛军。您的功绩卓越，让我佩服得五

最新热点：# 高适 忘恩负义 #

热门

李太白的迷妹

高适 忘恩负义 # 我真的不知道，像高适这样人品低劣的人怎么还会有人粉。当年他落魄的时候，可是我们太白哥哥带着他混进名人圈的。现在热度蹭够了，发达了，就不管太白哥哥的死活了。

3.9万　　7297　　1.9万

热门

我是富一代

高适 忘恩负义 # 我发现，现在的人真的很会道德绑架。这次李太白犯的罪，怕十个高适去求情也没有用。高适自己没有家人吗？凭什么为了一个几十年不联系的朋友搭上他们的命？

1万　　4098　　2.7万

热门

网名被占领

高适 忘恩负义 # 说高适能救人的，不如带着你们的键盘跟在他的后面一起去吧！

1.1万　　2.8万　　38.2万

体投地。我是真受了冤屈，但又能如何呢？不过玉石俱焚而已。我忍不住哭了，也不知道都写了点什么。

高适看到这首诗后，心里也挺难受的。但是，他帮不了他。李白是谋逆罪犯，高适是平叛主将，一旦替他说话，两个人立马就会被一锅端了。从更功利一些的角度来看，高适从一个连饭都吃不饱的穷小子，做到如今从三品的高官，其中艰辛，不足为外人道。为了一个几十年不联系的老友搭上自己的前程性命，并不值得。

高适不是圣人，我们绝大多数的普通人也不是圣人。

广德二年（公元764年），高适被任命为正三品散骑常侍、银青光禄大夫，封渤海县侯，食邑七百户。成了唐朝历史上唯一一位因战功被封爵的诗人。《旧唐书》上说：

高适　我的理想是建功立业，写诗不过是敲门砖唐以来，诗人达者，唯适而已。

晚年的高适寄居蜀州，常常接济穷困潦倒的杜甫，两人在一起喝酒作诗，畅谈古今，回忆曾经的盛唐繁华，也回忆曾经的意气少年。

今年人日空相忆，明年人日知何处。

一卧东山三十春，岂知书剑老风尘。

不为其他，只为真情。

杜甫

人生如山体滑坡，写首诗冷静一下

杜甫（712—770）

　　江湖名号"诗圣"。他以一腔热血和悲天悯人的情怀，见证了唐朝由盛转衰的沧桑巨变。他的诗波澜壮阔，又细腻入微。他写人间烟火，也叹国破家亡；既能高歌"会当凌绝顶，一览众山小"，也能低吟"安得广厦千万间，大庇天下寒士俱欢颜"。他的一生颠沛流离，却把自己活成了一颗火种，照亮了后世无数文人的心灵之路。

大唐诗人 我要上热搜

杜甫
努力追赶偶像的脚步

杜甫
家人们，你们知道和偶像牵手的感觉吗！啊啊啊！我要三天不洗手！

8 分钟前　潼关

李白
飞蓬各自远，且尽手中杯。后会有期啊！杜郎君。

　　杜甫回复李白：
　　哇！这是偶像写给我的诗啊！我要裱床头，一天看 800 遍。

杨五娘
二郎见到太白先生啦？你们有没有聊到我的偶像贵妃娘子啊？

　　杜甫回复杨五娘：
　　嘘！夫人，咱们晚上细细聊。

李龟年
小杜也是人才，前途不可限量！

　　杜甫回复李龟年：
　　您也是偶像！

　　咱们读唐诗的时候，常常会有一种奇怪的印象：陈子昂是任性张扬的少年人，李白是恣意潇洒的年轻人，而杜甫则是贫病交加的中年人。中年人一失意，随口吟唱的诗便是：

亲朋无一字，老病有孤舟。戎马关山北，凭轩涕泗流。

仿佛他的人生自然而然就越过了少年和青年。

可是，忧郁的老杜也曾经是活泼的小杜。

杜甫出身京兆杜氏，母亲是一等豪门世家清河崔氏的千金。尽管在如今人人平等的新时代，并不提倡"出身论"，然而在隋唐，这个非常重要。至少，它给了年幼的杜甫以自信和底气。

只可惜，当杜甫还是个学龄前儿童的时候，杜妈妈就病逝了。杜爸爸伤心了一阵子之后，就又给杜甫重新找了一个妈。在古代戏文中，有很多女性被赋予特定身份之后，就成了刻板化了的反派，像婶娘、舅妈、婆婆。而其中恶中之恶的就是继母。

比如，舜的继母为了帮助亲儿子象夺取家产，多次想要下死手杀害舜。王祥的继母看不惯继子，天天逼他打扫牛棚，大冬天要吃鱼，让他去冰面上躺着物理融冰。闵子骞的继母给亲儿子做了温暖的棉大袄，给闵子骞的却是毫无保暖功效的黑心芦花衣服。

尽管极端个例绝对不能代表整个群体，但本着百分百不能让孩子受委屈的朴素思想，杜甫的姑姑把小侄子接到身边当儿子养。小孩子的思想是最单纯的，谁对我好，我就回报你同样的好。杜甫13岁那年，姑姑过世。按照当时的律法，侄子是不用给姑姑守孝的。可律法是冷的，情是热的。杜甫不仅为姑姑穿上孝服，还亲自写下了一篇感人至深的墓志铭。别人夸他，他只是淡淡说了一句："非敢当是也，亦为报也。"意思是，我只是为了报答姑姑的养育之恩。

这样善良感性的杜甫的确就是我们印象中的那位站在唐朝诗人宝塔尖上的"诗圣"。彼时的杜甫虽然已经经历过亲人离世的悲恸，但生老病死，原本就是自然规律。他虽痛苦，却没有绝望。毕竟此时，他还很年轻，更重要的是，他有钱。

有钱让他能够不那么早体会养家的辛苦。他可以不用考虑谋生技巧，而只要想着去哪个地方自驾游，玩累了住什么酒店，怎样才能追到自己喜欢的明星。杜甫对于追星很有心得。据说，他9岁追"舞圣"公孙大娘：

129

昔有佳人公孙氏，一舞剑器动四方。

14岁追"乐圣"李龟年：

正是江南好风景，落花时节又逢君。

而立之年追"诗仙"李白：

醉眠秋共被，携手日同行。

这样神仙般的日子让杜甫有了错觉，好像自己真就成了神仙。可是，就在某一日傍晚，杜甫仰头看着落日余晖，突然就觉察到了个很现实的问题。父亲早几年已经过世，啃老的年月一去不复返。自己毕竟没有金手指，就算家中有金山，也会慢慢变土丘的。更何况这年，他还娶了妻子小杨。有了家，也就有了责任。

就算在今天，三十多岁结婚还会被人议论，说"大龄剩男"终于把自己推销出去了。其实，不管是"剩男"还是"剩女"，适合自己的，才是最好的。

杜甫和小杨就是最合适的，也是最好的。这依然是两个有些抽象的词。那么就具象来说，杜甫一生只有这一位妻子，没有妾室。在古代，男人并没有对婚姻忠诚的义务。换言之，就算他纳了几十个妾室，仍不能说他是个坏男人。可有能力却不纳妾，那大概率就是个专一的好男人。杜甫一生给小杨写过许多情意绵绵的诗，其中最有名的就是这首高考必背的《月夜》：

今夜鄜州月，闺中只独看。遥怜小儿女，未解忆长安。

香雾云鬟湿，清辉玉臂寒。何时倚虚幌，双照泪痕干。

男人要养家，就必须得有份好工作。古代读书人的好工作，便是当官了。

其实在24岁那年，杜甫曾经考过一次科举。不过那时他并没有系统研究过考纲，本着去做一次模拟题的放松心态，他走进了考场。不出意外，他落榜了。

那时的他并没有太过失望。休息了两天之后，又愉快地出去旅游了。大不了过几年再考，大不了回家继续当个躺平的富二代。

可这一次，杜甫退无可退。那是天宝六年（公元747年），他35岁。35岁，职场的分水岭。除了一举中第，他连B计划都没有。

好在，他运气不错。当了几十年太平天子的李隆基下旨开设制举考试。

天宝六年考生群（383）

洛阳第一才子
听说了吗？咱们这届考生全都落榜了！

花开富贵
真的吗？

上善若水
同问！

少陵野老
同问！

洛阳第一才子
要不你们问问，咱这群里有考上的吗？@所有人 罢了！还是想想后路吧！

花开富贵
我要回扬州继承家业了！

上善若水
@花开富贵，实名羡慕富二代！我得回家继续备考。我娘说了，我天生是读书的料。

花开富贵
你这也不是实名啊。@上善若水！

少陵野老
我还有娘子和娃儿要养，还是先找份编外工作过渡吧。

和咱们熟知的科举不同，制举由皇帝亲自出题，没有固定时间且基本不设门槛，只要你在有关治国的大政方针上有自己的独到想法，就能报名参考。

于是，背上竹篓，坐着马车，哼着小曲，杜甫来到了长安。他一路上都在构建走马上任后的美好愿景，连近郊的房价都打听得明明白白了。

考试结束，杜甫的自信心更加爆棚。现在，他要再去马市问问良驹的价钱。

毕竟家住得远，交通工具就一定得给力些。

快乐的日子总是短暂。很快，他就得到了两个坏消息。第一，房市震荡。房价激涨50贯，他就算贷款也只能买得起远郊的房子。第二，考试落榜。

学渣落榜只需往学生自己身上找原因就行了，而学霸落榜的原因却是多种多样的。与其内耗自己，不如指责他人。杜甫此刻的精神状态依然很阳光。他稍作打探后就知道，这届所有的考生都落榜了。

有内幕，一定有内幕！

这个在幕后操控的人，是大伙的熟人——李林甫。

李林甫当了近二十年的宰相。朝堂上随便一指，不是他的亲戚，就是他的门生。拥有权力的人最渴望的就是拥有更大的权力，最害怕的就是失去手中的权力。万一这次考试录用的人跟他不对付怎么办？晚上，他辗转反侧难以入眠。虽然基层官员和宰相之间横亘着百八十条马里亚纳海沟的宽度，但只要有一丝威胁到他权力的隐患，他就要毫不留情地剪除。

想了几晚之后，他想出了一个绝招。首先，他让人给他列了张表，看看目前朝堂上还有多少空缺的编制。其后，又算了算手上还有哪些可用的人能够火线提拔。最后，跑到李隆基面前拍马屁：陛下您是古往今来排名第一的圣明天子，全天下的人才都早早被您提拔任用了，怎么还会有沧海遗珠呢？这届的考生都是无能之辈，以为背几篇范文就能混上铁饭碗。可笑，太可笑了！

李隆基看着自己新编的曲谱，盯着李林甫无比真诚的眼神，连连点头：是哦！像朕这样的天才皇帝自然已经把各类人才都搜罗起来了。那么，就让这些考生都回家种地去吧。

当时的杜甫自然不可能知道这样的秘密，他只知道落榜不是他自己才不如人就够了。可以后的路要怎么走呢？正路走不通，试试小道也成，说不定殊途同归呢。暂时成不了国家官员，那就先找份编外工作。

就这样，杜甫写了好几份简历，并附上了自己的几篇得意之作，将自己好好包装了一番后，把求职信寄给了几位官员。他等了一天又一天，始终没能等来好消息。没有消息，比被干脆拒绝更让人抓耳挠心。

杜甫在"没有消息"的困局之中蹉跎了四年。四年，足以把一个意气风发的壮士磋磨成为"五斗米折腰"的打工人。

好在39岁那年，杜甫终于等来了一个好消息。在李隆基祭祀太清宫、太庙、天地三大盛典之前，杜甫托人献上了《朝献太清宫赋》《朝享太庙赋》《有事于南郊赋》"三大礼赋"，由此受到了朝廷的赏识，下旨让其待制集贤院，也就是成为一名候补官员。

候补是个很妙的词。什么时候补上？可能是明天，也可能永远补不上。

因为这一点点希望，杜甫决定留在长安，过着四处借贷、吃了上顿不知道下顿在哪里的窘迫生活。可真要让他回乡种地，他又不甘心。

怀才不遇，是这世上最令人唏嘘的事情。

四年后，杜甫终于等来了他此生的第一份正经工作：河西尉。

钱少、事多、离家远，又看不到职业前景，杜甫犹犹豫豫了很久，还是拒绝了这个官职。为了挽尊，他还写了首诗向粉丝们解释原因：

不作河西尉，凄凉为折腰。老夫怕趋走，率府且逍遥。

耽酒须微禄，狂歌托圣朝。故山归兴尽，回首向风飙。

中心思想就三点：第一，这样的工作会埋没我的才华，我不愿接受。第二，我不喜欢官场的繁文缛节，还是躲在家里自在逍遥。第三，我爱饮酒作诗，且歌且乐，管他明天会怎样呢？

这首诗写得潇洒豪放，很有几分李白的风骨。

然而，在现实面前，潇洒是不能换来口粮的。所以，不久之后，他就无奈接受了兵曹参军的工作。让顶尖文科生去武器库看大门，自然是专业不对口。可一个多月后，他却还是失业了。

天宝十四年（公元755年）十一月，安禄山在范阳起兵。盛世唐朝在这一年从顶峰一路向下滑行。杜甫请了个假回奉先探亲，还没走到家门口，就听到屋里传来妻儿凄厉的哭喊声。因为贫穷，他的小儿子被活活饿死了。

人间惨剧！

大唐诗人 我要上热搜

最新热点：# 朱门酒肉臭，路有冻死骨 #

热门
少陵野老 V
朱门酒肉臭，路有冻死骨 # 可怜的孩儿安息。是阿父对不起你。
17万　　7.2万　　93.7万

热门
励志增肥的陈十三娘
朱门酒肉臭，路有冻死骨 # 是我理解的意思吗？子美先生您不要吓我啊。
15.7万　　9.8万　　126万

热门
安州小农民
朱门酒肉臭，路有冻死骨 # 子美家都这样，咱普通老百姓就更……再这么下去，国家要完啊！
10.4万　　2.1万　　43.1万

　　看着瘦得皮包骨的小儿子冰冷的尸首，杜甫悲恸得难以自已。他不由想起了京城那些高官富贾们奢靡放纵的生活。只要他们省下一顿饭，他的小儿子就能活下来了。他们互相攀比，挥金如土，而他所求的，却仅仅只是活着而已。

　　朱门酒肉臭，路有冻死骨！

　　声声质问在今天听来，依然振聋发聩。杜甫仰天大哭，怪世道，更怪自己。

　　天宝十五年（公元756年）六月，安禄山叛军攻破潼关，李隆基带领少数亲信和妃嫔逃出长安。经过马嵬驿时，太子李亨令心腹宦官李辅国秘密联络大将军陈玄礼，杀宰相杨国忠父子，并威逼李隆基缢死宠妃杨玉环。七月，李亨与李隆基分道，率领亲兵抵达灵武。七月十二日，在灵武称帝，尊李隆基为太上皇。

尽管李亨这一系列神操作看起来并不十分厚道。可权欲当前，又有多少父慈子孝的佳话呢？

杜甫在逃难的过程中，又与家人离散，写下了那首字字血泪的《春望》：

国破山河在，城春草木深。感时花溅泪，恨别鸟惊心。

烽火连三月，家书抵万金。白头搔更短，浑欲不胜簪。

一朝天子一朝臣。奸臣李林甫、杨国忠及他们的党羽也都死的死、残的残，官员编制自然是空缺出不少来。也许，我的好机会就要来了。乱世用贤臣，搏一把，说不定改变命运的时候就要来了。

杜甫心里百感交集，考虑了几天后，便只身来到灵武。经过几番曲折，终于得到了面见李亨的机会。为了这个机会，他等了很多很多年。李亨十分赏识杜甫的才华，当下就拍板给了他一个"左拾遗"的官职。虽然品级不高，但却能随时面见皇帝。天子近臣，潜力无限。

四十多岁的中年汉子激动得眼睛发酸。他坚信，只要有了平台，就一定可以越走越高，越走越远。

爽文剧本的男主人生的确就是这样的。杜甫自然当得起男主，只是他有自己的剧本。

为了早日收复长安，李亨命宰相房琯前去平叛。房琯是个文人，做理论研究是一把好手，可真的实践起来，却连遭败迹。李亨本也不想对他多做苛责，胜败乃兵家常事，吸取教训，咱下次争取一击即中。可有人的地方就有江湖，有江湖的地方就不免有争斗。文人之间的争斗没有硝烟，却火药味十足。

在有心之人的刻意"劝谏"之下，房琯被罢相，得了个太子太师的虚职。杜甫觉得，这事不能这么干，在非常时期撤换高官不利于团结。陛下您是位英明神武的好皇帝，是不是应该反思一下自己，不要受小人的挑拨啊？

道理是这么个道理，可话却不该这么直说。李亨一听就很生气，好你个杜甫，才当了几天官就学会抱大腿了？要抱也得抱朕的大腿！跟前宰相穿一条裤子，你想干吗？赶紧走！别在朕眼前瞎晃悠。

杜甫被调岗到华州当司功参军,掌管地方的祭祀、礼乐、学校等杂事。虽然品级相同,但职业前景可谓天差地别。他这会也想通了,人生的顶级目标不是理想,而是赚钱。

那么,辞职吧。杜甫带着家人辗转于兵荒马乱之中。在这段时期,他创

杜甫
烽火连三月,家书抵万金

杜甫
看!这就是我的草堂!不错吧!

1小时前 成都

严武
改日聚聚!

高适
改日聚聚!

岑参
改日聚聚!

苏源明
改日聚聚!

杜甫
统一回复:谢谢我的朋友们!等我安顿好,一定请你们吃饭。只可惜,太白兄不在。

作出了史诗级的作品"三吏""三别",深刻地写出了饱受战乱的百姓的苦难。如果不曾经历过盛世繁华,如今这个满目疮痍的大唐是否不那么令他感到痛心呢?

奔波大半年,杜甫一家终于在成都安顿下来。在朋友们的众筹之下,杜甫在成都郊区买了块宅基地,给自己建了间茅草屋,江湖人称"杜甫草堂"。等完全在这里扎根之后,杜甫就忙着种树、种竹、种菜。那是杜甫后半生过得较安稳的一段日子。在草屋里,他写下了为数不多的欢乐的诗句。比如这首咱们从小就会背的《春夜喜雨》:

好雨知时节,当春乃发生。随风潜入夜,润物细无声。
野径云俱黑,江船火独明。晓看红湿处,花重锦官城。

然而,就在这一年的秋天。秋风呼呼吹,一夜大雨,把草屋房顶打穿了几个洞。杜甫看着满地狼藉的家,无奈感慨:

安得广厦千万间,大庇天下寒士俱欢颜!
风雨不动安如山。呜呼!
何时眼前突兀见此屋,吾庐独破受冻死亦足!

我怎样才能拥有千万间宽敞的房屋呢?到那时,我一定要把天下所有贫寒的读书人都接进来,让他们开开心心地在里面学习生活。那么就算我还是住在这破茅屋里被冻死也无憾了。

什么叫格局?这就是了!

不久,杜甫好友严挺之的儿子严武任剑南道节度使,成了当地的"土皇帝"。严武很给这位半生蹉跎、满脸沧桑的杜大叔面子,不仅资助他的生活,还多次劝他出来做官。后来杜甫终于接受严武举荐,做了检校工部员外郎。虽然只是虚职,但是待遇不错,而且总能跟在"一把手"身边提提意见和建议,获得感和成就感拉满。

严武虽然很重视和尊敬杜甫,可杜甫的幕僚工作干得并不顺心,朝九晚五的工作、与同事之间的龃龉,都让他心生去意。恰在此时,严武病逝。杜甫只觉得被人狠狠在心里扎了一刀。不仅因为失去了一位在他最苦难的时候给予过无数帮助的忘年小友,还因为他又失业了。

飘飘何所似，天地一沙鸥。

天地那么大，我这只小小的沙鸥要去哪里寻得庇护呢？

杜甫无奈地垂下了头，思考了几个晚上后，只好带着家人南下找工作。他们从嘉州一路辗转多地来到夔州。毕竟当过一段时间的小官，又有诗名在外，这一路上都得到了朋友和粉丝们的资助。

到了夔州之后，刺史柏茂林对杜甫一家的遭遇表示了深深同情，也给杜甫安排了一份农田管理员的工作。按照咱们大多数人的想法，这样的工作当然配不上像杜甫这样的大文豪。可在百废待兴的战后，没有人会愿意掏钱去买诗赋字画。文人的诗才，成了这个世界上最没有用的东西。

杜甫看清了现实，也真心感谢柏刺史的雪中送炭。干了几个月，攒了些钱之后，杜甫又在朋友们的帮助下租了些农田和果园，带着家人们一起干活养家，总算满足了他们基本的生存需求。

在这段时间，杜甫文思泉涌，写下了450多首诗，占了他流传下来诗歌的三分之一。其中最有名的就是这首被后人称为"古今七律第一"的《登高》：

风急天高猿啸哀，渚清沙白鸟飞回。

无边落木萧萧下，不尽长江滚滚来。

万里悲秋常作客，百年多病独登台。

艰难苦恨繁霜鬓，潦倒新停浊酒杯。

前四句写景，后四句抒情。景是百川归海，气势磅礴的景。情是悲秋伤感，难以抒怀的情。李白也写愁，可李白愁完之后，可能立马就会脱靴酣睡。可杜甫是内敛的、细腻的、敏感的。他的愁，是缓缓升入天际的雾，久久不散。

杜甫在夔州住了近两年。原本，他可以再多住些日子，毕竟他在这里有工作，虽然只是个管理员；也有果园，虽然只是租的。

他只想再给自己一次实现理想的机会，或许，他能遇到一位真正赏识他的伯乐。按照如今实用主义的观点来看，杜甫能够在战后和家人过着这样简简单单的生活，是多少离乱之中的人们求之不得的事呢。在最意气风发的年纪尚且不能走入官场核心，如今国家和家族都没落了，谁还会要他这样一个糟老头子呢？

> **最新热点：# 再见，诗圣 #**
>
> 热门
> **爱吃瓜的小木匠**
> # 再见，诗圣 # 听说子美没了，是真的吗？还没确认是吗？@ 大唐新闻社 V
> 17.8万　　8.4万　　111万
>
> 热门
> **李白杜甫的 CP 粉**
> # 再见，诗圣 # 什么？也太突然了吧！我前两天才雇了条船，准备来郴州求一首子美先生的签名诗呢。
> 16万　　8.2万　　127万
>
> 热门
> **润物细无声**
> # 再见，诗圣 # 呜呜呜……杀我别用子美刀。
> 18.3万　　10.9万　　137万

可杜甫依然选择了远走。我们都是普通打工人，或许永远不能成为理想主义者，甚至不能理解理想主义者，但我们却能够做到尊重理想主义者。

临走时，杜甫到夔州别驾元持府上辞行。在那里，他遇见了一位舞者，舞者手持长剑，光彩焕发，姿态矫健。问起师出何人，舞者自称李十二娘，是公孙大娘的弟子。杜甫想起当年公孙大娘的盛世美颜和举世无双的超绝舞技，恍惚间已是近五十个年头。

时间啊，真是可怕。

杜甫一家一路从岳阳到了潭州，本想在潭州住些时日，看看有没有机会得到刺史的引荐。那时，他已是一身老年病，加之兜里银两短缺，好些日子没能吃到一顿饱饭，显得面黄肌瘦，萎靡不振。屋漏偏逢连夜雨，潭州叛乱，刺史府的大门被刺穿了两个大窟窿。为了不让自己和家人也遭受同样的命运，他们只好又动身前往郴州投亲。

可是人一旦倒霉起来，就如同山体滑坡一样止也止不住。路上忽遇大雨，江水暴涨，小舟难行，他们只好停留在驿站等待天晴。一家人围坐在一起，听着"哗哗"的雨声和腹中因饥饿发出的"咕咕"声，不由泪如雨下。

得益于名人效应，当地的县令听说这一家子的窘境之后，让人给他们送来了酒肉和饭食。吃饱喝足，杜甫觉得自己又可以了。

几日之后，江水退去，他们继续出发。基础病多发、心情郁结，加之暴饮暴食，杜甫在冬天来临时一病不起。在一个风寒料峭的夜里，他自知时日无多，强撑着身子写下了绝笔诗《风疾舟中伏枕书怀三十六韵奉呈湖南亲友》。这首五言长篇排律共360字，从自己在小船中重病缘由，伏枕述说家国之殇，写到向亲友作诀别。最后几句是这样写的：

畏人千里井，问俗九州箴。战血流依旧，军声动至今。
葛洪尸定解，许靖力还任。家事丹砂诀，无成涕作霖。

絮絮叨叨，追思历历，却仍然条理清晰，哀而不伤。

当夜，杜甫离世，享年59岁。后人称他为"诗圣"，称他的诗为"诗史"，并且将他与毕生偶像李白合称"李杜"。李杜诗篇万口传，一开一合间，将整个大唐盛世包罗其间。倘若杜甫知道了这些，一定会连连摆手，谦虚一笑：

江上形容吾独老，天边风俗自相亲。

李冶

爱一个人，就要大声地说出来

李冶（约730—784）

　　江湖名号"女中诗豪"。从小就天赋异禀，6岁时因写"经时未架却，心绪乱纵横"，被父亲视为"不守妇道"，被迫成为女道士。后与陆羽、刘长卿、皎然等交往密切，留下了许多脍炙人口的诗文。一句"至高至明日月，至亲至疏夫妻"至今仍被婚恋博主们广泛引用。晚年因给叛将朱泚写诗而被唐德宗下令处死。

湖州本地招聘2群（499）

湖州小灵通
【湖州招聘】这家道观多岗位招聘人才，期待您的加入
深受大家喜爱的道观招聘又来了！没有 KPI（绩效指标）【工作职责】1. 负责接待上香信徒；2. 负责道观物资盘点与管理。

湖州发布

湖州小灵通
@ 所有人，找工作的亲们，赶紧过来转评赞啊！想要考试秘籍的私信我哟！

湖州一哥
真的吗？我咋听说，这家道观里有个长得超漂亮的小道长，还会写文章呢。

你的强
不就是当年住在我家隔壁的李姑娘吗？有颜有才，可惜啊！被她父亲强行送来的。

湖州一哥
@ 你的强 哥们，仔细说说。

你的强
听说是写了首诗……她爹嫌不吉利。啧啧！

张二十七郎
我怎么不知道啊？我明天就去那里看看。求拼车。我娘说了，我天生是读书的料。

湖州小灵通
各位！这是招工群。再跑题我就踢人了！

纵观中国上下五千年王朝史中的女性同胞，唐朝女子绝对是其中最独树一帜的一个群体。她们中有宰相、将军、艺术家、诗人，更有历史上唯一的女皇帝。她们个性张扬，能文善武，喜欢权力，就要和男人公平竞争，想要爱情，就要写情诗，像发传单似的到处宣传，一旦不爱了，那就离婚，谁也不能拦着我找第二春。

据不完全统计，唐朝有名有姓的女诗人就有207位，排名第一的通常被认为是李冶。"冶"这个字在词典中三个解释：其一，熔炼金属；其二，过分装饰打扮，含贬义；其三，通"野"，冶游，古代男女出游，后来代指狎妓。无论选取哪个意思，都不像是女孩子的名字。那么，要不就是爹娘没文化，要不就是爹娘不重视这个女儿。

可事实上，李冶的出身非常不错。他的父亲是浙江湖州的一个小官，母亲也出自书香门第。咱们必须承认，这个世上是有天才的，而锻造天才的因素大多为基因。靠着先天基因，李冶3岁能认字，5岁能识文，6岁就能写诗。搁谁家有这么个天才，都不得乐疯了？虽然不能参加科举入仕，但带着她出去应酬交际，当着大人物的面表演才艺，也能让家长倍儿有面子。

有一年初夏，李爸爸在自家院子里观赏蔷薇花。咱们普通人赏花，往往只会感慨一句：真漂亮！至多再问两句：这花是怎么种的？我怎么种啥死啥？而文化人赏花，就必须得吟唱一首赞美诗，周围捧哏的人就会连连称赞：好诗好诗！

李爸爸摸着胡须，酝酿了好几句，却总觉得还差点意思，便将在屋里玩鲁班锁的李冶叫出来接受这一棘手的任务。

李冶的眼珠子转了转，不假思索便吟道：

经时未架却，心绪乱纵横。已看云鬟散，更念木枯荣。

意思很简单，咱家的藤架还没有搭好，蔷薇花就开得十分鲜艳了，嫩芽肆意爆出，好像女孩子随意飞舞的秀发。6岁的小女孩不仅观察力惊人，且思维敏捷，用词精准活泼，充满着童趣。

李爸爸自然很开心，抚摸着女儿的头，笑着说，一代更比一代强。可笑着笑着，他就笑不出来了。这"架却"两字怎么听都像"嫁娶"。小丫头才6岁，就想着嫁娶的事情，还心绪乱飞？长大后不是个"恋爱脑"，就是个不守妇道的坏女人。到时候，老李家几代清白就要毁于一旦，一定得想法子防微杜渐。

小李冶自然不会去打探老爹内心这些"莫须有"的投射，她只是觉得有

些失望，为什么自己没有得到更多的鼓励？

因为这莫名其妙的"谐音梗"，李爸爸从此就不怎么喜欢这个女儿了，特别是当女儿看书作诗的时候。小时候就不该让她碰这些玩意，越有知识越难管束。以后，谁会愿意娶她当媳妇？算了算了，就算当了人家媳妇，恐怕也不安分。李爸爸琢磨了五年，终于琢磨出了让李冶"安分"的法子，那就是送她去当女道士。

唐朝尊奉老子李耳为祖师爷，所以道教在唐朝的地位比较高。道观与佛寺也不太一样，没有那么严格的清规戒律，有时还能成为才子才女们的交际场所。唐朝女子入道的原因也比较多。有因为体弱多病想要寻求太上老君庇佑的，比如唐代宗的女儿华阳公主，道号琼华真人。有因为躲避婚嫁，把道观当成避难所的，比如武则天的女儿太平公主，修行的道观名为平安观。有因为改变身份需要的，比如唐玄宗的贵妃杨玉环，道号太真。还有因为要追求长生不老的远大理想的，比如唐睿宗的女儿金仙公主和玉真公主。

11岁的李冶当然不明白自己为何要被送入这个陌生的地方。起先，她也觉得很丧气，也会想念家中的亲人和朋友。可很快她就发现，道观和家里似乎没什么不同，甚至还更为自由。在道观，她照样可以读书写诗，弹琴作画。偶尔还会遇到文化人来这里开派对，她可以旁听他们辩论，有时也会忍不住参与其中。很快，李冶已小有名气。

是金子总会发光的，哪怕在这个满地都是金子的时代。所以这一局，李爸爸赌输了。

从稚气的女孩长到亭亭玉立的少女，有时候只需要一夜的时间，而引子或许只是看到了一朵花的掉落。

16岁的少女李冶长得非常漂亮。每日清晨，她对镜自照，恍惚间总会将镜中自己的脸与某一本才子佳人话本中的女主对应起来。她在隐隐期盼着一个人的来临，尽管她不知道那个人是谁。然而，她只是个女道士。老天给了她女主的容貌和才华，却唯独没有给她女主的高贵家室。宰相之女、尚书千金的人设虽然俗套，但平心而论，世上有哪个女子不希望有这么俗套的出

李季兰
做个勇敢的大女人！

李季兰
恢复单身的第 100 天。衰神退退退。
16 分钟前　湖州

陆羽
勇敢做自己！改天我过来给你说几个笑话听。

朱放
兰兰，我私聊你。

李季兰回复朱放：
我居然还没有拉黑你吗？滚！

三师姐
师妹说得对！我们女孩子独美就好。

李季兰回复三师姐：
亲亲！

李冶　爱一个人，就要大声地说出来

身呢？

李冶在无法排解的闲愁中，写下了这首《相思怨》：

人道海水深，不抵相思半。海水尚有涯，相思渺无畔。

携琴上高楼，楼虚月华满。弹著相思曲，弦肠一时断。

一寸相思一寸愁，寸寸能断人心肠。李冶的内心在悸动。

终于有一天，她悄悄走出了道观，来到了人间烟火处。机会是留给有准备的人的，爱情也是。就是这次出行，她遇见了朱放。

和话本子里的故事一样，少男少女因为彼此的容貌产生好感。表明心迹后，惊喜地发现：哇！原来你还那么有才华。那可不就是月老给我私人订制的恋人吗？

爱一个具体的人，自然比爱一个想象中的影子要让人愉悦很多。李冶只觉得内心无比柔和，连看着寄居道观的小动物们的眼神都充满着爱意。只是好可惜，他们不能日日相见。在那些没有朱放的日子里，李冶写了很多情诗，其中最有名的就是这首《感兴》：

朝云暮雨镇相随，去雁来人有返期。
玉枕只知长下泪，银灯空照不眠时。
仰看明月翻含意，俯眄流波欲寄词。
却忆初闻凤楼曲，教人寂寞复相思。

翻译成白话就是：早上的雨有机会碰到晚上的雨。飞走的大雁和离开的人们总会有回来的那天。可是他什么时候才能来呢？我只能靠着玉枕哭，哭着哭着，我又失眠了。于是我索性坐到窗前看月亮，看着看着，我又想起了你。怎么办呢？我只好再次提笔给你写诗。写我们第一次见面时听的《凤楼曲》，也写我此刻的寂寞与思念。

诗风清新细腻，中心思想只有三个字：我想你。

或许，没有爱过的人会觉得这样的诗矫情。为什么思念？还是因为生活太闲了。如果每天给你安排六个时辰的工作，偶尔还要加班一个时辰，看你还有没有时间胡思乱想。可是，陷入过爱情的人就会与她产生共鸣。爱上一个人，不就是希望能够每时每刻在一起吗？哪怕只是彼此依偎，也是幸福。

朱放收到这些情诗，自也是乐开了花。李冶才名远播，接触到的优质男子也不少，可她心里居然有我。我骄傲啊！

于是朱放迫不及待地回诗：

古岸新花开一枝，岸傍花下有分离。
莫将罗袖拂花落，便是行人肠断时。

意思是：和你分别，我也心痛得难受啊。

看热恋中的小情侣腻歪，就算是单身狗也会露出姨母笑。来！再多撒点狗粮啊。

然而很快，李冶就发现，因相思带来的愁苦只是他们爱情中最小的阻碍。朱放是世家子弟，是位候补官员，只要朝廷一召唤，他就能捧着铁饭碗一辈子。这样的身份，注定了他不能娶她。就算他愿意，他爹妈也不会同意。就算他爹妈同意，他的同僚们也会笑话他。和女道士谈谈恋爱是风情，要结婚还是得找个门当户对的。

要不要继续这段感情？朱放犹豫了。

在爱情中，一旦犹豫，就是衡量利弊的开始。越衡量，越犹豫。如果这时一方先提出分手，另一方一定会长舒一口气，然后假装无奈地说，听你的。

朱放没有等来李冶的主动分手，而是等来了一封入职通知书，让他在规定的时间内去江西赴任。

从啃老的官二代到官场新贵，朱放的人生迎来了春天。这一刻，他已经下定了决心，"上岸"第一剑，先斩意中人。

李冶对朱放的心思一无所知，还由衷地为他感到高兴。话本子里的大团圆结局不都这么写吗？男主当官之后，风风光光地将自己的贫贱之交娶进门。

在朱放刚去江西上任的那段日子，李冶隔三岔五都会给他写信。信的主题依然是相思：

望水试登山，山高湖又阔。相思无晓夕，相望经年月。

郁郁山木荣，绵绵野花发。别后无限情，相逢一时说。

诗一首首写着，信一封封寄着，却犹如石沉大海，没有激起一丝涟漪。

李冶在一日日的等待中，终于想起，关于爱情的话本子还有另一个主题：痴心女子负心汉。

初恋是甜蜜的，因为有关爱情所有的第一次都是与这个人共度的。如果能结成连理，便是这世间第一幸事，如果不能，那也无妨，至少已经体验到了爱与被爱的感觉。

李冶难过了几天后，就与自己和解了。她要感谢这位负心汉，是他教会了自己，以后遇到真爱的时候该如何规避风险。只有对自己有着绝对的自信，才能有这样的前瞻性和预见性。

果然，在不久之后，李冶又和另一位优质男谈起了恋爱。这位阎伯钧公

> **最新热点：#李季兰报平安#**
>
> 热门
>
> **兰花四季开 V**
>
> #李季兰报平安# 身体已经好多了！感谢亲们的关心，尤其是不远千里而来的鸿渐兄。
>
> 11.7万　　22.9万　　74.3万
>
> 热门
>
> **李季兰我的神**
>
> #李季兰报平安# 姐姐！早点休息！我们一直都在。
>
> 8.1万　　5.1万　　31.2万
>
> 热门
>
> **全国兰迷后援团**
>
> #李季兰报平安# @那些爱乱点鸳鸯谱的人，姐姐早就说过，跟陆郎君只是普通朋友。多关注姐姐的作品，远离姐姐的私生活。
>
> 10.1万　　3273　　10.7万

子与朱放有着同样风流倜傥的外貌，以及更胜一筹的才华。不是因为难忘旧情而找的替身，只是因为恰好她喜欢的就是同一类型。

　　李冶与阎伯钧在一起三年，每天都是热恋。阎伯钧不仅给她提供了充分的情绪价值，还给了她承诺，那就是和她结婚，给她一个家。

　　"你何时娶我？"

　　"待我功成名就。"

　　李冶看着阎伯钧给她画的大饼，觉得这大饼实在很圆、很诱人。为此，她真诚地相信，她可以吃到这个大饼。

　　不久之后，阎伯钧给她带来了一个好消息，自己马上就要到剡县当县令了。李冶很高兴，只觉得马上就可以烙大饼吃了。可是，她转念又一想，这剧本怎么就这么熟悉呢？阎伯钧这是要走朱放的老路啊。不不不！李冶把头摇得跟拨浪鼓似的，那渣男怎么能跟阎郎君相提并论？

尽管李冶不断在给自己做心理建设，一定不会踏入同一个坑里，可一丝隐隐不安还是让她决定，应该给阎伯钧一点敲打。就在阎伯钧出发前夕，李冶写下了这首《送阎二十六赴剡县》：

流水阊门外，孤舟日复西。离情遍芳草，无处不萋萋。
妾梦经吴苑，君行到剡溪。归来重相访，莫学阮郎迷。

意思很简单：路边的野花不要采，我才是应该被你呵护在怀里的红玫瑰。

阎伯钧是个聪明人，再三保证自己先去剡县办入职和交接手续，然后置办新房，再请个专业团队来操办他们的婚礼。到时候，媒人会带着聘礼而来，你就只管打扮得美美的当新嫁娘就可以了。

这下，李冶是真放心了。更让她感到心安的是，阎伯钧和她的通信一直没有断绝过。只要有消息，就一定能等来好消息。李冶一边看着信纸，一边想着自己嫁衣的款式。

几个月后，李冶果然等来了喜讯。剡县父母官成婚在即，全县百姓都有福利。每家一个盲盒，开到什么得什么，全当沾沾喜气。县令夫人长相端庄，落落大方，一手古琴弹得婉转动人。郎才女貌，天作之合啊！

这的确是个美好的故事，可是，这个故事里怎么就没有她呢？

又一次被分手，李冶心灰意冷，她开始从自己身上找原因。也许只是因为她没有一个可以配得上县令的身份？可阎伯钧在与她交往的第一日起就知道，她是个入道修行，被家族遗弃了的女子。如果不能实现，当初为何又要轻易承诺？一诺千金啊！千金就是这般轻于鸿毛吗？

李冶想不通原因。想着想着，就想病了。

人在生病的时候是最脆弱的，会比以往任何时候都渴望得到他人的关心。道观里的师父们大多也是好的。可她本不愿入道，也无意与她们交心。她想要的是尘俗中的感情，亲情可以，友情也可以。

在毫无目标的期盼中，还真让她盼来了一个人。他就是与李冶青梅竹马，被后世人誉为"茶圣"的陆羽。

陆羽风尘仆仆而来，满身狼狈。还没说上几句话，就忙着给她端茶倒水，

煎药煲汤，十分殷勤妥帖。看到了故人，李冶被勒住的心终于慢慢地放下了。等到病好一些了，她就又发挥才女特长，写下了一首《湖上卧病喜陆鸿渐至》来感谢陆羽：

昔去繁霜月，今来苦雾时。相逢仍卧病，欲语泪先垂。
强劝陶家酒，还吟谢客诗。偶然成一醉，此外更何之。

锦上添花易，雪中送炭难。这个陆羽靠谱，有那么点姗姗来迟的男主角的味道了。这一次，请女主角一定要牢牢地抓住他。

这是咱们局外看客的共同想法。被原生家庭伤害，又两次被渣男欺骗，她太需要一个家了。

然而，这只是我们以为的需要。她的需要，与我们无关。

陆羽是个弃婴，从小在寺庙中长大，收养他的人是住持智积禅师。智积禅师一直叫他小童，直到他五岁那年，才让他占卜取名。陆羽得的是《渐》卦，卦义是：

鸿渐于陆，其羽可用为仪，吉。

意思是鸿雁高飞，四方通达。羽毛翩翩而动，动作整齐划一。是吉兆。于是，他便给自己取名陆羽，字鸿渐。

虽然在青灯古佛前长大，但陆羽性格活泼，并不愿意剃度，而是在12岁那天到了家戏班子里学演戏。兴趣是最好的老师，陆羽大多饰演丑角，演得惟妙惟肖，演艺事业十分成功。后来，他还创作了喜剧剧本《谑谈》，一经上市，众人哄抢。

有主见，有事业，性格幽默，又体贴入微，就算在如今的相亲市场，这也是可遇而不可求的极品优质男。只可惜，陆羽还有一个致命的缺点：丑。

虽然容貌是爹妈给的，事业和性格在一定程度上也可以弥补这样的缺点，可李冶是个颜控。陆羽这样的人，适合当个无话不谈的男闺密，若当丈夫，怎么都觉得差点意思。

闺密就闺密吧。陆羽很想得开。他们是有感情基础的，只要他再加把力，关系说不定就能马上升级了。更何况，她现在正处于虚弱的失恋期呢？

李季兰
做个勇敢的大女人！

李季兰
至近至远东西，至深至浅清溪。
至高至明日月，至亲至疏夫妻。
1分钟前 湖州

陆羽
好有哲理的一首诗！兰兰真是女中豪杰！

三师姐
我怎么有点看不懂这诗的意思，能不能教教我啊？

刘长卿
季兰越来越棒了！下个月十五有个才子聚会，你也要来哦！

李季兰回复三师姐：
也没啥意思。就是一时有些感触而已。你懂的。

然而，陆羽却在这关键时刻，做了一件傻事。为了让大病初愈的李冶可以散心，他组织了一个文人间的茶话会。就是在这个茶话会上，李冶对陆羽的师兄僧人释皎然一见钟情。释皎然俗家姓谢，是南北朝名士谢灵运的后人。始于颜值，陷于才华，忠于人品。忘记前任最好的办法就是找到一位更加优秀的现任。在释皎然面前，什么朱放，什么阎伯钧，都是浮云。

现在很多人骂李冶是个水性杨花的女人，可她从来没有对不起任何人。她因父亲莫名其妙的联想被迫修道，却仍然给了朱放一颗青涩少女最真诚的心，给了阎伯钧最大的爱与信任，得到的却只是无情背叛。陆羽爱而不得，也是无可奈何的事。世间难有两情相悦之事，爱是不由自主，不爱也是身不由己。

陆羽很快就看出了李冶的心思。在恨不得狠狠甩自己两个巴掌的后悔中，他就慢慢想通了。与其两个人都不幸福，不如成全她的幸福。于是，他替李冶向释皎然表明了心迹：那是最好的女子，你莫要辜负他。

神女有意，襄王无梦，一心向佛的释皎然断然拒绝。为了不伤害姑娘的自尊，他写诗委婉表达了自己的意思：

天女来相试，将花欲染衣。禅心竟不起，还捧旧花归。

你真的很好，可我已心如止水，只能辜负美意了。

也许是早有预感，李冶并没有多伤心。爱她的人她不爱，她爱的人不爱她。爱就是个不可控的单循环，也许唯一能破解的办法就是当一辈子的朋友。

从此，李冶真就再也没有对任何一个男子动心过。她将所有对她示爱的人都当成了朋友。这样就能不伤害自己，也不伤害旁人。正是在这样的心绪中，她写下了这首极富哲理的《八至》：

至近至远东西，至深至浅清溪。

至高至明日月，至亲至疏夫妻。

字字至理，句句至情。清朝戏曲名家黄周星这样评价这24个字：

若出自男子之口，则为薄幸无情；出自妇人之口，则为防微虑患。大抵从老成历练中来，可为惕然戒惧。

看吧！这就是跨越千年的知己。古人尚且懂她，有时候现代人比古人还封建呢。

后来的那几十年，李冶过得十分舒心。她有钱有闲，朋友遍布天下，随意赋诗一首，便能引得洛阳纸贵。终于，这样惊艳的才华和超绝的生活态度引起了当朝天子李适的注意。那是建中四年（公元783年），李冶已经53岁了。

年过半百的老太太一身道袍，却依然气质出众。李适当即便下旨让李冶住在皇宫，专门给他写诗。当个御用文人，周围崇拜奉承的人无数，这样的生活体验，对她来说新鲜又开心。她可没有那些向往自由，不愿意被繁文缛节束缚的文人想法。无论衣食住行，皇宫可都比道观强多了。等她住得烦了，就再说吧。

及时行乐，不内耗自己，也不去预测未知的将来。这才是李冶所奉行的人生信条。

可就在几个月后，由于李适"以番制番"基本国策的流产，原本向着自己的淮西节度使李希烈带着四方大将一起造反，自称"五国相王"。李适气得一拍御案：好大的胆子！下旨，放泾原军！

泾原军是朝廷的特种部队，战斗力非常。可就在他们准备奔赴战场杀敌的时候，却发现朝廷给他们的钱行饭都是馊的。

是可忍孰不可忍！不打了，咱们进皇宫，反了得了！

泾原军拥立了太尉朱泚为帝，改国号为大秦，年号应天。李适在猝不及防间被摆了一道，只好发挥了他们老李家的传统优势：逃。

最新热点：# 李季兰叛国 #

热门

大唐新闻官 V

李季兰叛国 # 大唐兴元元年（公元 784 年）第 600 号重要通告：湖州女李冶，与贼子朱泚有旧。上令，扑杀。

10.2万　　3.7万　　43万

热门

建设美丽大唐

李季兰叛国 # 文人失节，就是叛国！叛国者死！拥护陛下。

3.1万　　1.9万　　16.3万

热门

桃花潭水深千尺

李季兰叛国 # 真可怕！还好我当时就不怎么喜欢她。有些粉丝真是魔怔了，到现在还在为李冶出头！这可是"法制咖"！

3.3万　　4.7万　　30.4万

可这又跟李冶有什么关系呢？关系就在于，她太出名了。为了向天下老百姓宣扬政权的合法性，朱泚逼着李冶给自己写赞美诗。

李冶只想了片刻，就想明白了一个道理：生命第一原则。只有保住了生命，才有后续的故事。那么，写吧。

15个月后，叛乱被平息。李适回到了长安温暖的家。回家后的第一件事，就是要清算叛徒。一个、两个、三个……被点到名的人瑟瑟发抖。李冶俨然也在其列，被下令乱棒打死，甚至来不及喊一声冤。

一代才女，从此湮没人间。

若李冶的一生是一部小说的话，这样的结局实在是头重脚轻，有些烂尾了。可她的一生活得纵情坦荡，自由自在。她是被史书记下了名字的女子，她是唐朝才女之首，她的诗句，至今仍在被大量引用。

她叫李冶，字季兰。

薛涛

认真搞事业的女孩子最美丽

薛涛（768？—832）

　　江湖名号"女校书郎"。年少时因家变被迫入教坊乐籍，以诗才名动天下。她的诗可以如"水国蒹葭夜有霜，月寒山色共苍苍"般清新隽永，也可以如"平临云鸟八窗秋，壮压西川四十州"般波澜壮阔。她与众多节度使、大诗人交往密切，白居易和杜牧是她的忠实粉丝。她自制的"薛涛笺"风靡一时，令无数文人墨客爱不释手。

> **八岁的女儿写了不吉利的诗怎么办？**
> 了乎 · 567 个回答 · 988 个关注
>
> **人间富贵草**
> 3988 人赞同了该回答
>
> 在此说破，就地化解！呸呸呸！大吉大利、健健康康、平平安安！
>
> **相爱是个奢望**
> 2090 人赞同了该回答
>
> 首先，我要恭喜你！你女儿才八岁就会写诗，真的很了不起！至于写了什么不吉利的话，真的不需要放在心上。玄学一事，信则有，不信则无。
>
> **琴八十**
> 999 人赞同了该回答
>
> 那你就写一首诗化解啊！你女儿八岁就能写诗，你不会不如她吧。

薛涛的人生是按照言情剧的剧本来设定的：她出生在首都长安，薛爸爸薛郧是中层官员，家境殷实。对于这个 40 岁上下才得到的独生女薛涛，那可真是捧在手里怕掉了，含在口里怕化了。从小到大给的物质生活自然是最好的，可对于女孩子，尤其是古代的女孩子来说，更重要的是精神财富。

打从薛涛会说话开始，薛爸爸就请了先生来教她读书写字。所有课程与培养男孩子的一模一样。他可不相信嫁人是女孩子第二次投胎这种鬼话。女孩子也可以有高眼界、大格局，长大后能遇到情投意合的郎君自然好，若遇不到，也能找到自己的人生价值。反正薛家有钱有地位，总不会让她受委屈。

好家风、好老师，果然就教出了一个出类拔萃的才女。再拗口的诗句，只要教她三遍，她就能复述个八九不离十。不过，她可不只会机械地背诵和模仿，很小的时候，她就已经有了自己的原创诗句，且笔力峻激，又能写得一笔好字，并不似普通女孩的娟秀，倒颇有几分王羲之的韵味。

8岁那年的夏天，天气分外炎热。薛涛睡不着觉，就缠着薛爸爸去梧桐树下乘凉。古代人没什么娱乐活动，文化人无聊的时候，最喜欢的就是对诗联句。薛爸爸平日里的游戏对象都是他的同僚和朋友们，这会突然觉得技痒，眼前却只有她的宝贝女儿。

好像也行。薛爸爸这样想着，便首先起了一句：

庭却一古桐，耸干入云中。

这两句看似平平无奇，可这才是有学问的人的作法。如果起句太高调，那后人还要怎么往下接呢？来吧涛涛，接下来就看你的了。

薛涛想了片刻就吟了一句：

枝迎南北鸟，叶送往来风。

好诗句！薛爸爸忍不住拍手叫好。多么生动，又多么有画面感！前两句还是静态的景物描写，这两句就立马动了起来。无论从技巧还是情感上说，都是一流作品。8岁的涛涛就有这水平，18岁的涛涛岂不是能一举中第？

薛爸爸越想越兴奋，可很快他就笑不出来了。如果涛涛是男孩子，自然没什么问题，可偏偏是女孩，女孩子长大后迎来送往，能是什么营生？薛爸爸看着粉雕玉琢，眨巴着天真的大眼睛等着夸奖的涛涛，眉头皱得越来越紧。

可别嫌薛爸爸迷信。就算今天，大过年的不小心说了不吉利的话，长辈也会让你"呸呸呸"的。

怕什么就来什么。12岁那年，薛涛迎来了命运的转折点。

薛爸爸是个好官，更是个好人。好人对于看不惯的事情都会毫不犹豫地直言。是非在他们心目中，永远都是第一位的。所以在不知不觉中，他也得罪了一些人。对事不对人的君子，自然斗不过对人不对事的小人。薛爸爸被贬谪到了成都。

现在的成都山明水秀，生活节奏缓慢，是个极适宜居住的地方。可在薛爸爸的时代，那里还是难于上青天的"凄凉地"。薛爸爸虽然还当着小官，

但俸禄微薄，生活非常艰苦。薛涛不明白官场是非，但她十分懂事。日子苦点就苦点，一家人开开心心在一起才是最重要的。

心理学上有个术语叫"墨菲定律"，意思是：如果事情有变坏的可能，不管这种可能性有多小，它总会发生。两年之后，薛爸爸出使南诏，回来就染上了瘴疠，不幸去世。

以后的路该怎么走呢？

这个堪比生存还是死亡的问题，就这样猝不及防地摆在了薛涛面前。她即将及笄，最简单的生存方式就是嫁人。以她的条件，嫁给一个小官吏当妾室也不是一件难事。可她从小接受的教育告诉她：靠山山会倒，靠人人会跑。只有靠自己，才能闯出一片天。

好在，唐朝对于女子的禁锢相对较小，女子出来工作也是件稀松平常的事。薛涛出身好、长得美，又懂琴棋书画，经过几轮面试过后，便入了乐籍。

唐朝的乐籍女子并不是青楼娼妓，而是专门服务于达官贵人的文艺工作者。可两者之间所隔却也不是楚河汉界。在强权面前，能够出淤泥而不染，不仅可贵，更是可幸。若不慎陷了进去，那也是时代的悲剧，不必太过苛责女子。

不过短短几个月，教坊薛姑娘的诗才就在上层文人圈内传遍了。薛姑娘每作一首新诗，必上一次热搜。文人圈闻风前来打卡，点名要见薛姑娘。成都地区的各级官员，以及咱们耳熟能详的大诗人白居易、刘禹锡、杜牧、柳宗元等都是她的座上宾。求见的人一多，教坊主管没法子，只好采取先来后到的预约制度。想要插队也可以，买个VIP，或者SVIP就可以了。

文人们表达爱意的方式很简单，就是写诗。有赠诗就一定得有回诗。这种应酬诗其实并不难写，可要写出水平，甚至青史留名，就非常不容易。薛涛留在史书中的应酬诗共有30多首，最为人称颂的是这首《赠友人》：

水国蒹葭夜有霜，月寒山色共苍苍。

谁言千里自今夕，离梦杳如关塞长。

秋日的夜里凝结了一层清霜，凄寒的月光与山色融为一体。是谁说千里之别开始于今晚？离别的梦比关塞更加绵长。全诗以《诗经·蒹葭》的意境起句，以景始，以情终。曲折婉转，动人心弦。试想一下，在那么一个夜里，有那么一个美人，深情地对着你念这样一首诗，有谁能够不动心呢？

可动心的人多，留情的人少，虽然薛涛也从未在这样的迎来送往中，为谁真正付出感情。找不到真爱就绝不勉强自己，与其做一个被养在深宅大院里的金丝雀，倒不如靠自己干出一番事业。

这一年，薛涛17岁，遇到了一个差一点就能改变她命运的人。这个人名叫韦皋，是新上任的剑南西川节度使。这位韦节度使来到成都后的第一件事就是走访街头小巷，体察民情。访着访着，就访到了教坊，点名要见女明星薛涛。

地区一把手召见，薛涛打扮得漂亮又得体，连说话的声音也是温温柔柔的。漂亮是漂亮，就不知道是不是个木头美人。来，作首诗听听！

对于这种意料之中的考试，薛涛早有准备，只略思考，便是一首绝妙好诗：

乱猿啼处访高唐，路入烟霞草木香。
山色未能忘宋玉，水声犹是哭襄王。
朝朝夜夜阳台下，为雨为云楚国亡。
惆怅庙前多少柳，春来空斗画眉长。

这样的气魄和格局，颇有几分魏晋侠士的味道。只看一眼，韦皋就相中了她。不过这种感情是欣赏大于男女私情的，因为韦皋第二天就把薛涛接进官府当秘书了。现在的女秘书多如牛毛，可在薛涛那个时代实属罕见。韦节度使能知人善任，也是一段佳话了。

薛涛心里挺乐呵的。毕竟她的最高理想就是搞事业。事实证明，薛涛没有让韦节度使这位伯乐失望。她不但能写应酬场面上的诗词歌赋，还能写各类公文。到底是出身官宦人家，眼界高、站位高，这是很多寒门子弟所不能及的。

薛涛的能力已经远远超过了韦皋的预期，他不禁深深佩服起自己的眼光来。可很快，他又觉得自己的格局也应该更高一些，像薛姑娘这样的人才，理所当然应该上交国家。于是，他兴奋地给朝廷写了一份推荐表，中心内容是想让皇帝破格，让薛涛当一名秘书省的校书郎。

韦皋
人尽其才！

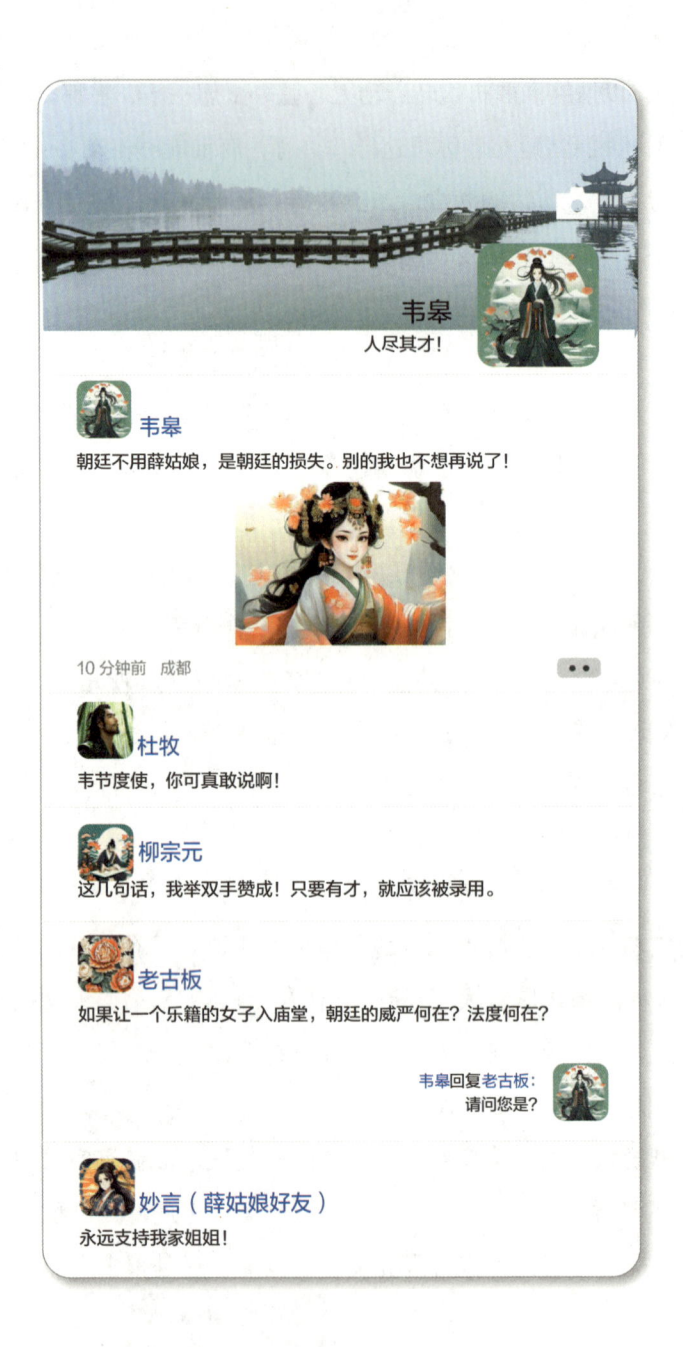

韦皋
朝廷不用薛姑娘，是朝廷的损失。别的我也不想再说了！

10 分钟前　成都

杜牧
韦节度使，你可真敢说啊！

柳宗元
这几句话，我举双手赞成！只要有才，就应该被录用。

老古板
如果让一个乐籍的女子入庙堂，朝廷的威严何在？法度何在？

韦皋回复老古板：
请问您是？

妙言（薛姑娘好友）
永远支持我家姐姐！

　　尽管校书郎只是个九品芝麻官，但高级领导身边的芝麻能和深山老林里的芝麻比吗？像薛涛这样的，连简历也不用投，直接回家等通知吧。这可不是因为她的性别不合适，在女性能当皇帝的唐朝，这点不必卡得那么死，原因是朝廷有明文规定，校书郎必须有进士功名。皇帝近臣，能不经过层层政审吗？如果一个乐籍女子能当校书郎，那么那些眼巴巴想要把自家不争气的子孙塞进来的权贵，不得联合起来把秘书省给拆了吗？

结局显而易见，韦皋的提案被驳回了。

然而，也正是因为有了这段轶事，薛涛在教坊里的身价水涨船高，仰慕者们为了巴结薛涛，都叫她女校书。薛涛的心智虽然比一般女子成熟得多，可她终究也只是一个十几岁的少女，被人这么吹捧，也生出了几分傲娇来。人只要一傲娇，就容易飘。一飘，就容易被人抓到弱点。

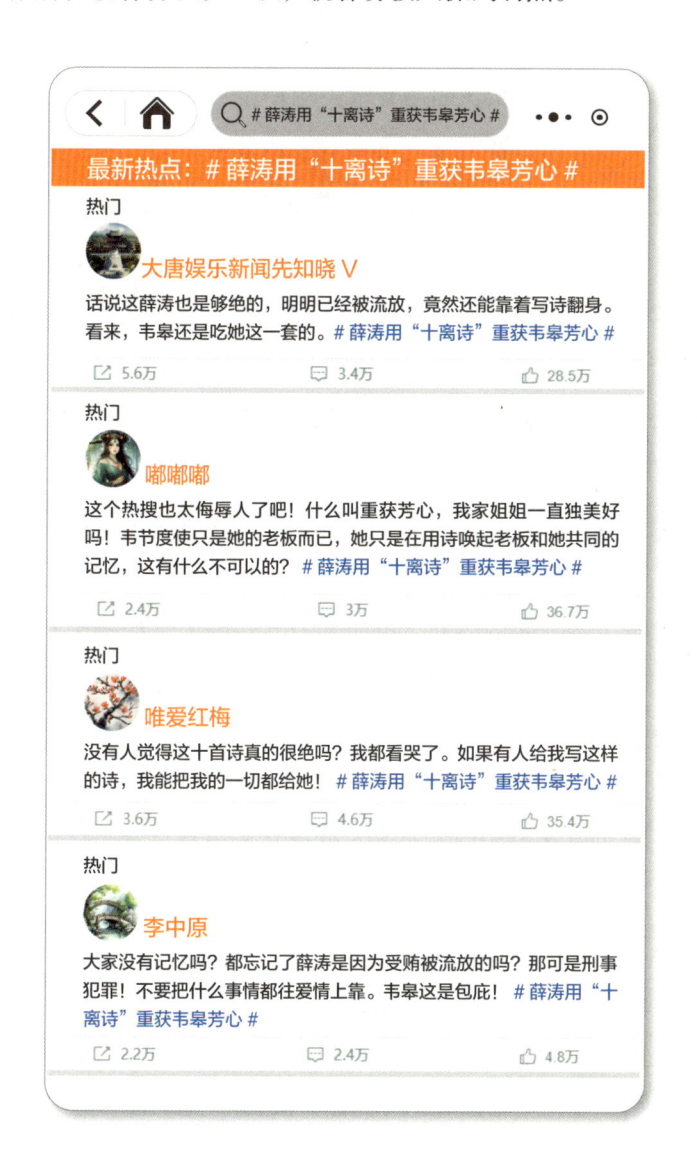

最新热点：#薛涛用"十离诗"重获韦皋芳心#

热门

大唐娱乐新闻先知晓 V

话说这薛涛也是够绝的，明明已经被流放，竟然还能靠着写诗翻身。看来，韦皋还是吃她这一套的。#薛涛用"十离诗"重获韦皋芳心#

5.6万　　3.4万　　28.5万

热门

嘟嘟嘟

这个热搜也太侮辱人了吧！什么叫重获芳心，我家姐姐一直独美好吗！韦节度使只是她的老板而已，她只是在用诗唤起老板和她共同的记忆，这有什么不可以的？#薛涛用"十离诗"重获韦皋芳心#

2.4万　　3万　　36.7万

热门

唯爱红梅

没有人觉得这十首诗真的很绝吗？我都看哭了。如果有人给我写这样的诗，我能把我的一切都给她！#薛涛用"十离诗"重获韦皋芳心#

3.6万　　4.6万　　35.4万

热门

李中原

大家没有记忆吗？都忘记了薛涛是因为受贿被流放的吗？那可是刑事犯罪！不要把什么事情都往爱情上靠。韦皋这是包庇！#薛涛用"十离诗"重获韦皋芳心#

2.2万　　2.4万　　4.8万

当时想要走韦皋门路的人有很多，可军政一把手府门口的砖哪里是那么好摸的。那么，就退而求其次，改走薛涛的门路。整个成都城都知道，薛姑娘可是韦节度使心腹中的心腹。

薛涛不想收礼的，贪污受贿是什么样的罪，她当然明白。可她到底只是一个乐籍女子，那些人想要她好看，就像揉搓一团面粉一样简单。

韦皋是个粗糙的直男，并且有着上位者的傲慢。他无法想象薛涛所处的这个阶级需要面对的现实困境。他的本能反应就是大怒：好大胆的小妮子！收礼还不是大事，问题是她这不是让我为难吗？

自私，也是上位者的劣根性。

主动行贿和被动受贿的人谁更可恶？韦皋不可能不知道。可行贿的那些人非富即贵，谁知道他们背后又有哪些盘根错节的势力，自己可得罪不起。那么，就只能将怒火朝着薛涛发了，直接将她流放到松州。当初那些追捧她的男人们见状，没有一个人肯站出来为她求一句情。一个女子，一个没有了利用价值的女子，就算长得再美，再有才华，对那些富贵公子哥儿们又能有多少吸引力？

一个薛涛走了，明天又会来另一个赵涛、钱涛、孙涛。文艺圈，最不缺的就是新鲜血液。

薛涛连衣服妆奁都不被允许收拾，就被送到了押解刑犯的差役手中。这会靠谁都没有用，只能靠自己了。唯一能够解救她的，只有下达命令的韦皋。一哭二闹三上吊，是一般旧时女子的求情方式。因为她们除了女子特有的娇美温柔之外，别无其他。可薛涛不是这样的女子，让她撒娇倒也不是不可以，但未必能打动像韦皋这样不一般的男人。

于是，她想办法在流放途中，写下了"十离诗"：《犬离主》《笔离手》《马离厩》《鹦鹉离笼》《燕离巢》《珠离掌》《鱼离池》《鹰离鞲》《竹离亭》《镜离台》。将自己比作犬、笔、马、鹦鹉、燕、宝珠、鱼、鹰、竹、镜，而韦皋则是自己所依附的主人、手、厩、笼、巢、掌、池、臂、亭、台。薛涛婉转谦卑地借诗向韦皋表达了自己悲恸、悔恨的情绪。

辗转很久，这十首诗终于到了韦皋的手里。韦皋每看一首，心就软一分。

等他看完，已经是十分心软了。心软就要付出行动：快点快点！赶紧把薛姑娘请回来。

这世上有两个很美好的词，一个是虚惊一场，一个是失而复得。虚惊一场的薛涛面对失而复得的韦皋，心里不禁百感交集。这个男人可以将她捧上天，可以将她踩下地，也可以重新把她拉起来。她当然不可能对这样的男人动情，过去或许对他还有一些知遇之情，现在看来，这也不过是一厢情愿的自我感动而已。

那么，干脆趁着他的权力还在，并且对自己还有一丝愧疚和欣赏之意的时候，让他办一件实实在在的事：为自己脱离乐籍。当时进了这个染缸是迫不得已，如今有了机会，一定要牢牢抓住。

韦皋答应得十分痛快，并且给了她一笔不菲的安家费，让她可以在成都买一套带小院的别墅。在小院中的一亩三分地里一半种花，一半种菜，过着与世无争的快意生活。

几年之后，韦皋病逝。不管曾经有多少恩怨，都因为死亡而了结了。薛涛去了节度使府吊唁，留下几首听起来挺悲恸的悼亡诗后，便又心情愉快地回到小院继续她诗情画意的生活了。

打破了这种好生活的是韦皋的部将刘辟。刘辟没有等到朝廷任命，就要自立为新节度使。为了给自己"正名"，刘辟就想到了薛涛。如果能请她出山给自己当秘书，那么一定可以得到许多的追随者。追随者一多，朝廷不想承认他这个节度使也得承认。

薛涛觉得很烦，年纪轻轻就能以自由之身享受退休生活，这是多少人求不来的福气，现在又要让她工作，工作对象还是朝廷逆臣，她怎么可能愿意？

给你胡萝卜你不愿意，那么就只能动用大棒了。刘辟一怒之下，将薛涛的小别墅据为己有，将她发配边疆。

薛涛身体累，心里苦。刘辟可和韦皋不一样，软硬都不吃。自己可只有二十出头，难道就要在苦寒的边疆度过余生了吗？

好在刘辟是个没脑子的蠢货，手下也多是一群乌合之众。没蹦跶多久，

就被大将军高崇文给收拾了。高崇文处理了成都的烂摊子之后，就派人用隆重的礼节将薛涛从流放路上迎了回来，将小别墅也还给了她，并且承诺，无论换多少任节度使，都一定会让她衣食无忧。这样有气节的女子，是英雄啊！英雄就应该享受最好的生活。

一个家世清白、才貌双全又有钱的女孩子，自然能吸引一批又一批的追求者。薛涛也不是没有想到过嫁人，毕竟谁不想找一个知冷知热的人陪伴余生呢？可这些人都无法让她在精神上产生共鸣。她可以向下兼容一时，却做不到一世。如果婚姻不能给她带来更好的生活，那么为何要强逼着自己踏进坟墓呢？

因为世俗眼里的"挑剔"，薛涛到了41岁仍然单身。正当她准备一辈子单身的时候，就遇到了30岁的元稹。

是元稹先招惹了她，可她却是比元稹更先上头的那个。

元稹长得帅、有才华、会哄人，且年纪轻轻就通过科考入仕，前途无量。这样的人几乎就是为薛涛量身定制的。所以尽管元稹比她小了11岁，尽管元稹家里已有贤妻，她还是认定了他，并且大胆而热烈地表达了她的爱意：

双栖绿池上，朝暮共飞还。更忆将雏日，同心莲叶间。

中心意思就是：我想与你一辈子缠缠绵绵翩翩飞。俨然一个坠入爱河的小女子的口吻。

谁爱谁，谁就欠谁。

那个时候，元稹的妻子韦丛病逝，元稹为她写下了催人泪下的名句：

曾经沧海难为水，除却巫山不是云。

他需要的伴侣是像韦丛这样出身名门，能够帮助他在仕途中更进一步的大家闺秀，像薛涛这样的花瓶，偶尔想起来把玩两下便好，真要放在身边，也是硌得慌。

薛涛之于元稹，不过是为了证明他男性魅力的工具人。他不可能爱她，更不可能娶她。他在外面惹的风流债不少，多她一个也不是要紧的事。他更在意的是仕途。朝内党争不断，他不幸站错了队，被排挤到江陵当一个芝麻小官。

薛涛
认真搞事业的女孩子最美丽

薛涛
做个快快乐乐的富婆！

薛涛
我没有办法停止爱你，但我可以不去见你。见到了，我也会远远地避开。你没有错，我更没有。
5分钟前 长安

妙言
姐姐，我们永远在一起不好吗？闺密不比男人香？

薛涛回复妙言：
那你还不赶紧搬过来跟我一起住？

妙言回复薛涛
我还有两个大箱子的衣服要整理呢！别急别急。

白居易
姑娘心里既然还有爱，我愿意来当这个和事佬。

薛涛回复白居易：
我爱谁，是我自己的事情。一旦渴望回应，就会变得卑微不堪。

　　薛涛很替他难受，也希望自己可以一直陪伴在他身边成为一朵温柔的解语花。可元稹却丝毫没有要纳她为妾的想法。露水情缘，见光而逝罢了。

　　他会不会还不知道我对他的感情有多深？如果他知道，就一定会带我走的。恋爱脑一发作，女英雄也坠入了凡尘。

　　为了表达爱意，薛涛用浣花溪的水、木芙蓉的皮、芙蓉花的汁，制作成了一种粉红色的信纸，将她所有深切的情意全部写了上去，送到了元稹的手里。她的诗和被后人称为"薛涛笺"的信纸一起流传下来，打动了无数文人墨客

165

的心。

可惜，却没有得到元稹应有的回应。

他就这样一声不吭地离开，没有一句告别，更没有一句承诺。可是当年，薛涛明明是让谋逆的刘辟都想拉拢来稳定人心的奇女子啊！

在爱情面前，薛涛卑微无比。理智不停地告诉她，这个男人不值得她的任何付出。可感情却一遍又一遍地鼓励她：再试一次，说不定，自己就能够和他白头到老了呢。

就这样，她收拾了行装，从成都追到了江陵，想给元稹一个惊喜。元稹见到她的确很惊，这个女人，怎么就像块牛皮糖一样甩不掉？至于喜，那是一点也没有的。

他竭尽全力，才在脸上挤出了一丝类似于笑容的表情。薛涛何等敏慧，自然一眼就看出了他的勉强，那颗火热的心瞬间结成了冰。失望到了最后，就成了绝望。罢了，何苦呢？是时候该离开了。只是好可惜，自己难得才认真一次呢！

为了断绝薛涛的念头，元稹在最短的时间内，求娶了河东士族裴氏之女裴淑为妻。

我可以忍受你给的伤痛和羞辱，可你为什么还要在我的伤口上撒盐呢？这一次，薛涛彻底死心了。不过，她没有声泪俱下地控诉他的负心，而是留诗一首，保留了彼此的体面：

诗篇调态人皆有，细腻风光我独知。

月夜咏花怜暗澹，雨朝题柳为欹垂。

长教碧玉藏深处，总向红笺写自随。

老大不能收拾得，与君闲似好男儿。

从此以后，我一个人赏风赏月，一个人饮酒作诗。别了，那个第一次让我动心的人。倘若再次相遇，我依然会向你问一声好，坦然相对，却再无瓜葛。

失恋这事随便搁哪个人身上都会非常难受。如果不够难受，那一定是没有真正爱过。

> **越州才子群（233）**
>
> **杨二峰**
> 听说了吗？咱们新任的刺史，就是当年和薛涛闹绯闻的元微之。我之前远远见过那薛涛一眼，真是绝色美人，又有才华。元微之身在福中不知福啊！
>
> **顾磊**
> @杨二峰 你也不想想，薛涛那会都四十出头了。在我们村里根本没人要。搁你你愿意？你小子想断子绝孙？
>
> **朱伟**
> @顾磊 谁说要娶她当正妻了？当个小妾装点门面，不是一件很有面子的事情吗？而且她还有钱，纳了她，直接少奋斗几十年。
>
> **杨二峰**
> 好有道理！所以我说，元微之不懂得人尽其用嘛！
>
> **许松**
> @杨二峰 别可惜了。据说，元微之最近跟刘采春走得很近。看来，他还是喜欢这一挂的小娘子啊！
>
> **朱伟**
> 哟！元微之可真是艳福不浅！

　　薛涛也难受，不过她有她的排解方法，那就是写诗。她看着自己和元稹交往期间写的诗，怎么看怎么矫情别扭。恋爱不只让人降智商，还会让人降情商。当年，她可是被叫一声"女校书"的啊！不行，她得继续搞事业。

　　女校书回来了，她要在她的小别墅里办文学派对了。

　　这个消息一出，立马在成都，乃至大唐炸了锅。薛涛那时已经四十好几了，但在气度、阅历和才学面前，年龄根本就已经让人忽略不计了。能得到薛涛的一个点赞，就能在文艺圈的热搜上霸榜三天。

　　有了名气，就有了进入官场的敲门砖。

　　对于这样的蹭热度行为，薛涛不是不知道。不过她也不在意，她又不考

薛涛 认真搞事业的女孩子最美丽

167

科举，蹭就蹭吧！反正蹭热度的人，永远比不过热度本身。她所要做的，就是不断学习，到处游玩采风，创作出更多的好诗。

当时的朝廷党争不断，以牛僧孺为首的"牛党"与以李德裕为首的"李党"打得不可开交。李德裕出身名门，出将入相。在任剑南西川节度使的时候，为庆贺将士们守城有功，曾命人在成都修建了一座边楼。薛涛在闲暇时候，曾登楼远眺，感慨万千，冲口便吟诵出了一首诗：

> 平临云鸟八窗秋，壮压西川四十州。
> 诸将莫贪羌族马，最高层处见边头。

边楼高耸入云，窗外一片初秋景象，气势威压四川四十州。将士们，请不要贪图羌族的宝马，边楼最高处可以看到边疆尽头。你们的终极目标是收复山河，复兴大唐啊！

这样的胸襟气魄，值得一个个在诗歌史上留名的诗人们的追捧。

有的时候，男人们也会在背地里八卦她和元稹的那段旧情。大多都说元稹身在福中不知福，守着宝藏不挖掘。薛涛听到后，也只是呵呵一笑。她可真要感谢元稹的不娶之恩。

元稹后半生的仕途起伏不定，曾经做到尚书左丞的高官，也曾经被贬到地方当个小官。在越州当刺史的时候，元稹不改风流本性，与被誉为古代版邓丽君的歌姬刘采春传出了一段绯闻。

刘采春那时已经成婚，丈夫是戏曲演员周季崇。元稹看过夫妻俩的表演，十分喜欢长相清丽、嗓音甜美又颇有才华的刘采春，很想与她交往。回家之后就给她写了一首诗：

> 新妆巧样画双蛾，谩裹常州透额罗。
> 正面偷匀光滑笏，缓行轻踏破纹波。
> 言辞雅措风流足，举止低回秀媚多。
> 更有恼人肠断处，选诗能唱望夫歌。

才女一定欣赏像自己这样有权有才的男人，和他比起来，她那个下九流的丈夫又算得上什么呢？可刘采春并不是一般女子，对于这样明显的示爱讨好毫不动心，依然夫唱妇随，和丈夫过着平凡幸福的生活。

元稹觉得挺无趣的，在一次与友人的通信中这样写道：

采春诗才虽不如涛，但容貌美丽，非涛所能比也。

一句话同时踩了两个女子。一个曾对自己一往情深，一个对丈夫忠贞不贰。元稹真是将他的渣男本性展现得淋漓尽致。

对于这段轶事，薛涛也有所耳闻，可她对此不过嗤之以鼻。那么多年过去了，他依然用着那三板斧去逗弄女性，而自己的心态早已不复当年。

再见吧，再也不见！

韩愈

百代文宗,终生保持战斗状态

韩愈（768—824）

　　江湖名号"百代文宗"。他是"唐宋八大家"之首,一生保持战斗状态。他的文章犀利深刻,直击社会顽疾。作为教育博主,他主张"文以载道",提倡古文运动,让文字回归清新自然。他性格耿直、爱民如子,骂得了皇帝,治得住鳄鱼,劝得服降将。他的一句"仰不愧天,俯不愧人,内不愧心",道尽做人最高准则。

大唐诗人 我要上热搜

韩愈
战斗吧！小韩！

韩愈
要么"上岸"，要么沉湖！
愿所有磨难都会成为我通往成功之路上的动力。
2分钟前 长安

世上最好的嫂嫂
好阿弟，可千万不要给自己太大的压力。嫂嫂相信你的实力，有个好岗位是迟早的事情。

　　韩愈回复**世上最好的嫂嫂**：
　　我一定会为您争光的。

马燧
好少年！就凭你的这股劲儿，我也看好你能成功。

专业科考辅导王老师
私信我！我免费给您提供一套独家密押卷。

长安民宿联盟
韩郎君加油！等你高中，我们民宿就会立马升级为网红店了。

　　至德二年（公元757年），刚刚出狱的李白受邀为即将卸任的武昌县县令韩仲卿写了一篇名为《武昌宰相韩君去思颂碑》的碑文，用来赞扬他对当地的经济和文化做出的卓越贡献。

　　这位韩县令就是韩愈的父亲。河南韩家世代为官，据说先辈就是西汉开国功臣韩信。韩县令死得早，生活的重担就压在了长子韩会的身上。韩会在当时也是一位响当当的青年才俊。37岁那年，被宰相元载看中，做了正六品起居舍人，随时记录皇帝和大臣们的言行，前途光明一片。

这一年，韩愈只有7岁，却已经显示出了他作为一名"天才儿童"的特点。他喜欢读书，记性也好，出口便能作文。韩会常常欣慰地看着他：韩家的未来得靠你，也得靠我，但归根结底还得靠你啊。

一语成谶。几年后，元载在政治斗争中失利被杀。作为"党羽"，韩会被扔出了权力核心地带，不久便被悲愤和抑郁带走了。嫂嫂成了韩愈的法定监护人。她温柔而有力量，既主内又主外，还经常教导韩愈：你只需努力读书，其他的事与你无关。

韩愈拼命点头，迅速在心里为自己规划了未来：战斗吧！小韩！你是最棒的！

和所有读书人一样，他唯一能够复兴家业的出路就是做官，而做官唯一的途径就是科考。19岁的韩愈满脑子经典，满肚子文章，科考对于他而言，仅仅只是一次经历，而不是一道门槛。

赶考的途中，他边欣赏着沿途的花花草草，边满怀雄心壮志地吟诵出了一首诗：

我年十八九，壮气起胸中。作书献云阙，辞家逐秋蓬。

国家有了我，那是国家的福气啊！年轻人的自信与傲气撒了一路，仿佛瞬间铺就了他的锦绣未来。

然而，命运的齿轮转错了方向，韩愈的科考首战就以惨败告终。他想不明白，满心以为自己的回答会成为参考答案，不料却连一个对答案的机会都没有。

盘缠用尽，无依无靠，受挫的韩愈只好回家。这几年，家里入不敷出，嫂嫂终日劳苦，还不到50岁，两鬓都已经花白了。原想着很快就能独立，不料命运作弄，自己只能继续啃老，韩愈心里的压力可想而知。

可有了压力，也就有了动力。韩愈天天给自己鼓劲，逼着自己二选一，要么"上岸"，要么沉湖。

两年后，韩愈又来到了长安，带着对未来最虔诚的期盼走进了考场。可

结果却再一次让他失望，那个长长的榜单上并没有他的名字。为什么前路越走越窄？为什么努力得不到回报？为什么命运只会锦上添花，而不会雪中送炭？

为什么？为什么呢？韩愈在黑夜中撕心裂肺地喊着。

发泄完了，心情总算舒服了一些，可摆在他面前的依然是十分严峻的现实问题。无论是接着考试，还是放弃回乡，都需要钱。在钱面前，连两次落榜带给他的羞愧感和耻辱感似乎也变淡了很多。

幸运的是，就在长安城的大街上，韩愈遇到了生平第一位贵人，名将马燧。韩愈有一位堂兄曾跟着马燧征战，后来英勇牺牲。本着优待烈士家属的宗旨，马燧把韩愈接回府中，让他安心迎考。

可韩愈拿的并不是一举夺魁后报答恩公的爽文剧本，第三次考试他又失败了。这一次，他反而平静了许多。既然考试是他唯一的出路，那么不管考多少次，他都会坚持。现实的困难可以克服，内心的强大才是指引他不断前进的推动力。

想开了，心情就好了。心情一好，好运也就光顾了。这世上有很多事情都只能用玄学来解释。总之，韩愈终于考中了，他的科考之路结束在了25岁那年。随便在哪一个时代，这都是人的一生最美好的年纪。

不过，考中进士只是过了进入官场的第一道门槛，要成为一名官员，还要通过吏部组织的"博学鸿词科"考试。"博学鸿词科"涉猎的范围很广，还要求考生们有一定的应用文写作能力。经过了大风大浪的韩愈表示，自己一定不会在阴沟里翻船。

可惜，痛苦的历史再一次重演。

和科考一样，韩愈又考了三次都没有成功。

他觉得很不对劲，不论从哪个角度来看，自己都不应该考不上。于是，他开始找到那些考中的幸运儿们，专门拜读他们的文章。看完，韩愈心中的阴霾瞬间一扫而空，这写的都是些什么狗屁不通的东西？和这些人同场竞技简直侮辱了他的智商！

与其反思自己，不如指责别人。

> **怎样评价四门博士韩愈的新作《师说》？**
> 了乎 · 502 个回答 · 777 个关注
>
> **旅游博主小庄**
> 3899 人赞同了该回答
>
> 说句实话，我觉得韩愈这篇文章写得很不错，但爹味太重，一直在教人怎么怎么做。他不过是个没啥品级的小官，就敢这样公然抨击咱们朝廷选人用人的制度，说到底，还是因为他没有吃到制度的红利，如果他现在是三品高官，他还会这样发牢骚吗？
>
> **爱读书的姑娘**
> 2500 人赞同了该回答
>
> 不知道为什么有那么多人会觉得韩愈狂。我认为他有狂的资本，就应该狂，不狂不是年轻人。能者为师，不耻下问，尊重知识。他有哪一点说错了？我敢打赌，这篇《师说》一定会名垂青史。
>
> **我是一个小木匠**
> 1989 人赞同了该回答
>
> 我没读过什么书，也没想过要拜谁做老师。但这篇文章里有句话让我觉得有点不舒服。"巫医乐师，百工之人，君子耻之"，虽然是批判，可我还是觉得他有种高高在上的感觉。一家之言。杠就是你对！

韩愈深深吸了一口气，鼓足勇气，给主考官写了一封信，向他抱怨了考试泄题、走后门、作弊等诸多乱象。国家现在需要的是像我这样的人才，而不是像他们这样的关系户。只要您给我一支笔，我一定为您画出一片秀丽山河。

主考官收到信后，只是微笑着摇了摇头，像这样的牢骚话自己每年不知道要听多少遍。

韩愈见收不到回信，心里一着急，便干脆来了一把大的，直接给宰相写信，而且一写就是三封。内容大同小异，不外乎是引经据典，以古论今，要求朝

韩愈 百代文宗，终生保持战斗状态

廷唯才是举，给他一个报效国家的机会。

他的言辞恳切，辞藻华丽，却始终没有打动宰相的心，这些信无不石沉大海。韩愈在日复一日的等待中，终于熬尽了全部的热情。十年考试路，究竟何时才能走到头呢？

算了，不考了。或许，他确实不适合走康庄大道，那么试一试羊肠小路也不是不可以。

这条路就是到节度使的幕府中担任掌书记，主要负责文书起草及各类日常杂事。如果干得好，可以直接被推荐至中央做官。

听起来不错，可如果真的不错，韩愈当时就应该把这当成是自己的第一选择，又何必考了三次博学鸿词科，考不上还到处写信抱怨呢？

因为节度使幕僚不过从九品，品级太低，这就导致工资也低。工资低，生活质量也不行，更何况这时候韩愈的嫂嫂已经过世，他成了大家族经济的主要来源。韩愈在一首《苦寒》诗中这样描写生活的窘境：

肌肤生鳞甲，衣被如刀镰。气寒鼻莫嗅，血冻指不拈。
浊醪沸入喉，口角如衔箝。将持匕箸食，触指如排签。
侵炉不觉暖，炽炭屡已添。探汤无所益，何况纩与縑。

虽然文人写诗夸张是家常便饭，但艺术来源于生活，如果没有真切地体验过，断然不能描述得这般细致。

除了钱，更重要的是职业前景。虽然入职前被老板画过大饼：小韩啊，你只要好好干，以后我这里有名额，一定会推荐你。到时候，你就是有编制的官员了。可韩愈每天做的事情极为简单琐碎，是连文盲都能做的那种。这对于像他这样有能力、有志向的人简直是一种折磨。

可世道如此，只有先学会生存，才能选择生活。韩愈明白这个道理，所以就算心里想了一万次，到底也没有在冲动之下裸辞。

他等啊等，终于在一个烟雨蒙蒙的下午，等来了这么多年来最好的一个消息：他被推荐去国子监当一个四门博士，大体相当于如今的大学讲师。四门博士官职不高，俸禄也不高。不过，总算是一份正经的工作。只要让领导看到自己的闪光点，升职加薪也不是难事嘛。

正是在这个岗位上，韩愈写下了名作《师说》，其中有几句在当时人看来极具颠覆性：

圣人无常师。孔子师郯子、苌弘、师襄、老聃。郯子之徒，其贤不及孔子。孔子曰：三人行，则必有我师。是故弟子不必不如师，师不必贤于弟子，闻道有先后，术业有专攻，如是而已。

他强有力地批判了社会上"耻于为师"的奇怪现象，认为任何人都可以当任何人的老师，不应该因为年龄和地位的差别就不肯向别人学习。

此文在寒门学子中得到了热烈的追捧，他们呼吁改变如今的考试制度和人才选拔体系，希望让更多没有门路的优秀学子报效朝廷。可百年来约定俗成的东西，怎么能靠一篇文章就可以改变呢？更何况，这种改变严重威胁到了上层阶级的既得利益。

这些韩愈口里含着金汤匙出生的"士大夫之族"，根本无法与韩愈这样经历十年寒窗苦读，参加七次考试，却只成功一次的读书人共情。他们从心底里鄙视老师，鄙视教育，甚至鄙视知识。因为他们不用经历科举就能世袭官位，不用通过努力就能坐上高位，他们自上而下地俯视苍生，自然觉得一切关于公平与否的呐喊都是失意文人矫情的牢骚。

当然，这并不是说他们坏，而是站在他们的角度难以看到真正的世界。而韩愈，正试图将他们拉进这个世界。尽管，他失败了一次又一次。

韩愈开始反思自己，想要在仕途上更进一步，是不是自己的态度还应该更谦卑一些。不就是拍马屁吗？谁不会？于是，他诚恳地给当时的工部尚书、京兆尹李实写了一封自荐信。大致内容是：我从小镇来到大都市长安已经17个年头了，期间见到的王公贵族无数，没有一个人能像您这样兢兢业业，一心一意服务国家。

有谁不愿意听好话呢？李实也是个聪明人，当下便明白，这小子无事献殷勤，无非是想为自己谋一个好前程。好在此人确有文才，在民间也算是个小网红，提拔他亦是顺水人情的事。

如此，韩愈调岗成了监察御史。论级别，比四门博士还降了半级，不过前景可观，有监察文武官员、代天子巡察郡县的职责。对此，韩愈很是满意，毕竟他已经渐渐地往权力中心走了。可还没等他磨刀霍霍地大干一场，京中突然发生了干旱。天灾无法避免，那就只有众志成城，帮助老百姓渡过难关。

皇帝李适在第一时间成立抗旱指挥部，除了开仓放粮之外，还讨论了两个重要议题：一是暂停本年度的科考和吏部招生考试；二是减免长安地区一年的赋税。不得不说，这都是关乎国计民生的利好政策。可作为首都市长的李实偏偏不干：陛下您是个好皇帝，好皇帝是会得到上天庇佑的，旱情远远没有您想象得那么夸张，老百姓家仓满廪实、袋有余钱，你就放宽心吧。

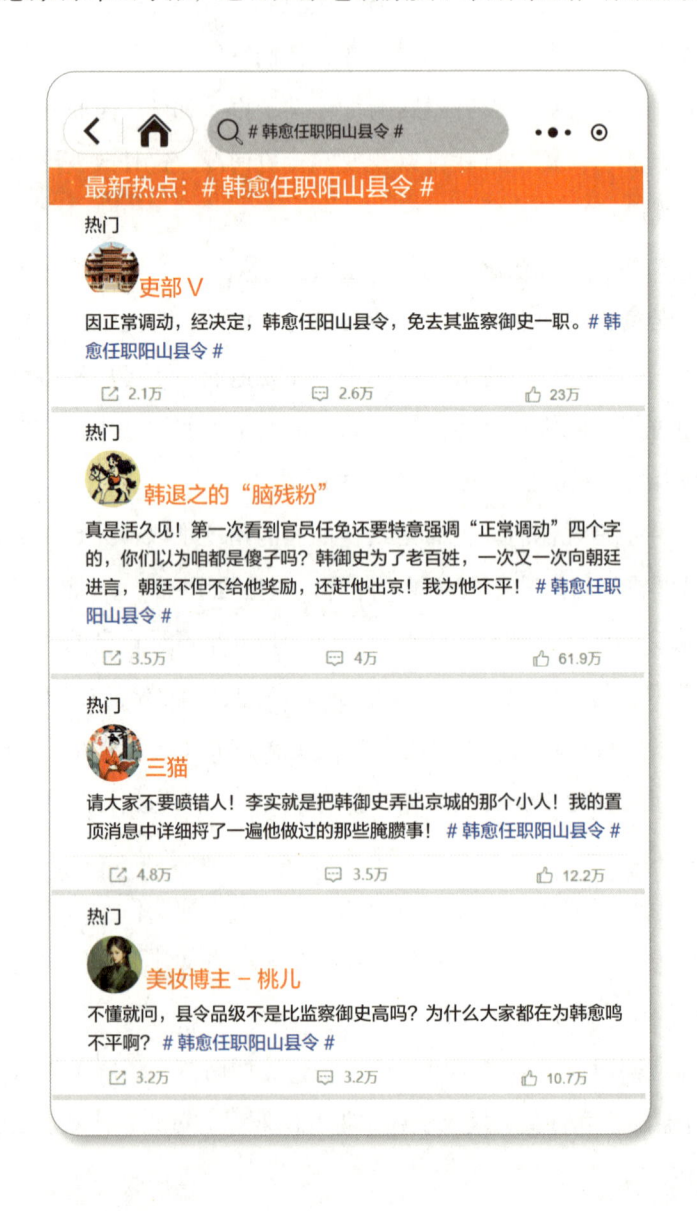

最新热点：#韩愈任职阳山县令#

热门

吏部 V

因正常调动，经决定，韩愈任阳山县令，免去其监察御史一职。#韩愈任职阳山县令#

2.1万　　2.6万　　23万

热门

韩退之的"脑残粉"

真是活久见！第一次看到官员任免还要特意强调"正常调动"四个字的，你们以为咱都是傻子吗？御史为了老百姓，一次又一次向朝廷进言，朝廷不但不给他奖励，还赶他出京！我为他不平！#韩愈任职阳山县令#

3.5万　　4万　　61.9万

热门

三猫

请大家不要喷错人！李实就是把韩御史弄出京城的那个小人！我的置顶消息中详细捋了一遍他做过的那些腌臜事！#韩愈任职阳山县令#

4.8万　　3.5万　　12.2万

热门

美妆博主－桃儿

不懂就问，县令品级不是比监察御史高吗？为什么大家都在为韩愈鸣不平啊？#韩愈任职阳山县令#

3.2万　　3.2万　　10.7万

李适一听，心里很高兴，说旱情严重的人全都高居庙堂，哪里有经常下基层了解民情的市长知道实情？于是便大笔一挥，收回成命。能增加国库收入的事，何乐而不为呢？

　　这下，苦的就是老百姓了。没有粮食吃，便啃草根树皮。草根树皮也没了，只好卖儿卖女，换一点口粮，省一点银子交税。李实当然知道这些，但为了掩饰舆情，他封锁了所有言路。有一个民间音乐人自编自唱了一段歌谣来讽刺李实。李实一气之下，随便寻了个由头把他扔进了狱中。

　　动静闹得这么大，朝廷官员自然也都有所耳闻。不过，李实为人霸道，又是皇室宗亲，朝中没有人敢惹他。最终看不过去的人是韩愈。说来，李实也算是提拔他的恩人。可小恩和大义孰轻孰重，韩愈还是分得清楚的。

　　他以最快的速度向李适上了一道奏疏，先是如实说明了京城旱灾的严重性，百官不是不知实情，而是不敢说实情。接着又给李适戴了顶高帽子：您是仁义之君，一定不会看着自己的子民忍饥挨饿的。最后，他才说出了最想说的话：请您免去长安百姓今年的赋税，让他们缓过这阵子再说吧。

　　收到奏疏之后，皇帝李适很感动，宰相们也很感动。看来，百姓们有救了。韩愈非常高兴，接下来他要做的事情，就是耐心地等待着圣旨下达。

　　他等啊等，终于在十天后等来了这道旨意。宣旨的宦官直接来到了韩愈的私宅中。旨意是一道调令，免去韩愈监察御史一职，任命他为阳山县令。

　　县令是七品官，升官了。这不是好事吗？可这阳山县离长安足有4000多里，偏远不说，还穷。去那里当官，不就是变相流放吗？显然，韩愈的上书惹恼了皇帝李适，和没背景、没人脉的芝麻官相比，李适当然更相信自家亲戚。所以倒霉的就只能是韩愈了。

　　韩愈的心情愤怒到了极点，他忍啊忍，直到再也忍不住了，才将一团火气发泄在了笔间：

利剑光耿耿，佩之使我无邪心。

故人念我寡徒侣，持用赠我比知音。

我心如冰剑如雪，不能刺谗夫，

使我心腐剑锋折。决云中断开青天，噫！

剑与我俱变化归黄泉。

能把一个温文尔雅、坚韧勇敢的谦谦君子逼成这样，可见他受的委屈有多大。

可尽管如此，韩愈还是决定咬咬牙，坚持走下去。阳山虽远，但还在大唐的版图中，地方虽穷，但风景秀美、民风淳朴。既来之，则安之，他被权力放逐，却非要做出一点成就不可。

阳山县的百姓从心底敬重这位有文学修养，又有实干精神的父母官。据说韩愈在阳山的那几年，很多百姓都将新生儿取名为"韩"。一时间，张韩、王韩、赵韩、李韩的名字遍布这座偏远的小城。韩愈在当地，青史留名。

永贞元年（公元805年），新皇帝李纯登基。一朝天子一朝臣，李纯即位后的第一件事情就是调整官员配置。该升的升，该贬的贬，该调岗的调岗。一时间，几家欢喜几家愁。

韩愈幸运地成为"欢喜"者中的一员。他被任命为国子学博士，大体相当于如今重点高校的顶级教授。后来，他又先后当了都官员外郎、河南令、职方员外郎、比部郎中、史馆修撰等职。47岁那年，他终于有了一个"像样"的职位：中书舍人，也就是参与起草诏令、讨论机密要事的高级秘书，官阶正五品，在唐朝算是中上级别的官员了。

按理说，这是他忙活了大半生好不容易得到的职位，应该倍加珍惜，从此安安稳稳过日子就可以了。开始的时候，他也的确是这样做的。唐朝文坛流行的是四六骈文，骈文大多辞藻华丽、对仗工整，但形式过于僵化，类似于后世的八股文。韩愈作为文坛大佬，在当时振臂一呼，大力倡导古文运动。一篇文章之所以能够吸引人，原因是什么？当然是内容。文以载道，有了创作灵感，别说结构，连平仄都可以忽略不计。

此语一出，文坛震动。支持声与反对声此起彼伏，吵得韩愈睡觉都不安生。

还没等他们争出个对错，韩愈首先退场了，文学于他而言，不过只是业余爱好。作为近臣高官，他有更重要的事情去做，那就是跟皇帝去争个对错。

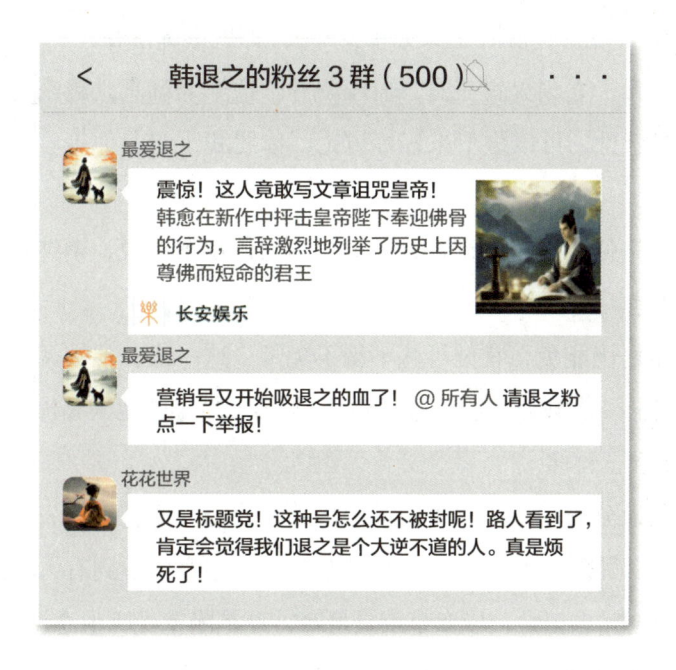

> **韩退之的粉丝3群（500）**
>
> **最爱退之**
> 震惊！这人竟敢写文章诅咒皇帝！
> 韩愈在新作中抨击皇帝陛下奉迎佛骨的行为，言辞激烈地列举了历史上因尊佛而短命的君王
> 长安娱乐
>
> **最爱退之**
> 营销号又开始吸退之的血了！ @所有人 请退之粉点一下举报！
>
> **花花世界**
> 又是标题党！这种号怎么还不被封呢！路人看到了，肯定会觉得我们退之是个大逆不道的人。真是烦死了！

元和十四年（公元819年），李纯下旨，将法门寺中的佛骨迎回皇宫及各大佛寺供奉起来。这场活动规模浩大，参与人员众多，财力物力消耗无数。老百姓们为一睹佛骨真貌，不惜倾家荡产。

其实，唐朝本就尊崇佛教，迎奉佛骨这事，前几个皇帝也干过，目的无非是祈求国家风调雨顺，人民安居乐业，从本质上来说，也算是一件好事。可韩愈却坚决反对，在《论佛骨表》中，他言辞激烈地跟皇帝讲道理：佛教传入中原之前，帝王们都很长寿，比如黄帝活了110岁，颛顼活了98岁，帝喾活了105岁，尧活了118岁，舜和禹活了100岁。他们在位的时候国泰民安，四野承平。

然而，沉迷佛教的皇帝们大多命运多舛。您瞧瞧汉明帝在位不过18年，死后国家动荡，百姓流离。南北朝时期佛教越来越盛行，可国家却越来越短命，皇帝像走马灯一样更换频繁。梁武帝几度以身供佛，一天只吃一顿饭。结果侯景叛军一来，自己被活活饿死，子孙全都被杀。照我看来，就应该把这些

佛骨收集起来一把火烧掉，上天如果要降灾，那就全部落在我一个人身上好了。

李纯一看，立刻火冒三丈，血压飙升。这个老韩真是越来越离谱了，你有什么不同意见，可以坐下来好好讨论，你咒我干吗？你等着，看最后短命的人是谁？

如果不是韩愈平时人缘好，关键时刻大伙都来劝说，李纯在一怒之下，便能立刻让他短命。

可性命之忧能免，官位可就不得不免了。这一次，他被调任到了潮州当刺史。距离上一次被贬，已经过了整整16年。当年的他满心愤懑，如今的他心境倒是平和了许多。

他仔细地分析了一下这事的前因后果，自己为了替国家省钱，建议惩治那些欺负老百姓的假僧人，肯定是没有错的。皇帝乍看到有人竟这样言辞激烈地反对，生气也正常，毕竟皇帝是皇帝，不是隔壁爱听他念诗的二大爷。

可再怎么分析，这么远的路，他也还是得一步一步走过去，作为一个年过半百的老人，对未来的茫然可想而知。韩愈在走到蓝田县的时候，见到了侄孙韩湘，还写了一首离别诗给他：

一封朝奏九重天，夕贬潮州路八千。

欲为圣明除弊事，肯将衰朽惜残年。

云横秦岭家何在？雪拥蓝关马不前。

知汝远来应有意，好收吾骨瘴江边。

这首诗的颈联是千古名句，语文考试中的重点。可对于韩愈来说，尾联才是关键：我知道你远道而来相见肯定是有深意，必是去潮州给我收尸吧。

可韩愈毕竟是韩愈。他这一生，经历了大风大浪，也就看透了大喜大悲。所以尽管已经过惯了长安繁华，对于潮州的苦寒亦是甘之如饴。

他努力整顿当地的旧风陋俗，改变落后的生产生活习惯，治理脏乱的生态环境，让老百姓们的日子渐渐有了盼头。因为过过苦日子，所以他才希望将更多人拉出泥潭。他无法拯救全天下的人，但被他拯救的人却得到了难得的生机。

韩愈 百代文宗，终生保持战斗状态

韩愈
战斗吧！老韩！

韩愈
小小鳄鱼，拿捏！

5分钟前 潮州

大毛公
您就是咱们潮州百姓心里的神！

刘老汉
我家二小子已经能把您的《祭鳄鱼文》完完整整地背出来了。您真是太牛了！

刘小汉
希望咱潮州的山河湖海都能用您的姓氏命名！您值得！

小叶子
作为被鳄鱼吓到过的人，真心地谢谢您为民除害。

韩愈
感谢各位的肯定，我也只是做了分内之事！

    潮州地缘偏僻，时常有鳄鱼出没，这些小恶魔们不仅常常上岸骚扰百姓，还肆意吞食家禽，使当地人苦不堪言。为此，韩愈常常夜不能寐，在梦里也在智斗鳄鱼。有一天晚上，他再次被噩梦惊醒，便索性坐在桌案前写了篇《祭鳄鱼文》。

文中，他将鳄鱼定位为天下之敌，咱们英明神武的皇帝陛下派我来这里当刺史，就是为了要对付你们。我与你们势不两立，不吓退你们我就对不起列祖列宗，也对不起皇帝与百姓的信任。现在我通知你们，三天后搬离潮州，三天搬不了，那就五天，五天搬不了，那就七天，七天再不行，就别怪我不客气了。

这招叫先礼后兵，韩愈还是很有风度的。

天亮后，韩愈就让人将这篇祭文带到岸边烧了，再往江里投了一只羊和一头猪。

传说当年晚上潮州上空响起一声惊雷，疾风骤雨随之而来，第二日一早，人们惊奇地发现，原本鳄鱼生存的池塘已经全部枯竭，鳄鱼们集体迁移到了五六十里外的一个新水潭。

传说总是带着点神话色彩的，可人们还是愿意相信鳄鱼们的确是被韩愈的这篇文章所感化。韩愈在潮州待了7个月，离开的那天，百姓扶老携幼相送。和当年在阳山一样，人们用他的姓氏命名了潮州的山河湖海：韩山、韩湖、韩海……无不寄托着他们深深的怀念与眷恋。

元和十五年（公元820年），皇帝李纯驾崩，年仅42岁，确实不算长命。继位的是太子李恒。韩愈曾当过东宫属官，所以新皇帝李恒十分赏识他。不仅重新将他召回了长安，而且在短短三四年间，就提拔他做到了正三品京兆尹和御史大夫，相当于首都市长兼监察部部长，地位何等超然。

皇帝这样器重，韩愈当然感恩戴德，拼命工作以为报答。就这样，在原本可以"躺平"的年纪，韩愈依然斗志满满。

早在几年前，成德节度使田弘正的属下王廷凑杀了田弘正自立为节度使。朝廷本着多一事不如少一事的和稀泥原则，默认了王廷凑的地位。谁知这位王节度使"志向远大"，开始不停地抢占其他节度使的城池，眼看蠢蠢欲动想要谋反。

李恒很生气，可经历了安史之乱后的国家兵力已经和盛唐时期没法比了。如果出兵攻打王廷凑，即便打赢了也是元气大伤。若能不战而屈人之兵，便是上上之选。这个劝降的使者，一要敢去，二要有能力，三要有名望。

说的就是你，韩愈！朝廷看好你，去吧！

这个差事可不好当，弄得不好老命都得丢。可若不去，当场就能活不下去。那么，韩愈只好深呼吸一下，给自己鼓鼓劲。

到了王廷凑的军营，等待他的是两边齐刷刷的刀斧手。王廷凑秉持着胡萝卜加大棒政策，笑盈盈地在旁说道："我当然是很欢迎韩侍郎你来做客的，无奈我这些手下实在太冲动了。"

韩愈听他甩锅，便顺着话头往下讲："陛下看重您，所以才让您担任节度使，谁知您竟然连部下都约束不好。"

有个忠心的副将忍不住上前护主："我们将军为了朝廷殚精竭虑，可朝廷却把我们当成反贼，这是什么道理？"

说到"道理"，韩愈便开始认真地讲起道理来了："你们能记得朝廷，那很好。像安禄山、史思明、李希烈、吴元济、李师道这些造反头目的子孙如今在哪？"

"不在了。"

"但是这些人的部下后来归顺了朝廷，现在都被高官厚禄供养着。你们都是实在人，我的意思你们应该懂吧。"

气氛突然凝滞住了，将士们都不说话。这老头说得有理啊！现在那么好的日子不过，吃饱了撑着要造反啊。王廷凑一看局势不对，心里也有些紧张。

韩愈趁势拍了拍他的肩膀："小老弟，你要明白一个道理。钱是赚不完的，地是夺不完的。可一旦行差踏错，你所拥有的一切都要付之东流。你想想，用你聪明的脑袋瓜好好想想该怎么办。"

王廷凑一听，点点头。得了老哥！从此以后，我低调做事、低调做人还不行吗？

不战而屈人之兵，韩愈做得非常优秀。

这一年，韩愈54岁。两年后，他病逝在礼部侍郎任上。苏轼最为尊崇韩愈，盛赞其：

文起八代之衰，而道济天下之溺；忠犯人主之怒，而勇夺三军之帅。

刘禹锡

只要心态好，走到哪里都有美景

刘禹锡（772—842）

江湖名号"诗豪"。年轻时是个"愤青"，以"中兴大唐"为己任，和好友们成立"二王刘柳"集团，共同参与"永贞革新"。行动失败后，连续被贬23年。白居易为他叫屈，他却以"沉舟侧畔千帆过，病树前头万木春"的洒脱来予以回应，字里行间都透着不屈不挠的劲儿。70岁时成为"七朝老臣"，身后被追赠为户部尚书。

大唐诗人 我要上热搜

杜佑
为国选才，我是认真的！

杜佑
后生可畏！我给国家选了颗闪耀的未来之星。

10 分钟前 扬州

刘禹锡
为中兴大唐而读书！

柳宗元
梦得他值得！

杜佑回复柳宗元：
你也一样优秀！年轻人，前途不可限量啊。

尊敬的大唐皇帝陛下
赶明儿把他带到朕面前看看，真是个人才的话，立刻入职御史台。

杜佑回复尊敬的大唐皇帝陛下：
收到！陛下！

唐朝神龙年间，一位名叫张莒的新科进士游历长安大雁塔的时候，在墙壁上写下了自己的简历。搁现在，这不妥妥的破坏文物？可在当时人看来，却是难得的佳话。所以后来，大雁塔就成了新"上岸"的进士们必去的打卡福地。

28 岁的白居易曾骄傲地在上面题了两句话：

慈恩塔下题名处，十七人中最少年。

46岁的孟郊也曾欢喜地写下：

春风得意马蹄疾，一日看尽长安花。

唐朝的进士可不好考，50岁金榜题名了还要被夸一句：真是年少有为。

然而，在贞元九年（公元793年）一个烟雨蒙蒙的午后，在大雁塔前挥毫的却是两个面容稚嫩的年轻人。

"我叫刘禹锡，字梦得。今年21岁。"

"我名柳宗元，字子厚。今年20岁。"

"你的理想是什么？"

"中兴大唐。你呢？"

"我也一样！"

可是中兴大唐，可不是在文章中喊喊口号那么容易的。这一年，距离唐朝建国已经过去175年，距离安史之乱也已经过去38年。如今的唐朝藩镇割据严重，朝政几乎全都把持在宦官手里。这时局，怎么就这么熟悉呢？可不就是东汉末年的历史重现吗？按照历史进程，此刻，就要出现一位织席贩履的刘皇叔了。

刘禹锡眼珠子一转。好啊！我就是那个刘皇叔。知道我为什么叫禹锡吗？那是因为我娘怀孕的时候梦到大禹赐子（古代"锡"通"赐"）。毕竟我的老祖宗可是中山靖王！至于平行时空里的中山靖王知不知道有这么一位子孙，倒也不是什么要紧的事。

中了进士，就等于有了做官的资格。刘禹锡的运气不错。这一年，朝廷临时开设了"博学鸿词科"的考试，考中的进士们可以立刻得到官员任命。那就一鼓作气，上吧！刘禹锡没有辜负他"刘皇叔"的名号，顺利地通过了考试，成为一名专门起草公文的基层官员。写材料这职位，好处是能锻炼人，可以迅速进入工作状态，坏处是枯燥，提拔全靠领导心情。刘禹锡干了两年就不想干了：我得迅速成长，去干中兴大唐的大事啊！

恰在此时，朝廷举办了吏部取士科考试。刘禹锡一鼓作气，再次拿下，被授予了太子校书的官职。级别虽然不高，但已经摸到了核心政治圈的边。

可正当刘禹锡摩拳擦掌，准备大干一番的时候，他的父亲病逝。按照规矩，他得回乡守孝三年。三年间，父亲的老上司杜佑（就是杜牧的爷爷）经常来家里探望，鼓励小伙子要好好读书，将来做一个对国家有用的人。

这话是真说到了刘禹锡的心坎里。他对这位慈爱的老领导充满了好感。所以丁忧期满之后，他就欣然接受了时任淮南节度使杜佑手下从八品掌书记的官职，大致相当于现在的地方一把手秘书。虽然仍然逃不过写材料的工作，但这些材料可以直接通过杜佑的手传到皇帝手中。压力有多大，职业前景就有多光明。史书上是这样夸奖刘禹锡的文采的：

诗笔文章，时无出其右者。

刘禹锡从杜佑嘴里听到的都是夸奖，自信得走路都带风，常常和朋友们一起饮酒作诗，写尽兴了就策马奔腾，共享人世繁华。

两年后，刘禹锡就迎来了更欢乐的日子。皇帝李适欣赏刘禹锡的才华，将他调到了京城做官。在做了几个月京兆府渭南县主簿过渡之后，升任成了监察御史，相当于现在的纪检干部。尽管品级不高，但权力不小，就连五品以上的高官见着他也得客客气气地称呼一声刘郎。

在御史台的时候，刘禹锡与好朋友柳宗元重逢，两人还结识了另一位志同道合的朋友韩愈。同事是谁很重要啊！毕竟每天要一起工作五六个时辰，比和家人在一起的时间还长。刘禹锡和这两位好朋友每天有说不完的话。因为彼此信赖，所以有时候说出来的话也就不那么好听了。

"如今的朝廷啊，就两个字：腐败！"

"腐败的根源还是在上头。咱陛下不行。"

"这话可不兴说。要不，我们找个机会跟太子的幕僚们聊聊人生？"

大号不行，就换个小号练。这是刘禹锡他们不谋而合的想法。不久之后，韩愈因为秉公办事得罪宗室被贬，这让刘禹锡和柳宗元直观地感受到了朝廷的黑暗，改革已经是箭在弦上，不得不发了。

于是，他们私下接触了太子侍读王叔文、王伾等人，希望可以将自己的改革理念告知太子李诵。李诵身体不行，但脑子很清楚，宦官不除，朝廷不正。藩镇不改，国家不稳。所以，等到他继位，就立马重用改革派。提拔王伾为左散骑常侍，王叔文为翰林，刘禹锡为屯田员外郎，柳宗元为吏部员外郎，将中兴大唐的重任交给了他们。

一场浩浩荡荡的改革由此拉开序幕。

中兴大唐（10）

群公告： 一、裁员节度使；二、优化有权宦官；三、取消宫市制度；四、取消五坊使制度；五、制定选人用人方案。

刘禹锡
@ 所有人 群公告已更新，各位同仁，一起看看还有什么要补充的吗？

柳宗元
收到！

韦执谊
收到！

韩泰
收到！

韩晔
收到！

王叔文
群里的人可靠吗？千万不要再让混子进来了。

刘禹锡
@ 王叔文 没问题，我们会层层把关的。

王伾
优化后的宦官们的安置方案谁在做？要抓紧。

柳宗元
@ 王伾 下午就能给您审阅。

王伾：
好嘞！

理想主义者要么不干，一旦干了，就必豁出命去干。

那是贞元二十一年（公元805年），也是永贞元年，这场改革被史书称为"永贞革新"。核心就是将君权从宦官和节度使那里夺回来，大胆任用有作为的年轻官员。同时，取消宫市和五坊使制度，严禁官员以任何名义欺压百姓。

改革内容当然没有问题。如果真能全部实现，唐朝起码还能续命百年。可他们太急于求成，不懂得循序渐进的道理。几十年来明里暗里形成的规矩，哪里就能靠一次改革就又破又立？

宦官们被彻底激怒！除了生不了孩子，这世上还真没有我们不能干的事情。新皇帝碍眼，我们就让他升职当个太上皇。太子李纯，接下来这舞台就属于你了。那几个小喽啰，你懂的！

刘禹锡被贬为朗州司马。柳宗元被贬为柳州司马。王叔文被贬为开州司马。王伾被贬为司户参军。其他五名涉事官员韦执谊、陈谏、韩泰、韩晔、凌准、程异也被打发到了偏远地区当司马去了。

至此，持续仅146天的永贞革新彻底失败。

然而，这只是革新的失败，却不是刘禹锡的失败。只要不打死他，他随时可以再打回来。

在朗州的那些日子，刘禹锡一直在反省，试图重新"对齐颗粒度"。

我们错了吗？为了理想，没有。我们的敌人错了吗？为了他们的利益，也没有。那么，到底问题出在了哪里？刘禹锡脑中的机器运转得飞快，围绕着的基本原则是如何卷土重来。

没过多久，他收到了柳宗元的来信。信中，柳宗元向他诉说了被贬柳州后的感想。就一个字，丧！这种被人生生扯断翅膀的无力感让他做什么事都觉得没意思。如果有焦虑自评量表，他的测量分值一定在70分以上——重度焦虑，那可是得靠药物干预的。随信附上的，还有一首诗：

千山鸟飞绝，万径人踪灭。孤舟蓑笠翁，独钓寒江雪。

孤独是永远的诗歌主题。而这一首《江雪》一出，其余的孤独诗几乎都成了无病呻吟。

刘禹锡一看，坏了！这哥们儿的心理压力太大。一定要想办法为他疏导疏导。于是，回诗两首，便是著名的《秋词》：

其一

自古逢秋悲寂寥，我言秋日胜春朝。
晴空一鹤排云上，便引诗情到碧霄。

其二

山明水净夜来霜，数树深红出浅黄。
试上高楼清入骨，岂如春色嗾人狂。

秋天本来就是个让人有些落寞的季节，我一个前途一片光明的官场新秀如今被贬到这么个荒凉的地方，我也难过啊。可为了我们共同的理想信念，我只允许自己难过一会会儿。秋天怎么了？秋天也有它的独特之美。被贬怎么了？只要活着，就还有无限可能。况且，咱们也正好趁这个机会深入最基层，听一听真正属于老百姓的心声。

在朗州的第七年，刘禹锡接到了老领导杜佑的来信。信中，杜佑为他分析了一下如今朝堂上的形势，鼓励他在朗州好好干，他会和同僚们一起周旋，争取尽快将他调回长安。尽管刘禹锡一直信心满满地告诉自己，总有一天，他会重回庙堂，继续完成他的事业，可这不过是一种心理暗示而已，他自己也不确定是否还能回去。毕竟，比被憎恨更让人恐惧的是被遗忘。杜佑给了他一粒定心丸，他觉得还能再支撑另一个七年。

幸运的是，到了第十年，刘禹锡收到了调任书。这一年，他43岁。还好，不算太晚。

回来是回来了，可朝廷还没有派官。于是，刘禹锡就迎来了长达几个月的带薪休假。走在热闹的大街上，一切好像那么熟悉，又好像那么陌生。走到玄都观的时候，刘禹锡诗兴大发，当时便写下了这首《元和十年自朗州至京戏赠看花诸君子》：

紫陌红尘拂面来，无人不道看花回。
玄都观里桃千树，尽是刘郎去后栽。

字面意思很简单。我走在尘土扑面的长安大街上，看到了很多看花回来的人们。玄都观里有上千株桃花，都是我离开京城之后才栽种起来的。

可小孩子们写作文尚且知道寄情于景,这位敢在太岁头上动土的刘郎又怎么会没有深意?如今在朝堂之上那些吆五喝六的高官们,裴垍、李绛、武元衡、李吉甫哪个不是在我离京之后才被提拔起来的?换言之,刘郎我在朝廷做官的时候,你们这些人还不知道在哪个角落斗蛐蛐抓麻雀呢!

得了,这下得罪的人可就太多了。

最新热点:# 刘禹锡写诗讽刺前辈 #

热门

大唐娱乐新闻先知晓 V

前天,原朗州司马刘禹锡在游历长安玄都观的时候,题诗一首:"紫陌红尘拂面来,无人不道看花回。玄都观里桃千树,尽是刘郎去后栽。"有分析人士指出,刘禹锡此诗直指自己曾经遭到不公正待遇,而这些遭遇很有可能与朝堂某些高官有关。# 刘禹锡写诗讽刺前辈 # 大唐娱乐在第一时间联系了 @ 刘禹锡,但刘禹锡明确拒绝接受采访,这让事情变得更加扑朔迷离。

7.3万　　3.7万　　47.9万

热门

梦得的真爱粉

刘禹锡写诗讽刺前辈 # 营销号请圆润地滚出去!我们梦得好不容易回京,难道还不能写首风景诗了吗?要编故事为什么不能自己写话本子!

5.1万　　1.9万　　16.5万

热门

瘦妹子的春天来了

刘禹锡写诗讽刺前辈 # 就算真嘲讽了又怎么样?刘郎当年被人陷害,现在就不能发几声牢骚吗?某些人,请不要对号入座好吗!

2.4万　　3.1万　　37.3万

这首诗好读好记,所以不论有没有被品出深意,它都迅速在长安市井流传开来。不久,便传到了皇帝李纯的耳里。每天都有不同的人来他面前打小报告。

"陛下,这刘禹锡傲得很,他这是把您也编排上了啊。"

"陛下，这可不是他刘禹锡第一次写这种阴阳怪气的诗了。您看看，这是他给淳于髡扫完墓后写的诗。"

"陛下，还有那柳宗元也写了。这两人当年就一搭一唱搞事。您也不能不防啊。"

这淳于髡是齐国著名的外交家，身材矮小，却才气纵横，最大的爱好就是向齐威王提意见，齐威王知人善用，在史书上留下了一段君明臣贤的佳话。刘禹锡和柳宗元的两首诗是这么写的：

生为齐赘婿，死为楚先贤。应从客卿葬，故临官道边。
寓言本多兴，放意能合权。我有一石酒，置君坟树前。
——刘禹锡《题淳于髡墓》

水上鹄已去，亭中鸟又鸣。辞因使楚重，名为救齐成。
荒垄遽千古，羽觞难再倾。刘伶今日意，异代是同声。
——柳宗元《善谑驿和刘梦得酹淳于先生》

多好的淳于髡！多好的齐威王啊！人一旦开始怀念过去，那必然是在现实生活中受挫了。你们怀念淳于髡那个时代，就说明咱现在这个时代不好，也就是皇帝不好。你们这是在骂皇帝啊！罪名听起来很是牵强，可只要皇帝听着不牵强，他就有权力让你滚。

所以，公职人员可不能乱发朋友圈。

由此，刘禹锡被任命为播州刺史，柳宗元被任命为柳州刺史。当时，播州和柳州都不是好地方。不过矮子里拔将军，柳州稍微近一些。于是，柳宗元向皇帝上了一道奏疏，大致意思是刘禹锡上有九十老母，下有几岁小儿，真去了播州，就是要了他们的命。他请求，和刘禹锡换地方。

这封奏疏写得情真意切，就是皇帝讨厌极了他们，也不免动容，加上有杜佑等人在旁打边鼓，便重新给刘禹锡规划了职业生涯，去连州当刺史。

虽然仕途坎坷，但人生得此知己，也不枉了。

两人一起走了一段路，到了衡阳之后才互赠送别诗，依依不舍地分开。

十年憔悴到秦京，谁料翻为岭外行。
伏波故道风烟在，翁仲遗墟草树平。

直以慵疏招物议，休将文字占时名。
今朝不用临河别，垂泪千行便濯缨。

——柳宗元《衡阳与梦得分路赠别》

去国十年同赴召，渡湘千里又分岐。
重临事异黄丞相，三黜名惭柳士师。
归目并随回雁尽，愁肠正遇断猿时。
桂江东过连山下，相望长吟有所思。

——刘禹锡《再授连州至衡阳酬柳柳州赠别》

柳宗元说："我们被贬出京，是因为奸臣逮着我们的诗文做文章，从此以后，咱就封笔吧！如此，就不用经历这样的生离死别了。"

刘禹锡说："兄弟，咱不难过。该干什么还是干什么。柳州和连州由桂江相连，每当桂江的水向东流经连山之下时，我就会和你一起吟唱《有所思》。"

诗写得很好，以后不要再写了。

刘禹锡在连州生活了四年，直到他的母亲过世，才被允许带着母亲的灵柩回到故乡洛阳。柳宗元多次写信安慰，并且约定好在当初分别的衡阳再见一面。谁料，等刘禹锡到了衡阳之后，得到的却是柳宗元病逝的噩耗。短时间内连失母亲和挚友，自己又前途未卜，就算刘禹锡的性格再乐观，也不免悲恸不已。

柳宗元在遗书中请求刘禹锡为自己做三件事：第一，照顾自己的儿子；第二，整理自己的诗文书稿；第三，将自己的遗体运回故土。

托孤、托文、托骨。能担得起这样重任的，必然是他在这世上最信任的人。刘禹锡不负所托，竭尽全力用余生完成了这三件事。

第二年正月里，皇帝李纯离奇暴毙，太子李恒登基。在前朝作威作福的宦官全部被杀，可新一波的宦官们又被提拔了上来。官员们接受重新洗牌，刘禹锡被调任为夔州刺史。

夔州民风淳朴，当地人生来就会唱歌跳舞。刘禹锡在热情的老百姓的带动之下，又重新变得元气满满。

为了支持老百姓的文娱事业，刘禹锡按照当地人喜欢唱的《竹枝词》的曲子，填了新的词：

  杨柳青青江水平，闻郎江上唱歌声。

  东边日出西边雨，道是无晴却有晴。

  朗朗上口的歌词，配上灵动跳跃的曲子，简直绝了。这是什么神仙领导啊！如果能永远留在咱们这里当父母官就好了。

  这是老百姓们最朴实的愿望，可对于刘禹锡而言，他还不甘心。

  宝历二年（公元826年），当时的皇帝李湛将刘禹锡调回洛阳，一年后任东都尚书。此时，距离他第一次被贬出京已经过去了整整23年。23年，足以看着一个嗷嗷待哺的小婴儿长成一个初入职场的年轻人。

  从小刘到老刘，这些年，他失去了太多，可他依然很淡定。不管过程如何，结局是他回来了，而当初那些陷害他的人又在哪里呢？没有敌人的人生，也是寂寞啊！

  回洛阳的路上，刘禹锡拐了个弯去扬州，看望老朋友白居易。白居易与刘禹锡同岁，现在也正处于职业生涯的最低谷。干啥啥不顺，人家的官路是节节高，他是节节退。安慰一个人最好的办法不是跟他讲多深的道理，而是让他与一个和他有着相同经历的同龄人聊聊。在心理学上，这个叫作"朋辈心理辅导"。

  果然，等白居易见到刘禹锡之后才发现，这大兄弟可比自己惨多了。来来来！咱们好好喝杯酒，聊聊我们郁郁不得志的人生吧。喝完了，上纸笔，我要写诗。

  为我引杯添酒饮，与君把箸击盘歌。

  诗称国手徒为尔，命压人头不奈何。

  举眼风光长寂寞，满朝官职独蹉跎。

  亦知合被才名折，二十三年折太多。

  老刘啊！咱们这一辈子活得都不容易。今天，你为我倒酒，我们喝得微醺，一起用筷子打着盘子唱歌。你的诗才一流，可惜遭人排挤，始终怀才不遇。看看如今站在朝堂之上风风光光的那些人，再想起你这些年来的寂寞，我为

酬乐天扬州初逢席上见赠

作词：刘禹锡

作曲：刘禹锡

演唱：刘禹锡 白居易

刘禹锡：巴山楚水凄凉地，
二十三年弃置身。
白居易：怀旧空吟闻笛赋，
到乡翻似烂柯人。
刘禹锡：沉舟侧畔千帆过，
病树前头万木春。
白居易：今日听君歌一曲，
暂凭杯酒长精神。

评论（9999） 推荐 最热 最新

不会起名
第一次听到两位大神的原创歌曲，心里一次又一次被触动。想起那一年，我第五次考进士失败。我身无长物，总觉得人生已是一败涂地，只想走到城墙上跳下来结束自己。突然，心里有一个声音告诉我：小郎，你连死的勇气都有，为什么不敢活下去呢？
那一刻，我知道，我重生了。

元气姑娘
谢谢刘郎的这首歌，伴我度过了人生最艰难的那几个月。我的苦在刘郎面前根本不值一提。

账号已注销
刘白合体，天下无敌！

你叫屈！你蹉跎的这 23 年时光，该找谁去讨回来啊？

　　刘禹锡一看这首气呼呼的诗，不禁哈哈大笑。老白啊！别替我委屈。我这心态，好得没话说。看我也给你写几句诗，咱们共勉一下。

　　巴山楚水凄凉地，二十三年弃置身。

　　怀旧空吟闻笛赋，到乡翻似烂柯人。

沉舟侧畔千帆过，病树前头万木春。

今日听君歌一曲，暂凭杯酒长精神。

我在偏远的地方待了23年。每天都在怀念着故友，回来却觉得人事全非。你看啊！沉船的旁边有千百艘小船驶过，枯树前面种植了一大片新绿。今天我听着你给我唱的曲子，我心里高兴啊！打起精神来！我们还能再战30年。

好诗好诗！白居易拍手称绝。看来，他的格局还是小了。不能改变世界，咱就改变心态。拒绝精神内耗，就从此刻开始吧。

第二年，56岁的刘禹锡回到长安担任主客郎中，处理外交事务，后来又任职集贤殿学士、礼部郎中等，大多是从五品左右的中高级官员。工作清闲，收入高，特别适合养老。有钱有闲，很多人都祝贺他苦尽甘来，可他却常常回忆起当年他刚刚中进士时，和柳宗元在大雁塔所说的此生理想：中兴大唐。

也许，他再也没有机会去实现这个理想了。可他已经努力过了，甚至因此付出了巨大的代价。这不是他的错，他也不会苛责自己。健康快乐地为自己而活，也是很好很好的。

后来，他又去了玄都观，再次题了一首诗：

百亩庭中半是苔，桃花净尽菜花开。

种桃道士归何处？前度刘郎今又来。

桃花没了，种桃花的道士也没了，可是刘郎我还在。只要好好活着，就一定可以熬死所有不喜欢我和我不喜欢的人。

上一回可就是因为一首桃花诗被贬。刘禹锡写完就拍了拍自己的脑袋，我这性格是从娘胎里带来的，改是改不掉的。

管他呢！爱谁谁！

好在，如今朝野上下已经没人再去在意这个老头了。管你又来还是又去，反正你耽误不了我升官发财娶老婆。

刘禹锡晚年很喜欢和白居易一起吟诗唱曲。两人的即兴之作后来被收录到了《刘白唱和集》和《刘白吴洛寄和卷》之中。随便翻开一页读来，就能看到两个精神老头达观通透的内心世界。

会昌二年（公元842年），刘禹锡在洛阳病逝，享年71岁。至此，参与

"永贞革新"的十人全部离世。一次失败的百日革新，对于统治者来说，不过是场小孩子玩的闹剧而已。再也没有人会知道，当年这些热血青年们是怀揣着怎样的理想，在烛光下一遍遍规划着唐朝的未来。

皇帝李炎给足了刘禹锡这位七朝老臣面子，亲自追赠他为户部尚书，正三品的高官。可尊贤的好名声终究是皇帝的，刘禹锡生前尚且不在意身外之物，更何况是死后呢？不过，他的配得感向来很强，既然给了，那么就乐呵呵地接受吧！

白居易

愤青想开了，便成了诗仙

白居易（772—846）

　　江湖名号"诗魔"，是唐朝现存诗歌最多的诗人。他的诗通俗易懂，非常接地气，连老太太都能听懂，故而有"老妪能解"的说法。他因写诗针砭时弊被贬江州，却并未因此消沉，反而寄情山水，留下了《琵琶行》《长恨歌》这样的传世佳作。晚年自号"香山居士"，成立文学社团"七老会"。死后被皇帝亲自写诗悼念。

大唐诗人 我要上热搜

最新热点：# 白居易好名字 #

热门

起名改名大唐何大师 V

1分钟前

白居易 好名字 # 近日，文坛大神顾遖翁先生在社交平台上公开点赞新生代诗人白居易的作品，并且以"道得箇语，居即易矣"来评点其名字。可见，拥有一个好名字可以给你加分不少。有需要起名改名的私信我哦！改名和年龄没有关系，我改过最大的一位已经68岁了。取悦自己，从现在做起。

3.1万　　2.4万　　24.8万

热门

家有萌娃

1分钟前

白居易 好名字 # 有谁认识这位白居易吗？想问问他的名字是谁起的。我家是男宝，出生在贞元七年十月初十子时一刻。

3.5万　　4万　　62万

热门

用户 1008611003

1分钟前

白居易 好名字 # 这个热搜是怎么回事？做榜单的人收银子了吧。小白同学出名靠的是自己，跟名字有什么关系？那些给大师送银子的人，还不如好好投资孩子的教育事业。

3.6万　　4.6万　　35.4万

唐朝的诗仙是谁？

相信哪怕是小学生都能在五秒内回答出来，不就是李白吗？

人生得意须尽欢，莫使金樽空对月。

天生我材必有用，千金散尽还复来。

多么仙气飘飘的诗句啊！

然而，唐朝时候被官方认定的诗仙，却是被后代誉为现实主义诗人的白居易。新旧唐书在《白居易传》中都有这样的记载：

> 知我者以为诗仙，不知我者以为诗魔。

懂我的人叫我诗仙，不懂我的人叫我诗魔。可见在当时，不仅是诗仙，连诗魔都是他老人家的标签。

不过，白居易成仙成魔的路却走得并不平坦，尽管他的人生起跑线已经是大多数人奋力一跃都达不到的终点了。

他出生在一个中高级官员家庭，父亲白季庚官至大理寺少卿，母亲是大家闺秀。两人婚后相亲相爱，生了三个儿子，老大叫白幼文，老二叫白居易，老三叫白行简。听听这些名字起得多好！既有内涵又朗朗上口。

唐朝很多诗人小时候都有一顶叫"神童"的帽子，白居易当然也不例外。据说，才五六个月的时候，家里的保姆就教他念"之""无"这样简单的字。小小白虽然还不会说话，但每次都能精准地在一篇文章中找到这些字。什么叫作顶级早教环境？这就是了！

所以长到五六岁，白居易就能写诗作文了。到了能参加科举考试的年纪，他就带着应试的习作来到长安，拜望文坛前辈顾况。顾老师原本并不把白居易放在眼里，毕竟，想要获得他的认可来提高知名度的考生每年没有上千也有几百。这个小年轻，能有什么特别的呢？哦！名字很特别。

"小白啊！咱们长安可是国际大都市，消费水平很高，你想要在这里暂居，不容易啊！"

白居易有些尴尬地笑笑，心里想着，倒也没有不容易，我有钱。

顾况看着白居易身上那种原生态的质朴，心里一软，便随手翻开这本习作来看，第一首就是现在的小孩子们都能背得滚瓜烂熟的《赋得古原草送别》：

> 离离原上草，一岁一枯荣。野火烧不尽，春风吹又生。
> 远芳侵古道，晴翠接荒城。又送王孙去，萋萋满别情。

古原上的青草，年年枯萎，年年繁荣。大火烧啊烧，却怎么也烧不完，春风一吹，又能茂密地生长起来。每一句看似都很平淡，但每一句又都很有新意。不用去深挖它们背后的深意，就能有一种心里无物天地宽的感觉。

顾况一看，眼睛瞪得老大。好小子，有两下子啊！大唐诗人，自从王维、李白、杜甫等大牛过世之后几乎就断档了，虽也出过几个会写诗的，但还远远不到封神的地步。这个小白，好好培养，潜力无限。

"小白啊！你赶紧准备考试，你有这样的才华，在长安定居也不是什么难事了！"

"老师您放心！我一定先买房，再考试！建设美丽大唐，我可以的！"

白居易考中进士那年刚满28岁，正是闯荡的年纪，那会儿他是真高兴，每天最喜欢做的事就是和人打招呼。

"今天天气真好啊！您知道这批进士中最年轻的是谁吗？就是我。"

"您家这孩子真可爱。我考中进士了。"

"这是新做的衣服吗？挺适合您的。我要当官了。"

两年后，白居易还通过了吏部举行的"书判拔萃科"考试，正式入职成了秘书省校书郎。在那里，他遇到了一生挚友元稹。两个初出茅庐的年轻人总感觉浑身有使不完的劲儿，每天在一起讨论的都是国家大事。最大的愿望就是能让唐朝倒退七八十年，重回开元盛世。

除了做好本职工作，白居易还利用业余时间写了本书。这本名叫《策林》的书一共有75篇，主要阐述了他对政治、经济、军事、外交、法律等方面的观点，堪称公务员考试的百科全书。一经问世，就遭哄抢。白居易当然很高兴，恨不能每天到集市去直播："别抢别抢！我可以现场给你们辅导啊。"

唐朝有法律规定，官员任职满四年，就要再参加吏部的铨选以获得新的官职。白居易在任期届满的那一年，通过了"才识兼茂明于体用科"考试，被授以盩厔县尉，后来又做了集贤校理、翰林学士、左拾遗等官职。这些官职有两个共同的特点：第一，品级不高；第二，前途无量。

白居易在左拾遗任上，写了许多反映国家现状、百姓疾苦的现实主义诗歌。每一首都在老百姓之间广为流传，因为这些诗歌朴实无华，无一不说到了他们的心坎里，就连古稀老人都能吟唱两句，然后哭得泪流满面。

织绢未成匹，缫丝未盈斤。里胥迫我纳，不许暂逡巡。

布还没织好，蚕宝宝吐的丝还没满一斤。那杀千刀的乡长就来找我们收保护费了。求求您，给点时间凑银子吧！对不起，等不了了。抢！

复有贫妇人，抱子在其旁。右手秉遗穗，左臂悬敝筐。

听其相顾言，闻者为悲伤。家田输税尽，拾此充饥肠。

那个抱着孩子的贫穷农妇，右手拿着麦子，左臂挂着破筐子，问她幸福吗？她哭得悲痛欲绝。为了交税，家里的良田都卖了，只能拾点麦子充饥。

食饱心自若，酒酣气益振。是岁江南旱，衢州人食人。

宦官们打着天子的旗号去衢州骗吃骗喝，吃得那叫一个痛快！可是那年江南大旱，老百姓们都在吃人了。

一车炭，千余斤，宫使驱将惜不得。

半匹红纱一丈绫，系向牛头充炭直。

用半匹红纱一丈绫来换一车炭，你们这些狗仗人势的阉人怎么不去抢呢？

这是可以说的吗？

别急！我还没有说完呢！

七十而致仕，礼法有明文。何乃贪荣者，斯言如不闻？

咱大唐的法定退休年龄是70岁。如今朝堂上的某些人，请随意对号入座，为了贪图荣华富贵吃空饷，就好像没听过这条文一样。

总而言之，在我白居易的眼里，官员是坏的，节度使是坏的，宦官也是坏的，朝廷从根里就是坏的。别人不敢说，但我是左拾遗，建言献策是我的本职工作，我不说，就对不起我从小受过的精英教育！

当时的皇帝李纯一看，好家伙！他可真敢啊。我知道国家的问题，大家也都知道国家的问题，但你胆敢说出来，还编出诗来妖言惑众，那就铁定是你的问题了。今天我如果不法办了你，我就不是大唐天子！

宰相李绛一见李纯的脸色变灰了，便忙在旁说和："陛下，小白还年轻，不懂事。处置了他事小，影响了您的好心情事大。"

李纯发了一通火后，又生了会闷气，终于找了个理由说服了自己，毕竟刚登基不久，为了营造善于纳谏的人设，装还是要装一下的。

皇帝不办他，不代表被他内涵的那些人不针对他。于是，来李纯面前打小报告的人络绎不绝。李纯听着听着就来精神了，从善如流是我的标签，所以，我就应该听他们的话，那个白居易，几年之内就别想提拔了！

> **天下宦官一家亲（499）**
>
> **老大**
> @所有人 看到白居易的新诗了吗？都指着鼻子在骂咱们了！兄弟们，你们忍得了吗？
>
> **三十六郎**
> 哇！那个抢炭的人好像……好像……说的就是我。大哥，我们该怎么办啊？
>
> **老大**
> @三十六郎 瞧你这没出息的样子！当今陛下都是咱上级领导扶持起来的，你居然会怕小小一个白居易，他敢写诗骂咱们，咱们就能用他的诗来整他！
>
> **九十九郎**
> @三十六郎 我最近在研究白诗，你放心，我心里大概有数了。这次非得让皇帝把他发配得远远的。
>
> **老大**
> @三十六郎 听到了没？可长点心吧！以后出去采购的时候，多看看四周有没有眼睛！

白居易那会是真不在乎升官，他就喜欢写诗针砭时弊。信仰这事，那些俗人不懂。爱情这事，那些俗人也不懂。

据说，白居易有个青梅竹马的邻家妹妹叫湘灵，后来被老妈棒打鸳鸯，硬生生给拆散了，心里一直有很深的遗憾。所以，当他和元稹从马嵬坡旅游回来，才会写下那首句句都是名句的长篇叙事诗《长恨歌》。

《长恨歌》非常有趣。开篇是气鼓鼓地批判皇帝老儿好色思春：

汉皇重色思倾国，御宇多年求不得。

好不容易找到个美女，就使劲宠：

春宵苦短日高起，从此君王不早朝。

承欢侍宴无闲暇，春从春游夜专夜。

不止宠美女，还惠及她那些不争气的兄弟姐妹：

姊妹弟兄皆列土，可怜光彩生门户。

可写到后来，突然就有种嗑到了CP的感觉，将恩宠和逢迎定义为了爱情，对于两人天人永隔，也产生了深深的同情感。最后是他想象中两人的誓言：

在天愿作比翼鸟，在地愿为连理枝。

天长地久有时尽，此恨绵绵无绝期。

如果不是夹带私货，代入了自己与初恋的感情，那就是以爱情来模糊皇帝因为贪恋美色而险些亡国的事实。虽然写的是"汉皇"，但明眼人都能看出是李隆基和杨玉环的故事。批判当朝皇帝的老祖宗，可不得阴阳怪气一点吗？

所以尽管这首《长恨歌》的传唱度极高，但李纯对此的反应也只是感慨一句：嗯！男人的感情世界也可以很细腻啊。

元和十年（公元815年），宰相武元衡被人当街刺杀，白居易上书要求朝廷彻查。宰相是谁？是代表国家的门面，杀了宰相就是打了我们国家的脸。

李纯觉得说得很有道理，刚要下令刑部查案，就有宦官在旁窃喜，君子报仇，十年不晚。好你个白居易，这下可被我抓到小辫子了吧！于是，他赶紧义正词严地说道："陛下，这个白居易越俎代庖。他有什么资格要求您查案？他有什么企图？是不是对朝廷、对陛下您不满？您别忘了，当初他写的那些诗！"

一个宦官站出来了，几十个宦官一起站出来了！

那些人在白居易众多的诗文中找到了一个让他无法反驳的罪名，那就是不孝。

白居易的母亲有些精神问题，在赏花的时候不小心掉进井里过世了。而白居易写过《赏花》《新井》这样的诗，这什么意思？您品，您细细品。

品什么品？懒得品。朝廷容不下像他这样不孝的人。李纯这会也登基好几年了，不装了！朕可是大唐皇帝，想处置个碍眼的官员还不行吗？

白居易就这样被莫名其妙地定了罪，被贬为了江表刺史。

刺史好歹是地方一把手。不行！不能让他这么舒舒服服的。当天就有人在李纯耳边叨叨：您还是太心软了，对母亲尚且不孝，又怎么会真心对待一州子民呢？

李纯觉得很对，又改了圣旨，将白居易赶到江州做司马去了。白居易挺淡定的，江州就江州吧！我还没去过那里呢！

到了江州之后，白居易依然很快乐，把所有同事都处成了好朋友。大伙对这位从京城来的大诗人也很尊敬，经常带他参加当地名流举行的宴会。宴会上少不了饮酒作诗，这些都是白居易的拿手好戏，他真正体会到了宾至如归的感觉。

这一天应酬完，白居易到浔阳江头去送客人，突然听到江面上传来一阵阵绝美琵琶声，便将小船摇过去邀请琵琶女加入他们的第二场派对。琵琶女为他们演奏完两首曲子后，便开始讲述她的身世。

我本来是京城娱乐圈的超一线女明星，当时前来给我捧场打赏的人不计其数。可女孩子的花期就那么几年，我的经纪人见我年纪大了，就不再砸钱捧我。于是，我嫁给了一个商人，来到了江州。商人社会地位低，赚不了钱，又长年在外奔波。既给不了经济价值，又给不了情绪价值。所以，我苦啊！

白居易听完演出背后的故事，不禁泪流满面。怀才不遇，壮志未酬。苦！太苦了。

可我的人生不也是这样的吗？当年我28岁中进士，风光无限，前途无量。可我所有的理想抱负都被朝廷之上的那些小人给毁了。他们把我放逐到江州，是想让我意志消沉。心理问题会引发躯体化反应，他们这是想要我的命啊！想想就很难过。

不得不说，白居易的反射弧有点长。

同是天涯沦落人，相逢何必曾相识。

娘子，我是江州司马，我敬你一杯。

那天晚上，白居易大醉而归，倒头大睡。然后，就梦到了元稹：

晨起临风一惆怅，通川涨水断相闻。

不知忆我因何事，昨夜三回梦见君。

醒来后，他就给时任通州刺史的元稹写了一封信，回忆起了两人意气风

先投币后看　请听琵琶独奏　一键三连
《相逢何必曾相识》
你真的是我知道的那个十七娘吗　小姐姐考虑开个人演唱会吗
爱上琵琶，只需要小姐姐的一首曲子
我听过十几遍了，就当催眠曲了　不知道十七娘的都还是小孩子吧

简介　　评论 873

过气女明星UP
48.3万粉丝　120视频　　　＋关注

十七娘原创独奏曲《相逢何必曾相识》

▷ 36.1万　　3808　　正月初五卯时三刻　　4人正

1.7万　　不喜欢　　1.4万　　7481　　2879

热门评论

我的心里有个小秘密
1分钟前
　　太厉害了！太厉害了！光看着小姐姐表演，都忘记发弹幕了呢！投两个币给小姐姐支持了。

练琵琶的小杜
1分钟前
　　十七娘你好，我阿娘非常喜欢你，所以从小就请了先生来教我学琵琶。最近我发现，我的学习已经进入了瓶颈期，不知道怎么去突破。女子的臂力伤不起啊！有时候弹到中间手就已经抬不起来了。先生说我的曲子没有杀气，最近在反复看这个视频，找找感觉。

请赐予我力量吧
11分钟前
　　不知道听了几遍，还是感动得想哭。我觉得，女性的任何一个时候都是美的。10岁、20岁、30岁、40岁，各有各的美……谢谢姐姐！看到这么优秀的你，我渐渐没有了年龄焦虑。

发的青年时光。元稹那会身体不大好，想和知己在梦里相见，却怎么也见不到，能见到的都是些不相关的人：

　　山水万重书断绝，念君怜我梦相闻。
　　我今因病魂颠倒，唯梦闲人不梦君。

　　看到元稹的这首回诗，白居易更难受了。可只难受了没几天，他就想通了。

白居易　愤青想开了，便成了诗仙

209

用别人的错误来折磨自己，是傻瓜行为。我越不开心，那些人就越开心。那么，反过来做就可以了。

元和十五年（公元820年），朝廷打了胜仗，开始赦免一些被贬外地的官员。白居易被召回京城，当了主客郎中、知制诰，专职负责外交事务，撰写公文材料。后来，又被加了个朝散大夫的头衔，官职正五品下，算是中高级别的官员了。

宦海沉浮，有时候真就在当权者的一念之间。

当时，新皇帝李恒刚继位。李恒很欣赏白居易的才华，常常把他找到跟前和自己聊天。聊着聊着，白居易就觉得，这皇帝能处！不过缺点还是有的，比如过分沉迷游猎。于是，他特意写了篇文章来提意见，言辞恳切地说：

臣非兽臣，不当献箴，辄思出位，敢谏从禽。

蝼蚁命小，安危计深，苟裨万一，臣死甘心。

李恒看完这篇文章连连点头，写得真不错，而且讲得也很有道理。可让我改，那是绝对不可能的！

一来二去，白居易也看出了李恒的性子，虚心接受，屡教不改。这工作一点成就感也没有嘛！倒不如，还去地方转转？他的想法其实很简单，你皇帝不听我的话，我没有办法，让我以死相谏，那也不可能。而我能做的就是真真切切地为老百姓干一些实事。

白居易先后当了杭州刺史和苏州刺史。虽然都是刺史，但苏杭这些大都市的刺史和穷乡僻壤的刺史还是有着根本性的区别。在杭州，白居易主持疏通六口枯井，解决了长久以来困扰老百姓的饮水问题。同时，开始治理西湖的淤塞问题，修建堤坝积蓄湖水，缓解了城中干旱。为此，白居易还写了篇《钱塘湖石记》，详细讲述了治理湖水的总纲、实施方法、注意事项等。怕建设资金不够，他还特意从自己的工资里拿出一部分来作为储备金。

杭州城里的老百姓一提到白刺史就眼泪汪汪的。这辈子能遇到这样一位一心为民的父母官，是何等幸运之事啊！

老百姓的热情，让白居易实实在在地有了获得感和满足感。更让他高兴的是元稹当时任职浙东观察使，办公地点和他离得很近。两人便常有书信往来，放假的时候还能见面叙旧。等到白居易离任的时候，元稹便开始整理他的所有作品，将它们编成了五十卷的《白氏长庆集》。

宝历二年（公元827年）十二月，太子李昂被宦官拥立为帝。继位之后，李昂铆足了劲想要当个好皇帝，立志将人才都聚集到自己身边。恰好白居易的刺史任期届满，便召他回到长安，授官秘书监，一年后又提拔他为刑部侍郎，封爵晋阳县男，后来又升为冯翊县侯。

梦微之

作词：白居易
作曲：大唐歌者
演唱：大唐歌者

夜来携手梦同游，
晨起盈巾泪莫收。
漳浦老身三度病，
咸阳草树八回秋。
君埋泉下泥销骨，
我寄人间雪满头。
阿卫韩郎相次去，
夜台茫昧得知不。

评论（9999）　　推荐　　最热　　最新

爱上一个不可能的人
死生契阔，与子成说，执子之手，与子偕老。又是为乐天和微之流泪的一天。想起他们，我才坚信男人之间也有这人世间最极致的浪漫。人生能得一知己，真的死而无憾了。

李郎
又能听到歌者的新曲了，心里全是满满的感动。
也许那个人此刻也正在听吧。
友谊，也是需要"门当户对"的呢！

曾经沧海难为水
微之的粉丝打卡签到！希望乐天天天快乐，长命百岁！

年届六旬的白居易有高官、有爵位，人生已经到达了巅峰。可是他仍旧不忘初心，从百姓中来，也要回到百姓中去。为求所创作的诗文通俗易懂，白居易总会拿着诗作念给一些上了年纪的老人听，老人听不懂，他就改到他们能听懂为止。

这样的诗文不仅唐朝人喜欢，连国际友人也视为瑰宝。据说，新罗宰相还派了海外采购专员来长安收购白居易的作品。很多投机商人一看有利可图，便竞相模仿。不就是白话打油诗嘛！我也会写。骗不了长安人，骗骗外国人还不容易吗？

还真不容易。白居易的诗深入浅出，是经过大雅之后再淬炼成为大俗之作的，和"一步到位"的山寨品怎可同日而语？

太和五年（公元831年）九月，时任户部尚书的元稹在家猝死。白居易悲痛欲绝，亲自为其写下墓志铭。元家人给了他一笔数额不菲的润笔费。给钱是心意，收下是尊重。可如果花了，就对不起他白居易和元稹这几十年来的知己之情。后来，他将这笔钱如数捐给了洛阳香山寺。

白居易，字乐天，号香山居士。

元稹死后十年，白居易还会经常梦见他们一起学习游历、对抗朝廷恶势力的场景。醒来，却已恍如隔世。迷迷糊糊间，他写下了《梦微之》：

君埋泉下泥销骨，我寄人间雪满头。

深情厚谊，惊动史书：

微之与白乐天最密，虽骨肉未至，爱慕之情，可欺金石，千里神交，若合符契，唱和之多，无逾二公者。

晚年的白居易身体一直不太好，60岁以后就基本在养老岗位上发挥余热了。70岁正式退休，拿的是刑部尚书的退休金。

和大多数唐朝诗人相比，白居易的人生还算顺畅，除了被贬江州那段，其余时间基本在走上坡路。他有李白的达观，有杜甫的务实，也得了李杜一生都无法企及的高官。他的为官，或者说人生信条就是这句话：

穷则独善其身，达则兼济天下。

话虽简单，却没有多少人可以做到。有的人执着追求理想，宁折不弯，有的人追求理想失败，一蹶不振，被怀才不遇四字束缚，一生自苦。那么，不如和白居易一般退而求其次，做好自己能做到的事。我好，他好，大家都好。

白居易七十多岁的时候，在洛阳成立了一个社团，名叫"七老会"。成员大多是年过七旬的老知识分子。他们在一起喝茶下棋，作诗赏花，谈谈佛法，吹吹牛皮，快乐得不得了。

白居易活到了75岁，无灾无痛，在睡梦中善终。

当时在位的皇帝是"小太宗"李忱。他是唐朝最后一个明君，他所在的时代被誉为"大中之治"。他才是真正懂白居易的君王，如果白居易晚生三十年，一定会在李忱手里得到真正重用。再现一段李世民和魏徵相互成就的佳话，也不是不可能。

君恨我生迟，我恨君生早。李忱一声叹息，亲自写诗悼念：

缀玉联珠六十年，谁教冥路作诗仙。

浮云不系名居易，造化无为字乐天。

童子解吟长恨曲，胡儿能唱琵琶篇。

文章已满行人耳，一度思卿一怆然。

大唐挽留不住你，我也挽留不住你。可你的文章已经名满天下，将来亦会流芳百世。你是我们最喜欢的"诗仙"啊！

杜牧 风流才子的别样人生

杜牧（803—853）

  江湖名号"杜紫薇"。他出身名门，16岁注释《孙子兵法》，23岁写《阿房宫赋》，25岁进士及第，前半生顺风顺水。可出生在罗马，却一生做牛马。因不愿搅和朝堂纷争，终生游离于核心权力之外，未能实现年少抱负。45岁辞官回家，为自己写下了墓志铭：你这老小子命不久矣，还不赶紧找块风水宝地。

大唐诗人
我要上热搜

最新热点：#16岁少年注解《孙子兵法》#

热门

长安头条 V

1分钟前

《孙子兵法》是一部文学和军事瑰宝，但有的人却觉得内容枯燥难以理解。近日，一位16岁的少年认真注解完成整部《孙子兵法》，不仅语言通俗易懂，还赋予了它在当今社会的实用价值。这位少年到底是谁？长安头条带您走进他的世界。#16岁少年注解《孙子兵法》#

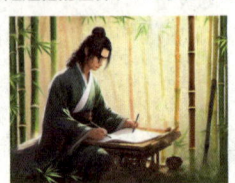

15.8万　　7.5万　　93.5万

热门

红烧大虾

1分钟前

哎哟！可牛坏了哦！这又是哪一家的小公子需要名声啊！天下那么多著书的文人，怎么不见他们上热搜呢。#16岁少年注解《孙子兵法》#

15.9万　　8.1万　　122万

热门

科考路上的绊脚石

1分钟前

我看过一点，只能说我绝对不相信这是一个16岁的少年写出来的。我就在这里等一个反转，如果背后没有枪手的话，我直播倒立12个时辰。#16岁少年注解《孙子兵法》#

16.3万　　10.4万　　75.8万

热门

桥大花

1分钟前

看到这个热搜，我还以为大家都会夸他厉害，想不到现在的人内心真黑暗，都见不得人好吗？#16岁少年注解《孙子兵法》#

11.2万　　4.9万　　48.8万

提问：出生在罗马意味着什么？

杜牧：那就说明，以后的人生就要走下坡路了。

杜牧的先人是西晋名将，同时进入文庙和武庙的奇人杜预。祖父是三朝宰相，著名政治家和史学家杜佑。父亲是皇帝近臣秘书丞杜从郁。住的地方在首都闹市区，郊区还有度假专用的豪华独栋别墅。家里有专门的藏书阁，里面有万余卷书，其中 200 卷还是他们自己家编写的。

后来，杜牧在写给侄子阿宜的书中，就是这么"凡尔赛"的：

我家公相家，剑佩尝丁当。

旧第开朱门，长安城中央。

第中无一物，万卷书满堂。

家集二百编，上下驰皇王。

杜牧从小听得最多的话就是朝堂大事。从能说话起，就能报出所有在朝为官的大臣的姓名和官职。

这样出身的孩子就算不够努力，也能躺赢进官场内。

可杜牧并不想躺平。他最大的愿望就是能做一名智慧和武力并存的大将军，带领精锐部队让唐朝时光倒退 100 年。因而他从小到大唯一的偶像就是杜预。只要一想到自己是杜预的后人，浑身就充满了想要战斗的欲望。

可祖父却总是这样教育他：小牧啊，你要知道，朝堂之上一半是武官，一半是文官。可论性价比，论咱家在朝廷的人脉，那还得是文官。

杜牧犹豫了，毕竟祖父吃过的盐比自己吃过的饭都多，有条件走舒服的路为何要给自己找麻烦呢？再说，干文官的活和自己发展军事爱好并没有本质上的冲突。这样一想，也就豁然开朗了。

16 岁的时候，杜牧就在书斋里完成了《孙子兵法》的注解。注解可不是像如今高中生一般把文言文翻译成现代文，而是要有自己独到的见解，有必要时还要引经据典，利用古人的智慧来解决今人的难题。杜牧在注解时就通过分析古代 142 场战役和 18 部古兵书，来佐证《孙子兵法》中的理论依据。

当时朝廷正要平定刘震叛乱，杜牧为了证明他对《孙子兵法》的研究不止限于纸上谈兵，便求见了太尉李德裕，就兵种分配问题和他来了一次快乐友好的交流。李德裕对这个还未出茅庐的年轻人非常欣赏，后来还真凭借着杜牧的建议顺利平叛。

谁说官三代的脑子里只有糨糊？瞧瞧人家杜家小牧！

初生牛犊最幸运的事一是遇良师，二是遇伯乐。那么唯有更加争气，才能向世人证明自己的实力。杜牧的小拳头握得紧紧的。

杜牧所在的唐朝早已不再是百年前的盛世大唐了。各类社会矛盾突出，藩镇割据严重，中央政府权力不足，国家积贫积弱，百废待兴。杜牧在悉心研究兵法之外，还常年待在祖父的豪华书房里寻找讽谏的灵感。

23岁那年，他写下了咱们学生时代可以倒背如流的赋文《阿房宫赋》。不仅讽刺了古代那些亡国之君，还将矛头直接指向了当朝天子。将叙事、抒情、议论融合得浑然天成，带有强烈恨铁不成钢的愤怒、哀怨和痛惜。风云叱咤，气势如虹。字里行间都散发着昔日盛唐气吞万物的雄奇。

六王毕，四海一；蜀山兀，阿房出。

使天下之人，不敢言而敢怒。独夫之心，日益骄固。戍卒叫，函谷举，楚人一炬，可怜焦土。

灭六国者六国也，非秦也；族秦者秦也，非天下也。

使六国各爱其人，则足以拒秦；使秦复爱六国之人，则递三世可至万世而为君，谁得而族灭也。

唐朝上位者和咱们一样，都看得出杜牧是在借古讽今，可他们没有证据，于是只能不约而同地感慨：好文章！好文章！自古英雄出少年啊！

当时正值科举考试开考前夕，太学博士吴武陵看到这篇文章后，脑子转了又转，这年轻人不简单，认真培养就是国家栋梁，听之任之就有可能发展成愤青。看来，为了国家的明天，自己要去替他"走动走动"了。

吴武陵找到的这个人名叫崔郾，是这一届科考的主考官。他的目的很简单，就是让崔郾录用杜牧，最好能当上状元。有才华的年轻人，最需要的就是鼓励和认可。

"不行不行，状元早在一年前就被人预定了。这个人……"

"榜眼也成，再不济给个探花郎。我们小杜不但有才，长得还帅。"

> **大和二年科举考试阅卷群（15）**
>
> **吴武陵**
> [杜牧个人简历.docx 4.2M]
>
> **吴武陵**
> @崔郾 你懂的。
>
> **崔郾**
> @吴武陵 这种事情请私聊我。
>
> **吴武陵**
> 又不是单给你一个人看的。大伙不都要认认咱未来的状元吗？
>
> **主打一个松弛**
> @吴武陵 不好意思，我一年前就预定了状元。你找崔兄调剂一下吧。
>
> **崔郾**
> 你们自己先商量，我不要过程，只要结果。

"吴公不知，今年这一二三四名都已经有人了。背后的靠山那是一座高过一座。"

没法子，唐朝科举制靠的不只是才学，更多的是人脉。所以有准备的考生们都会在考试前几个月就来到长安洛阳拼命营销自己，期待能在拥挤的热搜榜上留下自己的名字，那样就可以在主考官那里混个脸熟，有了印象分之后，别的事情可就好办了。

吴武陵当然知道官场中的这些"潜规则"，但是他仍旧很郁闷，最后只得与自己和解："那就第五名！再低我可不是为小杜可惜，而是为朝廷、为咱们陛下可惜。"

杜牧 风流才子的别样人生

如此，成交。

这一年，杜牧25岁，进士第五名及第。在等待编制考的过程中，杜牧兴奋地写下了《及第后寄长安故人》来表达自己欢快的心情：

东都放榜未花开，三十三人走马回。

秦地少年多酿酒，已将春色入关来。

隔着近1200年，我们仍然可以透过这短短28个字看到青年杜牧斗志昂扬、策马扬鞭的样子。中国文字的美妙，由此可见一斑。

回到长安不久，杜牧又顺利地通过了"贤良方正科"的考试，成为一名光荣的公职人员，被授予了弘文馆校书郎的官职，主要负责历史典籍的校对工作。虽然级别不高，可能积累一些基层工作的经验，对他来说有百益而无一害。

杜牧很珍惜第一份工作，对于史书经典中典故出处的校正，他做到了精益求精，有时候为了记录中的一点瑕疵，不惜自费前往外地做调研。

也许是领导们看到了杜牧的努力，不久之后，他的岗位就有了变动——去往江西观察使沈传师的幕府任职。

很多人都觉得，在中央当官离权力核心近，只要每天在那几个掌权者面前多晃晃，那么就很有获得提拔的机会。可事有两面，在权力核心地带可以放大你的优点，但更有可能会放大你的缺点。伴君如伴虎，有时候不知道说错了哪句话就会被贬去天涯海角。在地方可就不一样了，天高皇帝远，只要做得不过分，绩效考核还不是怎么说怎么算吗？

杜牧自然明白这个道理，在面子和里子之间，他选择里子。在金钱和权力面前，他选择自由。

在沈传师的府里，杜牧遇见了他的爱情。这位令他一见倾心的歌伎名叫张好好，不仅长得好看，歌唱得也好听。杜牧在见到她的一刻钟之内，就已经在心里勾勒出了一段与她相知相守的风流韵事了。那还不赶紧行动？

杜牧犹豫了，这可不是他怂，是因为初来乍到，成绩一点没做出来，反而先闹出了与上司家的歌伎的绯闻，这无论如何也不算是好事吧。

那么，就等等吧。小姑娘才13岁，等她再长大一些之后再做打算也不迟。

杜牧很自信，计划也不错。只可惜，计划赶不上变化。还没等杜牧向张好好表明心迹，三年后，沈传师的弟弟沈述师近水楼台，将张好好纳为了妾室。从小顺风顺水的杜牧这下可伤心坏了，伤心到想立刻离开这个地方重新开始。

幸运的是，这个机会很快就来了。受宰相牛僧孺力荐，杜牧动身前往扬州当掌书记。

扬州真是个好地方啊。千百年来，无数文人骚客在扬州留下了脍炙人口的诗篇。杜牧是念着徐凝"天下三分明月夜，二分无赖是扬州"的诗句，充满期待地前往扬州赴任的。到了扬州之后，杜牧马上就有了那首可以与《忆扬州》齐名的《寄扬州韩绰判官》。

青山隐隐水迢迢，秋尽江南草未凋。

二十四桥明月夜，玉人何处教吹箫？

美人美景，跃然纸上。

工作这件事，对于普通人来说，工资很重要，福利很重要，领导也很重要，但对于像杜牧这样有钱有才的人来说，最看重的是工作环境。人嘛，最打紧的事就是要让自己开心。

然而，没过多久，他就发现了事情的不对劲。

他的职位是掌书记，类似于今天的机要秘书，掌握着领导的核心机密。可杜牧的这个机要秘书却从来没有接触正经事的机会。同事对他倒是挺客气的，有些资历比他深的，也都一口一个"杜郎君"称呼他，但一旦牵涉具体的工作，他们总会笑眯眯地说：杜郎君初来乍到，也不必急于工作，可以先去熟悉熟悉环境嘛。咱们扬州城的风景，放眼整个大唐那都是顶级的。

开始的时候，杜牧还觉得他们说得很有道理。可愉快的时间一过就是两三个月，他们回应他的还是这几句话。尽管现代也有很多人自我调侃，表示最理想的工作就是可以随时随地自由摸鱼，但是当所有人都在忙忙碌碌地干活，唯有你闲得头顶长草的时候，一定会生出一种强烈的被排挤的感觉。

杜牧实在想不明白，自己16岁成名，虽然不能自夸是名满天下的大才子，但好歹也是被诸多大佬们肯定过的，原本在江西干得也不错，忽然把自己调来扬州，却又不用他，这实在让他觉得憋屈。

如果真的只是这样只拿薪水不干活也就算了，杜牧还可以通过发挥自己的文学和军事爱好来丰富一下枯燥的生活。但在扬州待得久了，他就敏锐地觉察出，他被监视了。一旦他想要找点正经事干，就会立刻有人出来打岔。

到底是得罪哪路大神了呢？杜牧思来想去，却始终也没有个完整的头绪。不过有一点他算是弄明白了，大家都不希望他好好工作。那么，就一本正经地玩耍吧。

只要有钱有闲，就可以尽情享受灯红酒绿、纸醉金迷的生活。依着杜牧

最新热点：#杜牧的青楼行程曝光#

热门

八卦早知道

话说杜牧你们都熟悉的吧！他在扬州的时候频繁出入青楼，和网红美女贴贴，出手十分阔绰。早年还嗑过他和张好好 CP 的人们，恐怕是要失望了。男人的嘴，骗人的鬼啊。#杜牧的青楼行程曝光#

12.3万　　4.5万　　96.5万

热门

今天我努力了吗

真的是造谣一张嘴！杜郎君去扬州是当官的，你们都把他编排成什么样子了？实名支持杜郎君举报。#杜牧的青楼行程曝光#

9万　　5.4万　　85.7万

热门

百变小仙女

我不知道你们是怎么想的，反正就算是真的，我也不会脱粉的。现在有些女孩子不自爱，看到个有钱有颜的郎君就自己倒贴上去。我不是针对谁，不要对号入座。#杜牧的青楼行程曝光#

2.4万　　2.3万　　50.9万

热门

霸王龙的传人

难道你们不知杜郎君的妻子肯定是和他门当户对的吗？人家是大家闺秀，才不会管男人在外面的正常社交呢！#杜牧的青楼行程曝光#

1.1万　　2.9万　　38.7万

出色的外貌和才华，很快就与各大青楼中的姑娘们打成一片。唐朝青楼和后世妓院不同，青楼的头牌姑娘们不仅长得漂亮，而且文学修养极高。毕竟来青楼放松心情的大多是腹中有丘壑的王孙公子，他们追求的可都是高等级的情趣。

这样无忧无虑的生活渐渐磨平了杜牧的意志。可这不是他所愿意过的日子。有时夜半惊梦，他感觉自己仿佛依然是那个边写着《孙子兵法》注解，边饮一口桃花酿的簪花少年。20年弹指去，时间是被哪一只天狗无情地吞没了呢？

转机发生在杜牧33岁那年，朝廷命他回京，任职监察御史。监察御史的品级虽然只有正八品下，连出入朝堂正门的资格都没有，但由于朝堂内外的官吏都要受其监察，因而大伙对其都有些发怵。权力与敬畏原本便是相辅相成的。

在走马上任之前，牛僧孺亲自找了趟杜牧，对他耳提面命了一番：小杜啊，我跟你爷爷你爹同朝为官多年，若从他们那里算起，你还得叫我一声叔。叔这回可提醒你，在扬州疯玩还不打紧，等当了监察御史之后，可得以身作则，咱是处理问题的人，可不能被人当成问题。

杜牧有些脸红，心里想着，这位叔的消息还真灵通，嘴里却绝对不能承认：牛相公您这又是从何说起啊？我这不一直是个遵纪守法的好官员吗？

牛僧孺也不拆穿他，而是将一个竹箱子放到了他的面前。里面放了数十封信，信里记录着杜牧这些年来每一次去各家青楼的时间，和哪一位头牌姑娘又传出了什么风流韵事。杜牧吓得险些将这些信砸在地上。

可怕可怕，这个世道未免也太可怕了。

后来，杜牧每每想起在扬州的这段时光，总是愧悔多过怀念的。尽管他的那首《遣怀》诗已经成为扬州的另一张旅游名片：

落魄江湖载酒行，楚腰纤细掌中轻。

十年一觉扬州梦，赢得青楼薄幸名。

其实人生于世间所有人来说，都是一场未知的修行。不过杜牧是唯物主义者，他宁愿相信，只要朝廷给他一支笔，他就能给朝廷画出一幅锦绣山河图。

只是可惜，他不曾生在盛唐，也不曾遇到真正慧眼识才之人。

杜牧在东都洛阳走马上任，决定一切从零开始。

然而，杜御史的这把刀还没磨得锋利，就有了一件让他食不甘味、夜不能寐的事情：他又遇到了张好好。

都说年少时不能遇到太惊艳的人，不然人到中年依然会念念不忘。

这个时候的张好好已经不是名动全城的歌唱演员，也不是沈述师家的娇娘美妾，而只是一个绾着妇人髻、穿着圆领胡服的卖酒女。

"郎君想要清酒几许？"

"张娘子一向可好？"

"合昏尚知时，鸳鸯不独宿。但见新人笑，那闻旧人哭。"

听到女神被无情抛弃，杜牧哪里还有心情买酒？失魂落魄地回到了家中，拿起笔就开始写心情日志：

君为豫章姝，十三才有余。翠茁凤生尾，丹脸莲含跗。

高阁倚天半，章江联碧虚。此地试君唱，特使华筵铺。

……

斜日挂衰柳，凉风生座隅。洒尽满襟泪，短歌聊一书。

这首近300字的《张好好诗》，写尽了一位无法决定自己命运的美好女子的人生悲剧，也是杜牧唯一留存于世的一幅书法作品。笔力雄厚，如行云流水，颇有魏晋古朴遗风。

那时狂热的爱意也许已经不在，转而变成一种同病相怜的懂得。因为自己也如同张好好一般，身不由己。

当时朝堂之上有两股旗鼓相当的势力：一股是以牛僧孺为首的牛党，另一股是以李德裕为首的李党。几乎所有文臣武将都像小鱼小虾一般，被迫卷入这两只大老虎的斗争之中。这就是考研历史名词解释的重点：牛李党争。

所谓党争，并非为了理想而战，而只是关于意气和权力之争。杜家与李家是世交。杜牧打小就把李德裕当成长辈一样看待，稍微长大一点，便常常会将自己那些不成熟的政见讲给李德裕听。李德裕不仅对这个"小屁孩"赞

牧之

**神仙打架
小鬼遭殃**

职场困惑，谁能帮帮我？
我的两个大领导互相看不顺眼，我和他们都有点渊源，不想得罪其中任何一个。但是他们却逼迫我站队，我现在非常困惑。
#职场生存指南 #向上管理 #求助帖 #站队

30 分钟前　长安

共 302 条评论

momo
不要发表任何意见，不管他们哪个人来问你，都尽量装糊涂。你要知道，多说多错，有心人会从你的话中挑出毛病，做任何模棱两可的解读，到时候你怎么死的都不知道。

29 分钟前 回复

路人甲
我觉得不行，不站队的话，两边都不会把你当自己人。选择站一个，就有一半概率能赌赢。

28 分钟前 回复

展开 98 条回复

感情早已不翼而飞
我觉得，你还是早点做个选择吧！不要觉得对不起谁，大家都是成年人了，要以利益为重，感情能值几个钱呢！

20 分钟前 回复

流年似水
大家都是可怜的打工人。在职场中，很多时候让人讨厌的不是工作，而是在工作中遇到的一堆乱七八糟的人。

10 分钟前 回复

寂寞的东
互关吧！大家抱团吐槽。

8 分钟前 回复

展开 78 条回复

杜牧　风流才子的别样人生

赏有加，还常常亲自教习他那些朝堂上不成文的规定。这些可都是书本和先生不会教的东西。对于叔叔辈高官这样的殷殷叮嘱，杜牧自然是感激万分的。

可杜牧生性洒脱，虽然明知官场上的那些"礼节"，但依然放诞随意。开始的时候，李德裕还会耐心地教导他：小杜啊，谨言慎行，谨言慎行啊！杜牧不理他，他就怒了：以后出了事，千万别提我老李。

不提就不提！我的朋友可多的是。

好巧不巧，杜牧的这位忘年交叔辈朋友就是李德裕的死对头牛僧孺。牛僧孺性格直爽，喜欢舞刀弄枪，显然更对杜牧的胃口。两人的关系越来越亲密，常常不避嫌地在一起聚会喝酒。这下可把李德裕惹火了：你小子尽在我雷区蹦跶是吧！看我怎么"照顾"你。

有时候在官场上，都不用刻意针对陷害，只要忽视，就可以让你干不成很多事情。监察御史的名头可以唬住那些中低级的官僚，可吓不了像李德裕这种档次的高官。都不用他出手，监察御史就能成为被监察的对象。

敌人的敌人是朋友。按理，被李德裕排挤的人，牛僧孺还不得赶紧拉拢？况且，他俩不是志趣相投，玩得挺乐呵的吗？牛僧孺也是这么想的。可他不是一个人在战斗，他的背后还站着为数不少的牛党成员。这些人原本就挺嫉妒杜牧的，加上比之牛僧孺，杜牧确实更加赞同李德裕的治国理念，于是便经常到牛僧孺面前打小报告：这小杜可贼着呢！他接近您，就是为了替李老头打探消息，您可不能被他得逞！

一次、两次、三次……得了，牛僧孺先是半信半疑，最后不得不信。

都站队就等于都不站队，都不得罪就等于都得罪。可怜的杜牧这下可真是两边不讨好。

不过还好，这两党都没有要将杜牧置于死地的想法，顶多也就是嫌他老在自己面前晃，看着碍眼罢了。于是，杜牧回京还不到三年，就又被打发到了偏远的黄州、池州、睦州等地当刺史。

杜牧挺想得开的，李德裕和牛僧孺都对自己有恩，哪一方失利对自己都是打击，那他干吗还要成为风箱里的老鼠呢？外派的地方是穷了点，但是舒心，可以尽情地写写诗、练练武。杜牧最有名的几首诗都是在这一时期写就的：

烟笼寒水月笼沙,夜泊秦淮近酒家。
商女不知亡国恨,隔江犹唱后庭花。

——《泊秦淮》

远上寒山石径斜,白云生处有人家
停车坐爱枫林晚,霜叶红于二月花。

——《山行》

折戟沉沙铁未销,自将磨洗认前朝。
东风不与周郎便,铜雀春深锁二乔。

——《赤壁》

句句含情,声声入心。

大中二年(公元848年)牛僧孺去世,朝堂暂时成了李德裕的天下。

因为官声和人气越来越高,杜牧在几年之后又被调回长安当了个吏部员外郎。可没过多久,就又被扔回了地方。这样反反复复,烦不胜烦。

君心难测,身不由己。杜牧深深叹息。

杜牧回想着自己这一生,从意气风发的少年到心灰意冷的中年,其间仿佛隔了由盛而衰的半个唐朝。他仍然有当年的理想,可现实却和当年一样,不会给他实现理想的机会。

趁着难得的假期,他找了个装修队去郊区重新粉刷了一下老祖宗留下的樊川别墅。人生很苦,总得给自己找点甜食吃。好在杜牧还不算太穷,养老的钱还是有的。接着,他一连向朝廷上了三道奏疏,以照顾重病的弟弟为由,停薪留职。

上位者多讲究孝悌,杜牧的请求得到了批准。

兄弟是陪伴自己最久的至亲。杜牧想要远离官场纷争是真,想要陪弟弟最后一程也是真。在樊川别墅内,年届五旬的兄弟俩开始追忆童年的美好时光。追忆着,追忆着,弟弟便永远闭上了眼睛。

看透了生离死别,就愈发觉得人间无味。

办完弟弟的丧仪之后,杜牧便彻底过起了隐居的生活。不久之后,他也病了。人在病中,总会多思多想一些东西。杜牧想得最多的,便是自己的身后事。

大唐诗人 我要上热搜

杜牧
人这辈子，挺没意思的

杜牧
给自己写篇墓志铭吧！人这辈子，也就那么回事。
5分钟前 樊川

张祜
兄弟，显然你已经进入人生的另一重境界了。

杜牧回复张祜：
最近天又凉了，心里也凉凉的。

张祜回复杜牧：
下个月初五咱约一个如何？我请你喝夏天的第一杯奶茶。

孟迟
等我死了，你也给我写一篇。

小慧（粉丝）
不知道怎么回事，但总觉得很厉害的样子。

鸣（粉丝）
像您这样什么都不缺的人，也会有烦恼吗？

钱的事倒不用担心，有家人在，应该能把葬礼办得挺体面。重要的是墓志铭！虽然他是官员又是名人，只要开口，一定会有很多文学大神争着抢着来干这个活。但是，就算家人，也无法真正了解自己，就算大佬，也写不出他一生的沉浮。

那么，就自己动手吧。

杜牧给自己写的这篇墓志铭篇幅不长，内容也很简单。主要写了三部分内容：个人简历、死亡预警、妻儿情况。最后他写道：

嗟尔小子，亦克厥终，安于尔宫。

这个老小子马上就要死了，赶紧先给自己找个埋葬的风水宝地吧。

其实，求生是人类的本能，没有一个人会不对死亡产生恐惧。哪怕再通透，杜牧在弥留之际依然生出了对生命的不舍之情。他吩咐家人将他毕生所写的诗文拿到面前，一张一张翻看过后，让家人将它们尽数毁去。

死亡是一场孤独的远行，若能带去这些，或许漫漫长路也就不再那么难挨了。

家人遂了他的心意，却仍苦苦劝他给他们留下一些念想，也给后人留下一些财富。杜牧点头，这才保住了十之二三。

他活了50年，在古代并不算十分短寿。他无法用武艺平定四方节度使，也无法用文章成就盛名天子，只是在无可奈何中被人推搡向前。可生不逢时不是他的遗憾，而是时代的遗憾。

好在，中国的历史一脉相接。他的心，咱们懂。

温庭筠

> 情商是个好东西，可惜我没有

温庭筠（812？—866）

　　江湖名号"花间掌门"。因为长得丑，他自嘲为"温钟馗"。又因为文思敏捷，叉手八次就能完成一首八韵诗，人送外号"温八叉"。他在科举中屡屡落榜，不得已当了"枪手"，却误打误撞步入官场。54岁成为最高学府国子监助教，着手改革官员选拔制度，虽以失败告终，仍让天下寒门考生铭记一生。

大唐诗人 我要上热搜

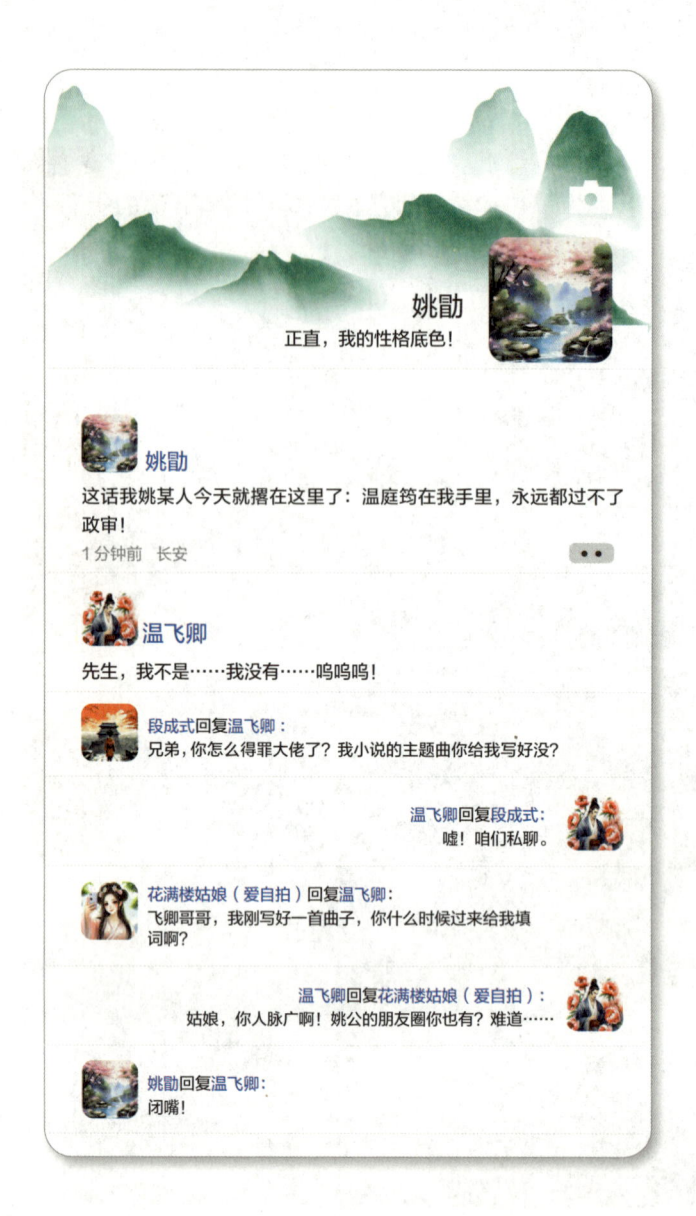

> **姚勖**
> 正直，我的性格底色！
>
> **姚勖**
> 这话我姚某人今天就撂在这里了：温庭筠在我手里，永远都过不了政审！
> 1分钟前　长安
>
> **温飞卿**
> 先生，我不是……我没有……呜呜呜！
>
> **段成式**回复**温飞卿**：
> 兄弟，你怎么得罪大佬了？我小说的主题曲你给我写好没？
>
> **温飞卿**回复**段成式**：
> 嘘！咱们私聊。
>
> **花满楼姑娘（爱自拍）**回复**温飞卿**：
> 飞卿哥哥，我刚写好一首曲子，你什么时候过来给我填词啊？
>
> **温飞卿**回复**花满楼姑娘（爱自拍）**：
> 姑娘，你人脉广啊！姚公的朋友圈你也有？难道……
>
> **姚勖**回复**温飞卿**：
> 闭嘴！

　　咱们国家现行《刑法》规定，在法律规定的国家考试中，组织作弊的将入刑定罪，最高可处七年以下有期徒刑。往前再看几百年，明清时对于敢在科举中徇私的大小官员一律予以严惩，直至死刑。

　　这个其实不难理解，读书几乎是贫苦学子改变命运的唯一途径，你断了人家前途，不得用命赔给人家？

　　然而，在晚唐时却有这么一个职业枪手，不仅没有得到严惩，还因此被

232

破格录用为官员。唐朝的确海纳百川，可怎么能包容到如此地步？如果不是律法有问题，那么就是这个人的确非同凡响。

我们小时候都背过他的诗。他叫温庭筠，字飞卿，"花间派"创始人。听听这名字，这门派，妥妥就是仙气翩翩的超级巨星，看一眼就要通过七八个黄牛加价的那种。然而事实，却与想象中的略有差距。

温庭筠是他后来给自己改的名字。庭院深深，手握青筠之杖，吟诵花月之词，听起来就很有文化的样子。温庭筠出身寒门。所谓寒门，指的是门第势力较低的世家，和咱这种平民老百姓可不是一个概念。老温家祖上的确显赫过。那位以口才与文采俱佳被高祖、太宗两位皇帝器重的宰相温彦博就是温庭筠的老祖宗。

不过，除了能够增加吹牛的资本之外，这位老祖宗对温庭筠毫无帮助。他的父亲很早过世，母亲靠打零工养活他们兄弟姊妹。十岁出头的时候，温爸爸生前的好友段文昌升任刑部尚书，去温家辞行的时候，见娘儿几个日子过得艰难，便把与儿子段成式一般大的温庭筠带走抚养。

温庭筠在段家生活了十来年，和异父异母的兄弟段成式建立了很深的情谊。段文昌病逝后，温庭筠便独自游学到了江淮一代，然后遇到了此生第二位贵人——正在当地休假的监察御史姚勖。姚勖是玄宗朝宰相姚崇的后代，性格稳重，学富五车，对温庭筠这位官场潜力股很是欣赏。

"温小郎天赋异禀，要早日准备科考，争取一举高中，光耀门楣啊。"

"不才亦不想辜负姚公期许。奈何兜中空空，京城山高水远，无力前往。"

可没钱只是借口，此时的温庭筠只想玩。如果不趁着年轻时好好浪一浪，年纪大了哪里还会有这样的体力和精力？

姚勖听了就抹眼泪。怎么能因为钱财这身外之物就耽误孩子的前途呢？来来来！钱我有的是。你只管努力，别的就包在我身上了。

当天晚上，姚勖就让人给温庭筠送了一大笔钱，还特别嘱咐他不要有心理负担，这钱不用他还，就当自己做投资了。

温庭筠一见这金灿灿的黄金，不禁倒吸了一口凉气。哇！原来我真的如此优秀，能让大佬做我的天使投资人。将来等我发达了，一定要好好报答他。

233

温庭筠将两只拳头握得紧紧的，心里坚定地想着。

可将来的事也要将来再说，现在，我一定要好好玩耍一番。

于是就在当天夜里，温庭筠就揣着黄金去了青楼。唐朝时候的青楼属于高档娱乐场所，能够进去逍遥的人，除了得有才，还得有财。温庭筠天资聪颖，过目能诵，"才"自然是超标的。至于"财"，这不刚有了送上门来的金主吗？穷惯了的人一旦有钱，那是真敢乱花啊。

那个时候，在一家中高档的青楼中消费，如果您是熟客，那么点一桌酒席大概需要1600文左右，如果您是第一次来，那么这个价钱就还得翻倍。这还不包括酒水钱。一般来说，想要畅饮的话，起码还得再花1600文。搁现在的算法，花费怎么着也得超过一万元了。这还不包括其他消费，比如，和青楼中最当红的明星来一次亲密接触。

温庭筠在一声声温温柔柔的"温郎"中渐渐迷失方向，很快，就把姚勖给他的启动资金花得一干二净。好事不出门，坏事传千里。温郎一掷千金，和青楼红歌星一起高唱自己原创歌曲的风流雅事，很快就被姚勖知道了。姚勖是个性情中人，看上温庭筠的时候，砸重金也要帮他实现梦想。现在一瞧，好啊！原来这小子的梦想就是在青楼当男歌手。气死了！不狠狠揍他，断然难消自己心中这口恶气。

说到做到！姚勖还真就让人把温庭筠打了一顿，然后扔到他看不见的地方去了。

温庭筠挺后悔的，悔不该这样高调。假如细水长流，慢慢花钱的话，事情也不会传到姚金主的耳朵里。事已至此，靠别人是靠不住了。收拾收拾，该用自己的才华去做点正经事了。

一路游玩，一路创作，声名鹊起的温庭筠来到长安。

不愧是长安！温庭筠一到长安，就开始飘了。于是，利用自己不俗的诗才和段家养子的人脉，他开始结交世家子弟，将自己写的诗词谱成曲，让长安青楼的姑娘们到处传唱。他的诗词婉转动人，经过那些曼妙的声音一吟唱，简直要把人酥倒。他的成名曲是这首《新添声杨柳枝词》：

一尺深红蒙曲尘，天生旧物不如新。

> **最新热点：# 温庭筠 落榜 #**
>
> 热门
> **温八叉 V**
> # 温庭筠 落榜 #
> 恭喜自己成功落榜。正在积极调整心态中……勿念。
> 31.7万　16.1万　160万
>
> 热门
> **温庭筠粉丝团 V**
> # 温庭筠 落榜 # 哥哥，我们一直都在。永不散场！
> 23.3万　12.8万　100万
>
> 热门
> **科考咨询胡先生**
> # 温庭筠 落榜 # 考虑报班吗？再落榜的话，费用全退哦！
> 4.2万　5.8万　10.1万

合欢桃核终堪恨，里许元来别有人。

井底点灯深烛伊，共郎长行莫围棋。

玲珑骰子安红豆，入骨相思知不知。

一时间，温庭筠名声大作，长安城的红豆几乎脱销。连刚刚学会说话的小孩子都会拿着几颗红豆，奶声奶气地念着：入骨相思知不知。

很快，一位重量级粉丝就向他抛来了橄榄枝，让他入职自己的小团队。这个人就是当朝太子李永。

太子这个职业自古以来都很高危，尤其是唐朝的太子。如咱们都熟悉的高祖李渊的太子李建成、太宗李世民的太子李承乾、高宗李治的太子李忠、武则天生的太子李贤等，无不死于非命。父皇的疑心猜忌、兄弟的虎视眈眈、自己的勃勃野心，无一不是他们的催命符。

唐朝到了李永这个时代，皇权衰微。在朝堂上掌着实权的是宦官，废立皇帝都跟玩儿似的。大臣们看不下去了，见过主人发卖狗，没见过狗反过来发卖主人的。于是他们合起来密谋，我们得替主人打狗！可惜，他们的计划还没有付诸实施，就被宦官们发现了，一不做二不休，反杀！

这就是唐朝历史上有名的"甘露之变"。

"甘露之变"后，李永的父亲李昂被彻底架空。皇帝尚且如此，更何况是太子。李永平日里很清闲，最大的爱好就是办宴会。为了提升宴会的水准，他急需像温庭筠这样的文艺青年来装点门面。

用兴趣爱好来赚钱，这对于温庭筠来说，自然是再好不过的事情。

梳洗罢，独倚望江楼。

过尽千帆皆不是，斜晖脉脉水悠悠。

肠断白蘋洲。

听听这缠绵悱恻的诗句，再看看太子宴上那位正闭着眼睛陶醉的丑男词作者，还挺有反差萌的。

如果一切顺利的话，若干年后，李永登基，尽管很有可能也是位傀儡皇帝，可温庭筠跟着他，怎么着也能混到一个正式编制，安安心心地等着养老。可这世上很多时候就是怕啥来啥。

政斗不止，宫斗也不停。开成三年（公元838年），李永的母亲王德妃去世，传闻死于另一位宠妃杨贤妃手中。杨贤妃天天在皇帝李昂面前打小报告：太子又办宴会了……太子办宴会是为了拉拢宦官……太子拉拢宦官是为了提前上位……

李昂不是李永心里的蛔虫。他只知道，李永的确在一个月内办了五次宴会，每次都有手握权柄的大宦官们参与。

得了，罪名定了。废了吧！

虽然经过一众朝臣的求情之后，这道废太子的旨意最终没有下成，可却把李永吓得不轻，不久之后便一命呜呼了。太子府上的幕僚们因此受到了不同程度的牵连。

温庭筠那时没有职务，说到底只是太子的一个玩伴，还好没受到牵连。思来想去，他还是决定靠自己的才华走科考这条路。

温庭筠此时在长安已相当有知名度。原本，这样的名声对于将要踏上考场的他来说,是一件再好不过的事。唐朝的阅卷官们是可以看到考生姓名的,若这位考生家世好、才学高,只要他不在试卷上写些反帝叛国的话,大半都会被录用为候补官员。温庭筠信心满满地上考场,喜气洋洋地下考场,兴高采烈地去看录取榜单,然后,垂头丧气地回到了家。

他落榜了。

这与他的家世和才学都无关。主要原因有两点:第一是因为他丑,不是一般丑。连他自己都自嘲为是"温钟馗"。唐朝皇帝都是颜控,所以录取的官员起码也得相貌端正,毕竟官员代表的是国家的门面。第二是因为他名声不好。之前在江淮的时候就闹出把赶考经费花在青楼的荒唐事,被姚御史一宣扬,京城无人不知。如今又教人唱言情歌曲,这都是些什么靡靡之音,不是要把世家子弟都带坏吗?

于是,体检不合格,政审不合格,当然不会被录取。

难过了一阵子后,温庭筠开始分析自己失败的原因。他是个开朗不内耗的人,这样的人大多不会从自己身上找原因。丑是天生的。而名声的好与坏,本是一个铜钱的两面。失了考官的心,得到的可是千千万万个粉丝的心啊。

科考失利,仕宦失路,温庭筠不得已又踏上旅途。他从长安出发,沿渭川西行,准备去边塞当某一个节度使的幕僚。可幕僚哪有这么好当的?逛了一圈,除了留下几首不俗的边塞诗外,一无所获。那些诗中,最为后人称赞的是这首《回中作》:

苍莽寒空远色愁,呜呜戍角上高楼。
吴姬怨思吹双管,燕客悲歌别五侯。
千里关山边草暮,一星烽火朔云秋。
夜来霜重西风起,陇水无声冻不流。

明朝思想家王夫之一向不喜欢温庭筠,却对这首诗评价颇高,称其"纯净可诵"。

后来,温庭筠又参加了几次考试,无一不以落榜收场。原因大概率还是因为年少时留下的名声污点。所以很多错误是不能犯的。一旦犯了,有可能一辈子都洗白不了。

　　这也不行，那也不行。吃饭问题该怎么解决呢？这事倒也不难，在家靠父母，出门靠朋友。这个热心肠朋友名叫令狐滈，是宰相令狐绹的儿子。因为这层关系，温庭筠成了宰相家的常客。

　　原本，令狐绹并没有十分看中这个小伙子，毕竟这只是儿子的白丁朋友。可耐不住儿子天天在他耳边念叨："飞卿兄是天才！世间难得的天才！"边说还边把天才的作品捧上来。这一看，还真把令狐绹惊艳到了。

　　于是就立刻把温庭筠叫到自己面前，很和蔼地说："小温啊！从此，你就跟着我吧。我会想法子把你引荐给咱们陛下的。"

　　此时的皇帝是被后世称赞为"小太宗"的李忱。不同于几位昏庸的前任，李忱虽也是被宦官拥立上位的，可他打心眼里厌恶宦官，也暗中剪除了一部分宦官势力，还为在"甘露之变"中被杀的大臣们平反，大有要励精图治的雄心。

　　难得又遇到这么一位英明的领导，大臣们心里都很乐呵。李忱最喜欢的曲子是《菩萨蛮》，令狐绹就想着，领导工作那么辛苦，要适时让他放松一下。于是，回家之后，他就叫来了温庭筠："小温啊，你给我写几首《菩萨蛮》吧！稿费一定足。不过，咱这是全版权买断，包括署名权哦！如果咱们陛下满意，你懂的！"

　　温庭筠连连点头："相公您放心。我懂的！"

　　几天之后，温庭筠就把20首《菩萨蛮》交了上来。令狐绹大喜，将最好的3首排练成歌舞，进献给了领导。其中有一首咱们大伙都很熟悉，说不定还会不由自主地唱出来：

小山重叠金明灭，鬓云欲度香腮雪。

懒起画蛾眉，弄妆梳洗迟。

照花前后镜，花面交相映。

新帖绣罗襦，双双金鹧鸪。

　　好歌词！好曲子！李忱听后十分高兴，好好地将令狐绹夸奖了一番，不仅赏赐了他很多金银财宝，还给了他几天假期回家休息。

> **温庭筠官方群（500）**
>
> **飞卿家的小花花**
> 关于飞卿三首《菩萨蛮》的版权问题，请粉丝们一定要冷静，不要再到处宣扬，一切尊重飞卿自己的选择。@ 所有人
>
> **飞卿家的小月月**
> 替飞卿委屈。哪有卖版权把署名也卖了的呀？
>
> **飞卿家的小星星**
> 最近带节奏的黑子太多了。飞卿是什么样的人，我们这些一路陪他走来的老粉最清楚了。
>
> **爱温郎的十二娘**
> 新粉一枚，初来乍到，请大家多多包涵。
>
> **飞卿家的小花花**
> @ 爱温郎的十二娘 欢迎欢迎！进群请改群昵称！群规看群公告。玩得愉快哦！

得到皇帝肯定的这3首《菩萨蛮》以风一样的速度传遍了大江南北，大家无不夸赞令狐宰相的文笔超绝，夸得温庭筠心里酸溜溜的。终于有一次，他忍不住对人说："你们都夸错人了！这些都是我的原创歌词。不信的话，我当场再作几首给你们露一手……什么？令狐相公说是他作的？不不不！他这是虚荣心犯了。在这之后，你们谁听说他会写词？"

这话很快就传到了令狐绹的耳中，吓得他马上进宫向皇帝请罪："陛下啊，这些词的作者确实不是臣，不过臣是购买了署名权的。臣可以和小温对质的。"

李忱倒是挺大度，并没有上纲上线，非要治他个欺君之罪，而是拍着他的肩膀说："以后找代笔最好找个靠谱的。人品可比才华重要。"

令狐绹感动得眼眶红彤彤的，对温庭筠的火也被扑灭了大半。陛下是大人，咱也不能当小人。这一次，就算了。

温庭筠可没有就此"算了"。想着这都没有触怒宰相，看来宰相还真把我当成座上宾了，以后我就有啥说啥，再也不用担心祸从口出了。

温庭筠 情商是个好东西，可惜我没有

令狐绹休假结束后就又去上班了。回家之后，给温庭筠带了道考题："咱陛下作诗的时候卡住了。'金缕衣'该如何对仗？你好好想想，明天这时回复我就可以了。"

温庭筠皱了皱眉，心里想着，我这急性子，还真就等不到明天了，脱口而出："玉条脱！"

"什么什么？"令狐绹乍一听这还带了点方言口音的三个字有点纳闷，赶紧问道。

温庭筠看着他一脸蒙的样子，越发觉得这位宰相是个水货，说话的语气也有些不耐烦起来："玉条脱！典故出自《南华经》，指的是玉做的手镯。"

令狐绹"哦"了一声，刚想夸几句小温真是博学多才，便又听他说道："这《南华经》也不是什么冷门的书籍。相公在繁忙的工作之余，还是得多读书，这样才不会在咱们陛下面前丢人啊！"

你给我滚！

就算令狐绹修养再好，也受不了这么个没有功名也没有正式工作的浑小子在他面前胡说八道，一气之下，就把他赶出了府。

温庭筠也挺后悔的。人在屋檐下，不得不低头。为了日后的前途，还得服个软。于是，他让令狐滈给令狐绹带了封信，后世将其命名为《上令狐相公启》，向他承认是自己口无遮拦，希望宰相肚里能撑船，不要和他这样的小人物计较。

令狐绹没有理他，而是向考官们发话，这温庭筠虽然有才，但做人真不行，若录用了他，那就会影响咱们大唐朝的国运。

你说说，你得罪他干什么呢？

温庭筠彻底死心了。

可是，他还要生活，总还得找到一个赚钱的法子。他想了想，自己的特长就是写应试作文，还有很多科考的实践经验。那么，做个枪手？

温庭筠的这个枪手十分抢手，毕竟他的诗名确实已经名满天下。

在他的那个时代，决定考试总分的是诗赋考，决定诗赋考分数的是格律诗。

应试的格律诗和诗人们抒发感慨时的五言七言诗不一样，它有点像明清时期的八股文，要求考生们用规定的几个字作为限韵字来创作出一首符合主题、对仗公正、辞藻华丽的诗。后来，为了加大考试难度，还有了格律赋。赋这种题材本来就不好写，又要限韵，又要限主题，还要限时间，则更是难上加难。考试铃声一响，交白卷的也不在少数。

然而，这却难不倒温庭筠。

据说，他悠闲地叉手一次，就能完成一韵，叉手八次就能完成一首八韵诗。人送昵称"温八叉"。虽然他无缘成为进士，可他却能在一场考试中帮助八名考生完成答卷，并且这八个人个个高中。这怎么不算天才？

其实，很多主考官也怀疑温庭筠帮人作弊这事，可都没有证据。有一位名叫沈询的主考官不信邪，在大中九年（公元855年）的这次考试中，特意将温庭筠的位子安排在自己的眼皮底下，还用竹帘子将他和其他人隔开。沈询全程瞪大眼睛，也没发现异样，而温庭筠早已凭着他丰富的枪手经验，成功地帮助了几个人"上岸"。

然而，放榜日过后，却有人将这事举报到了御史台，还附上了完整的证据链。御史台一看，好家伙！那么实在的证据，都不用咱们动脑子了。赶紧，上报陛下。皇帝李忱起初也气不打一处来。青天白日，朗朗乾坤，这不明晃晃地欺君吗？看到后面，他也很好奇，这个小温，不就是那时令狐绹找的枪手吗？怎么，业务拓展到公文写作了？能一下子帮那么多考生代笔，不错，是个顶级人才！

李忱这样想着，又一转念，不对啊！这可是科场舞弊案。如果不重重处罚，日后大伙都来效仿，我堂堂君王的威严何在？那么，处罚来了。涉事考生全部被取消成绩，吏部侍郎、郎中、刑部尚书等官员被调岗、扣除年终奖。这样的惩罚，就算在今天看来，仍然是高高举起，轻轻放下的。至于温庭筠，怎么处罚都不合适，那就不让他再有机会当枪手。

温庭筠就是这样从白丁一跃成为县尉的。当官之后，温庭筠的性格倒是变得沉稳了不少，官路顺畅。54岁那年，他当上了从六品国子监助教，类似于现在最高学府的副教授。温教授上任后的第一件事就是改革官员选拔制度。

大唐诗人 我要上热搜

再见了，温郎君！

简介　评论 9278　点我发弹幕　弹

大唐新闻官
1106万粉丝　4796视频
＋ 关注

一刻时间回顾"花间派"掌门温庭筠的一生 ⌄

▷ 306.6万　☰ 6.5万　咸通七年腊月二十八 子时三刻

👍 13.6万　👎 不喜欢　🚫 11万　⭐ 12.5万　↗ 3万

热门评论

大唐新闻官
10 分钟前

【置顶】你最喜欢温飞卿的哪一首诗词？评论区留言，点赞最多的粉丝有机会参加温飞卿的告别仪式。

👍 1387

爱温郎的小张
10 分钟前

晨起动征铎，客行悲故乡。鸡声茅店月，人迹板桥霜。槲叶落山路，枳花明驿墙。因思杜陵梦，凫雁满回塘。

👍 1553

纪唐夫
10 分钟前

冰簟银床梦不成，碧天如水夜云轻。雁声远过潇湘去，十二楼中月自明。

👍 3534

花间小郎
10 分钟前

千万恨，恨极在天涯。山月不知心里事，水风空落眼前花。摇曳碧云斜。

👍 2660

为了保证考试公平公正，他要求将每位考生的试卷张榜公布，同时，公示被录用的考生姓名，在公示期内，任何人发现其中猫腻，都可以到他这边来举报。

此刻的温庭筠眼前，一定满是当年的自己一次又一次落榜的场景。

这样的政策无疑给了贫苦人家子弟无限的希望。原来，靠实力博得功名终于不再是一个遥不可及的童话。可惜，没过多久，新政就被取消了。

毫无疑问，他动了权贵人家的奶酪。

可怜的温庭筠回到了起点，被贬为了方城县尉。离京赴任的那天，无数受了他的新政恩惠的庶族子弟挥泪送别。有一位名叫纪唐夫的考生写下了这首情意满满的《送温庭筠尉方城》：

何事明时泣玉频，长安不见杏园春。
凤凰诏下虽沾命，鹦鹉才高却累身。
且尽绿醽销积恨，莫辞黄绶拂行尘。
方城若比长沙路，犹隔千山与万津。

走就走吧！被那么多人念着好，也不亏了。温庭筠潇洒一回头，留给他们一个灿烂的微笑。这个微笑，永远定格在了历史的浩瀚长河之中。

温庭筠被贬官后生活潦倒，不久后郁郁而终。他给后人留下了三百多首诗词，字字珠玑。他年少荒唐、恃才傲物、情商堪忧，可却偏偏无法让人真心厌恶。

不知道从什么时候起，我们开始小心翼翼地揣摩人心，生怕因一句话而得罪领导。我们培养出了无可挑剔的高情商，希望能得到每个人的认同。这样的我们当然是很好很好的。可是，夜深人静的时候，我们谁不曾狠狠地咒骂过一句："这样的生活真是有够卑微！"

李商隐

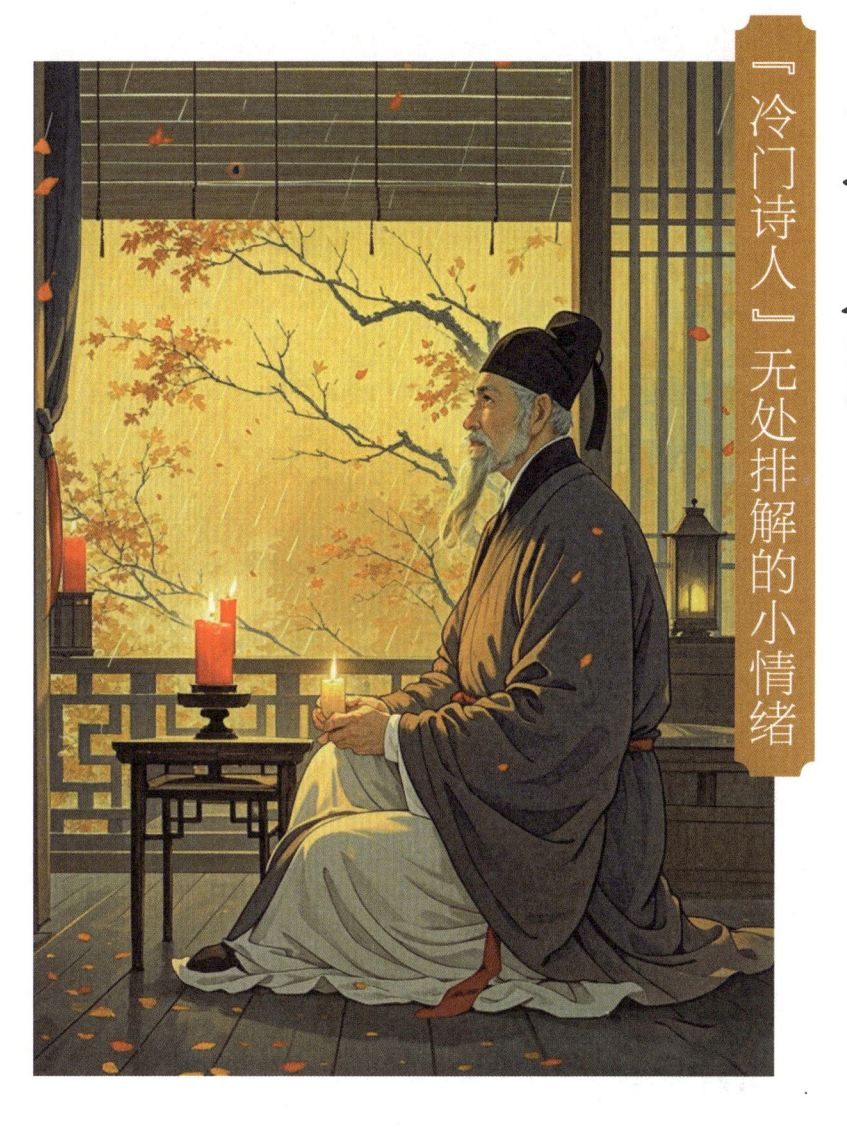

"冷门诗人"无处排解的小情绪

李商隐（约813—约858）

　　江湖名号"无题诗人"。他是"吸贵人"体质，在人生的每一个阶段都能遇到贵人，可每一位贵人在关键时刻都先他而去。他的诗构思新奇、隐晦迷离，给后代诗词赏析课提供了宝贵素材，光一首《锦瑟》，就有数十种解法。他无心权力斗争，却被迫卷入"牛李党争"，受到双方共同排挤，一生郁郁不得志。

大唐诗人 我要上热搜

令狐楚
做个好官，泽被后世

令狐楚
各位，你们能够理解我现在激动不已的心情吗？我遇到了一个人才。不！是天才啊！
2分钟前　洛阳

尊敬的大唐皇帝陛下
有一点点小好奇，能让咱们文武双全的令狐公看重的到底是个什么样的人？赶明儿带来给朕瞧瞧。

令狐楚卿回复尊敬的大唐皇帝陛下：
陛下，容臣卖个小小的关子。等他入编之后，我一定让他聆听您的教诲。不然有人会怀疑他在走后门。

李商隐（天才小子）
先生，我其实没有那么好。

令狐楚回复李商隐（天才小子）：
义山啊！我看好你。我那几个儿子都不如你。

大小子
······

二小子
······

三小子
······

246

几年前,有一个莫名其妙的词条乍然成为新闻头条:冷门诗人李商隐。说的是有一位年轻的网友在社交平台上举报一位叫"李商隐"的人抄袭《夜雨寄北》。经评论区科普后,这位网友称自己之前不知道李商隐这位冷门诗人。

其实,无论从哪个角度来看,李商隐这一生都足够"热门"。如果唐朝诗歌圈是一个平行世界的话,李商隐和很多大佬都能组CP。比如和杜牧的经典CP"小李杜";和李白、李贺的强强CP"三李";和温庭筠的婉约CP"温李"。如果朝代限制不那么死的话,他和宋代的晏殊、柳永、秦观、贺铸、李清照等人稍加磨合,也能原地出道。

李商隐自称与李唐王室同宗。这事不仅咱们现代人,连唐朝人也没法考证。就算是真的,难道当朝皇帝还能下旨召见,亲亲热热地叫他一声"叔"吗?不过,和真正的贫民相比,李商隐的出身已经算不错的了。从他的父亲往上数四五代,都当过县令一类的小官。县令的权力可比今天的县长更大,除了行政权之外,还有司法权。

李商隐9岁的时候,父亲过世。从官家小郎君变成孤儿(古代没有父亲即为"孤儿"),李商隐的心理落差可想而知。好在,小少年十分懂事,早早就学着帮人抄抄书、干干体力活来贴补家用。虽然赚得不算多,好歹也能减轻一些家里的负担。很多年后,这段记忆他依然历历在目:

四海无可归之地,九族无可倚之亲。

好在,不管生活如何艰难,李商隐始终没有放弃学业,他在等待着有朝一日可以一飞冲天,延续他们老李家世代为官的光荣传统。若可以把官位再稍稍往上提一些,那就再好不过了。16岁那年,他的一位远方堂叔不知从哪里听说了家族中有李商隐这个潜力股,便将他带到洛阳,拜访了兵部尚书令狐楚。

这令狐楚文武双全,官做得好,诗文也写得好,尤其擅长四六骈文,和刘禹锡、白居易等人都是很要好的朋友。令狐楚一看这小伙子虽然长得瘦瘦小小,但眼里透着一股清澈的求知欲,便随便考问几句。李商隐对答如流,心里美滋滋,考的全都会啊。令狐楚更高兴了,这可真是匹世所罕见的千里马,比家里那几个浑小子强多了。

从此，李商隐就留在了令狐家，接受当时最好的精英教育，文学功底更上一层楼。为了让他将来能在官场上立足，令狐楚还亲自教他官场礼仪和公文写作，比对待儿子们还上心。很多人都不理解，世上有才华的年轻人那么多，李商隐到底有什么特别之处？令狐楚也说不清。也许，每个人身上都有一股气场。一旦气场合了，那么怎么看怎么顺眼。别人再好，不对我胃口也没辙。

后来，令狐楚升任天平军节度使，带着李商隐一起赴任，对外说是他的幕僚，实际上并没有要求他处理什么政务，而是让他好好学习备考，博得个功名。这样不计回报的栽培让李商隐心里充满感恩之心。可他嘴笨，又不好意思当面说些奉承话，只好写了这首感人至深的《谢书》来表达自己的心情：

微意何曾有一毫，空携笔砚奉龙韬。

自蒙半夜传衣后，不羡王祥得佩刀。

这四句诗中一共有两个典故。"龙韬"是姜太公所著的兵书《六韬》之一，讲的是军事指挥和兵力部署的学问。这里用"龙韬"代指令狐楚教授他的那些为官作文之道。"王祥得佩刀"是说晋朝人王祥有一把珍贵的佩刀，传说他就是靠着这把佩刀封侯拜相的。而我李商隐能够得到令狐相公您的提点，比王祥当年得到佩刀可荣幸多了。

这诗后来传到了令狐楚的耳朵里。老头开心地逢人就说："我这学生，德才兼备！德才兼备啊！"

然而，德才兼备的李商隐却没有像令狐楚期望的那样一举拿下科考，而是一连四次落榜。这事其实怪不得李商隐。唐朝受南北朝"九品中正制"的影响，选拔进士的标准不止靠卷面分，更多靠的是人脉。如果有关键人愿意举荐，那么事情也就成了一大半了。

可难道令狐楚的举荐还不够用吗？这又是个有些复杂的问题。进士人数一共就那么几个，只要家里有些关系的，谁背后没有人？你背后的人与我背后的人之间有博弈，我背后的人与主考官之间有博弈，你背后的人与皇族、宦官势力之间也有博弈。于是每次科考，这些考生们就都成了他们博弈的工具。

李商隐挺难过的。他不在乎光明正大地输，但因为这些官场潜规则输，他觉得没意思。来安慰他的人又是恩师令狐楚："义山啊！咱还年轻，不怕失败。

再来一次！这一次的结果绝对不一样。"

　　果然，第五次考试，他成功了。因为这次的主考官高凯是令狐家的得意门生，算起来，李商隐还要叫他一声师兄呢。

　　唐朝的进士不能直接当官，他们还要经历一次制举考试的考验。不过有了令狐楚的担保，李商隐可以免试去基层做官，若干年后，凭着经验和才华，老师又是朝廷高官，还不得官运亨通，步步高升？

　　可人算不如天算，就在此时，令狐楚病危。老爷子在病床上紧紧拉着李商隐的手，泪眼婆娑："孩子啊！我这一辈子就这么结束了，可你这一辈子才刚刚开始。好好干，前途不可限量！"

　　除了殷殷期盼之外，令狐楚还给李商隐分派了两个任务。第一，让他写给皇帝的遗表。第二，让他写墓志铭。虽说是任务，但却是天下读书人挤破了头都想去领受的任务。令狐楚担任过多地的节度使，在朝野上下德高望重，加之他的三个儿子如今都当着要官。能为他写墓志铭的人，必然青史留名。可以说，直到生命最后一刻，令狐楚仍然在为李商隐的未来添砖加瓦。

　　这样的恩情，李商隐这辈子怕都回报不了了。

　　等到李商隐将这两项任务出色地完成之后，令狐楚的丧礼也结束了。此时的他回看四周，突然发现住了很多年的令狐家已然物是人非。

　　令狐楚的几个儿子对李商隐的态度都比较冷淡。这么个无根无基的穷小子能够靠着令狐家得了个进士，已经算赚了个大的了，若再赖着不走，怕也太不知好歹了。

　　对此，李商隐心知肚明。不过，没有了令狐楚举荐，他也就是个普普通通的进士而已，要按部就班地等待吏部举办的制举考试。

　　考就考吧！反正他有这个实力。

　　不久之后，李商隐受到了泾原节度使王茂元的热情相邀，希望这位受到令狐公看重的才子可以成为自己的幕僚。李商隐其实没这心思。毕竟，他已经是候补官员，只差一步，就能在官场内有一席之地，又怎么会对这种编外职务感兴趣呢？可人家王公既然盛情相邀，那么就算本着去泾原旅游的心态也得去一趟。

可令他没有想到的是，就是这一去，改变了他的一生。

< 兄弟姐妹缘（4）

令狐绪
@所有人 听说了吗？那个穷小子攀上王茂元家的闺女了！还是闪婚。这不是明晃晃打我们令狐家的脸吗？

令狐绹
@令狐绪 放心吧大哥！只要他小子敢再踏入京城，看我不当面怼死他！

令狐小妹
两位哥哥，能不能先消消气。咱就是说，有没有一种可能，这李商隐是个卧底，为了取得王家的信任，才娶了王家姑娘。说不定最后还能策反王家呢！

令狐纶
@令狐小妹 妹啊，你真的不能再看那些狗血言情小说了！

在王茂元的府里，他偶遇了王茂元的小女儿王晏媄。就像古代言情小说中描写的那样，新科进士与官家千金一见如故。李商隐原想小坐片刻，婉拒王茂元的盛情后就离开的，可因为那颗高速跳动的心，他在王家一住就是月余。

对于这对小儿女的感情，王茂元看在眼里，也乐得成全。于是，新婚燕尔，一对新人如胶似漆，好得蜜里调油。殊不知他们的结合，却在京城权贵圈里炸开了锅。

李商隐这时期的唐朝，与杜甫笔下的大唐盛世已经完全不一样了。杜甫曾写：

忆昔开元全盛日，小邑犹藏万家室。
稻米流脂粟米白，公私仓廪俱丰实。
九州道路无豺虎，远行不劳吉日出。

经过安史之乱的重创，唐朝藩镇割据严重，权臣当道，宦官专政，皇权一步步衰微。其中，历时最长、争斗最激烈的一次朋党之争是牛李党争。牛党是以牛僧孺为首的进士及第的官僚集团，李党是以李德裕为首的门荫出身的官僚集团。牛李两党为了权力明争暗斗、彼此倾轧长达40余年。

在这样的大背景下，你不站队也得站队，不然两边不讨好，连怎么死的都不知道。李商隐当时还没有正式步入官场，更别说站哪队了。可官员们却早已默认他是牛党派系，且在不久的将来要发挥大作用，因为他的恩师令狐楚就是牛党核心人物。不幸的是，他的岳父王茂元是李德裕的得力干将。与师生之情相比，显然直系姻亲的关系更为牢靠，更何况这个老师已经不在了。

所以那时几乎所有人都认为李商隐从牛党跳槽到了李党。令狐公尸骨未寒，这小子真不是个人啊！谩骂声不绝，其中骂得最凶的是令狐楚的儿子令狐绹。他毫不留情地当面指责李商隐"忘家恩，放利偷合"。其实，站在他的角度上看也并没有骂错。毕竟，李商隐千里迢迢投奔王茂元是真，娶了王茂元的女儿更是真。

可李商隐是真委屈啊！他只是娶了个情投意合的姑娘，何错之有？

没有人听他解释。掌握了人事任免权的牛党官员毫不犹豫地将李商隐从拟录用名单中剔除。

第二年，他再一次参加了制举考试，终于成功考上，被授予了秘书省校书郎这个虽然级别不高，但颇有前途的官职。可没当几天，余怒未消的令狐绹就将他外放到了弘农当负责地方治安的县尉。这一次的调岗让李商隐很受伤。任职期间，又因为替死刑犯减刑而受到上司的责备，很快就以请长假的方式辞职：

黄昏封印点刑徒，愧负荆山入座隅。
却羡卞和双刖足，一生无复没阶趋。

这诗用了卞和献和氏璧的典故。说李商隐我啊，现在还真羡慕那个被有眼无珠的君王砍断双脚的卞和，这样就不用干这些劳心劳力、毫无意义的琐碎活了。

李商隐的辞职之路并没有那么顺遂。一年后，那个烦人的上司被调走了，来了个性格温和并且欣赏李商隐才华的新上司。在他的劝慰之下，李商隐又

大唐诗人 我要上热搜

最新热点：# 做人不要太李商隐 #

热门

大唐科普君 V

做人不要太李商隐 # 近日，李商隐新诗"可怜夜半虚前席，不问苍生问鬼神"再次上了头条，暗指自己怀才不遇。这让小编又想起当年他和令狐家的恩怨。尘封的真相到底如何呢？

51.6万　　38.3万　　267万

热门

生活如此美好

做人不要太李商隐 # 不管怎么样，我都支持义山。爱情能有什么错呢？

19万　　8.5万　　82.2万

热门

心有灵犀不点也通

做人不要太李商隐 # 这都什么词条？谁买的热搜？我就不明白了，我们义山到底挡着谁的路了？

4.2万　　5.8万　　10.1万

热门

用户 19921058336

做人不要太李商隐 # 说因为爱情的那几位，怕是营销号看多了吧！我有个大姑和李某人是同乡，李某人忘恩负义没得洗。夫妻俩没什么感情的，就是政治联姻而已。

8万　　1.1万　　2.7万

热门

用户 31022918181

做人不要太李商隐 # 评论区的那些人，都看了几年前的洗脑包了吧！当初理想青年的人设崩了，现在开始拗深情人设了？不要太白莲花哦！

1.3万　　2885　　8256

252

干了一段时间。可最终却还是因为没法实现理想抱负，第二次炒了上司鱿鱼。

裸辞之后，李商隐回到长安，赶上了李党得势的好局面。在王茂元的周旋之下，李商隐又回到了秘书省工作。一切都在朝着他规划的职业之路前行。

偏偏此刻，意外再次发生，他的母亲病逝。

古代极重孝道，至亲过世，必须得回乡守孝三年。就在李商隐回乡的这三年间，王茂元也去世了。权力场上的事，原本就是瞬息万变。所以等他再次回到朝廷的时候，悲伤地发现，那里早已经没有他的立足之地了。

在这段十分郁闷的时间里，李商隐靠的是写诗来抒发心情，并且把这一系列的诗全都命名为《无题》，好像没说，又好像什么都说了：

昨夜星辰昨夜风，画楼西畔桂堂东。
身无彩凤双飞翼，心有灵犀一点通。
隔座送钩春酒暖，分曹射覆蜡灯红。
嗟余听鼓应官去，走马兰台类转蓬。

相见时难别亦难，东风无力百花残。
春蚕到死丝方尽，蜡炬成灰泪始干。
晓镜但愁云鬓改，夜吟应觉月光寒。
蓬山此去无多路，青鸟殷勤为探看。

白道萦回入暮霞，班骓嘶断七香车。
春风自共何人笑？枉破阳城十万家。

幸运的是，李商隐是"吸贵人"体质，山重水复后面就是柳暗花明。李党中有位名叫郑亚的官员给了李商隐一份入职通知书，让他跟着自己一起去桂林赴任。

那时的桂林和现在"山水甲天下"的旅游胜地可不一样。不光偏远，生活条件也比较艰苦。可现在是工作选他，而不是他选工作。

别挑了，干就完了！

可惜，好日子没过上几年，又出事了。李德裕失势被贬潮州，郑亚也受

到了牵连，很快也去世了。

敢情谁提拔了李商隐，谁就命不久矣是不是？这当然是开玩笑的说法。只能说时也命也，老天爷很闲，就逮着李商隐一人折腾了。如果早十年，他或许还会自嘲一笑，说道："天将降大任于斯人也，必先苦其心志，劳其筋骨，饿其体肤，空乏其身。"可他今年已经35岁了，他不想要什么大任，他只想要一份稳定的职业。老婆孩子热炕头，就足够了。

万般无奈之下，李商隐收拾完行装，又来到了京城。此刻，牛党独大，昔日师兄令狐绹的官位节节攀升。为了前途，他只好硬着头皮去求令狐绹举荐，给他一次机会，他还你一颗耿耿忠心。

《寄令狐郎中》《寄令狐学士》《梦令狐学士》……求职信像雪花一样飘进了令狐府，语气谦卑，姿态更是低到了尘埃里。可令狐绹根本没看一眼，更别说为他提供帮助了。现在来令狐府锦上添花的人那么多，他令狐绹凭什么要用这个曾经的"政敌"？

李商隐等了一天又一天，终于忍不住在重阳节那日亲自过府恳求令狐绹给自己一次面试机会。令狐绹这日刚好和老伙伴们登高去了。府中人将李商隐请到了书房等候。李商隐在令狐绹的书案上留下了这么一首诗：

曾共山翁把酒时，霜天白菊绕阶墀。

十年泉下无人问，九日樽前有所思。

不学汉臣栽苜蓿，空教楚客咏江蓠。

郎君官贵施行马，东阁无因再得窥。

中心思想是这样的：又是一年重阳佳节，我在你府上，想起当年你爹和我一起把酒言欢，看着满院菊花聊人生理想的事。十年过去，我万万没想到，你居然放着我这么个人才不用，让我变成了那郁郁不得志的屈原。要不？你还是赏我口饭吃吧！

瞧瞧，这是求人的态度吗？令狐绹回府一看，气得脸都绿了："来人！把这间书房封起来，我再也不进来了！"

捷径走不通，那就走官路。后来，李商隐还是通过考试得到了一个盩厔县尉的官职。十年了，从弘农县尉到盩厔县尉。他好像走了很多路，又好像一直在原地踏步。于是，他写下了这首怀才不遇的《贾生》：

宣室求贤访逐臣，贾生才调更无伦。
可怜夜半虚前席，不问苍生问鬼神。

贾谊是西汉著名的政治家，却屡遭贬谪。有一年，汉文帝终于想起了他，将他召进宫来促膝夜谈。可谈的却不是治国经略，而是鬼神玄学。那满身的抱负，该如何实现呢？

可怜的贾谊，可怜的我啊！

李商隐是真不喜欢当县尉。所以第二年，他又辞职投奔了徐州的武宁军节度使卢弘正。卢弘正有才华有能力，对李商隐青睐有加，无论遇到什么难事，都会和李商隐一起商量。这样的场景太熟悉了，李商隐踌躇满志，好像回到了25岁，跟着恩师在官场上大干一场的时候。

然而，一年后发生的事情也同样熟悉。卢弘正死了，李商隐又失业了。

这该死的魔咒啊！

更惨的是，妻子王晏媄也在此时离开了他，甚至连最后一面也没见到。

不管后人的笔记小说给他安排了多少红颜知己，可史书中明确记载的他的伴侣，却唯有王氏一人。

有时候他也会想，如果当初娶的不是恩师政敌的女儿，他的官路是否不会像今天这般坎坷？可不管会不会，他都不会后悔。因为他的妻子值得他这样坚定的选择。为了谋生，他半生流离，只能与妻子两地分居。妻子在家无怨无悔地操持家事，照料老母幼子。

人啊，永远不要去美化那条没有走过的路。他所得到的，远比虚幻中可能得到的东西要真实可靠得多。

几个月后，西川节度使柳仲郢邀请李商隐去做幕僚。稍作考虑之后，他就踏上了入川之路。途中，看着满天飞雪，他又想起了亡妻，哭得不能自已，写下了这首《悼伤后赴东蜀辟至散关遇雪》：

剑外从军远，无家与寄衣。散关三尺雪，回梦旧鸳机。

那个给我寄冬衣，在织布机前劳作的人，终究再也看不到了。

在四川的四年里，李商隐一直郁郁寡欢，那首被现代人举报"抄袭"的《夜

李商隐 "冷门诗人"无处排解的小情绪

255

大唐诗人 我要上热搜

李商隐

讣告：
慈父李商隐于大中十二年十二月初一酉时三刻在郑州病故，享年45岁。父亲一生高风亮节、克勤克俭、忠孝仁义，无奈天不遂人愿，英年早逝，只留绝笔诗一首：

锦瑟无端五十弦，一弦一柱思华年。
庄生晓梦迷蝴蝶，望帝春心托杜鹃。
沧海月明珠有泪，蓝田日暖玉生烟。
此生可待成追忆，只是当时已惘然。
子李衮师
泣告
（此账号不会再更新）

3小时前 郑州
共3.2万条评论

momo

秒哭……这么好的人。小李郎君要节哀啊。这个账号能不能不注销，以后想先生的时候还能上来看看。

3小时前

> **李商隐** 作者
> 放心，不会注销的。
> 3小时前

展开 1111 条回复

小番茄 10086112

义山先生千古！这首诗有什么特别的含义吗？

3小时前

> **李商隐** 作者
> 父亲没有说，写完他就陷入沉睡了。
> 3小时前

展开 4321 条回复

糖糖的追诗日常

世人都欠义山先生一个道歉。

3小时前

> **知足常常乐**
> 拒绝被代表！
> 3小时前

展开 2345 条回复

雨寄北》也是在这个时期写成的：

君问归期未有期，巴山夜雨涨秋池。

何当共剪西窗烛，却话巴山夜雨时。

他想象着她正在远方殷切地询问着他的归期，等待与他一起在烛光下聊着巴山这夜的滂沱大雨。

我想你，可我偏不说我想你，是你想我了。淡淡的思念，淡淡的忧伤，淡淡的期盼。然而，我对你的感情，明明是那么浓烈啊！

李商隐离开四川之后，就回到了家乡，过着半隐居的生活，从此再无心踏入官场。和他的祖父辈们一样，终其一生，他也只能当一个九品的微末小官。可是原本，他是最有希望打破这封印的啊！更糟糕的是，与先辈们一样，他的身体在45岁上下的时候就变得越来越不好了。

在一个雷雨交加的深夜，李商隐自感时日无多，想起他这一生的所得所失，心里百感交集，写下了这首被后世文人都惊赞不已的封神之作《锦瑟》：

锦瑟无端五十弦，一弦一柱思华年。

庄生晓梦迷蝴蝶，望帝春心托杜鹃。

沧海月明珠有泪，蓝田日暖玉生烟。

此生可待成追忆，只是当时已惘然。

其实，这首诗仍可说是李商隐《无题》系列的诗之一，只不过它太有名了，后人就用前两个字"锦瑟"作为它的题目。全诗追忆了自己似乎并不算成功的一生，化用了庄周梦蝶、杜鹃啼血、鲛人泣珠、蓝田玉山等典故，辞藻华丽、声调优美、情真意切。一边缓缓吟唱，一边回忆过去，有一种想要落泪的冲动。

从古至今，无数诗词评论家都想完美破解这首情感如此强烈的绝笔诗，并且以能自圆其说为荣，于是便有了"一篇《锦瑟》解人难"的感慨。有人说，这是写给亡妻王晏媄的；有人说，这是在怀念他的恩师令狐楚；还有人说，这是他与初恋锦瑟姑娘的故事。解了千百年，终究谁也不能说服谁。

若李商隐得知了这些有趣的争论的话，也许会摆摆手，不紧不慢地笑着说："没什么意思。我啊，只是突然有些情绪上头了而已。"

图书在版编目（CIP）数据

大唐诗人：我要上热搜 / 郁馥著 . -- 北京：新世界出版社, 2025. 4. -- ISBN 978-7-5104-8101-7

Ⅰ．K825.6

中国国家版本馆 CIP 数据核字第 2025CH2570 号

大唐诗人：我要上热搜

作　　者：郁　馥
责任编辑：贾瑞娜
责任校对：宣　慧　张杰楠
装帧设计：贺玉婷
责任印制：王宝根
出　　版：新世界出版社
网　　址：http://www.nwp.com.cn
社　　址：北京西城区百万庄大街 24 号（100037）
发 行 部：(010)6899 5968（电话）　(010)6899 0635（电话）
总 编 室：(010)6899 5424（电话）　(010)6832 6679（传真）
版 权 部：+8610 6899 6306（电话）　nwpcd@sina.com（电邮）
印　　刷：北京市房山腾龙印刷厂
经　　销：新华书店
开　　本：787mm×1092mm　1/16　尺寸：170mm×240mm
字　　数：260 千字　　印张：16.5
版　　次：2025 年 4 月第 1 版　2025 年 4 月第 1 次印刷
书　　号：ISBN 978-7-5104-8101-7
定　　价：69.80 元

版权所有，侵权必究
凡购本社图书，如有缺页、倒页、脱页等印装错误，可随时退换。
客服电话：(010)6899 8638